나는 차라리
부동산과 연애한다

나는 차라리 부동산과 연애한다

10억 부자 언니의
싱글 맞춤형 부동산 재테크

복만두 지음

21세기북스

부동산은 싱글 여성에게 필수다

월급쟁이인 당신에게 묻고 싶다. 당신의 목표는 무엇인가?

오랫동안 내 관심사는 '회사에서 어떻게 하면 일을 더 잘 해낼 수 있을까', '어떻게 해야 직장생활을 더 잘할 수 있을까'였다. 한마디로 회사에서 인정받고 높은 연봉을 받으며 잘 먹고 잘 사는 것이 목표였다. 물론 처음부터 이런 목표를 가진 것은 아니었다. 꿈은 원대했지만 월급만으로 원하는 것을 모두 누리기에는 한계가 있음을 깨닫고 목표를 소박하게 바꿨다.

썩 마음에 들진 않아도 월급쟁이로서의 내 삶은 나쁘지 않았다. 제 날짜에 정확히 입금되는 월급, 한순간에 망해서 빚더미에 오를 위험 따위 없이 두 발 뻗고 편하게 살 수 있으니 이 얼마나 안정적인가.

그러다 5년 전, 위기가 찾아왔다. 회사에 구조조정 바람이 분 것이다. 50~60대도 아니고 이제 갓 30대 중반을 넘긴 쌩쌩한 나이에 이런 날벼락 같은 일이라니…. 다행히 칼날은 비껴갔지만 그 일은 내 삶을 바꾼 결정적 계기가 되었다.

결국 살기 위해 시작한 투자였지만 그로 인해 내 인생은 완전히 바뀌었다. 투자 공부를 위해 경제경영서를 꾸준히 읽자 그동안 얼마나 우물 안 좁고 어두운 세상에서 편협한 시각으로 살아왔는지 알게 되었다. 내가 아는 게 전부라 믿으며 살아온 모습이 부끄럽기까지 했다. 가장 안정적이라 믿었던 월급쟁이가 자본주의사회에서 얼마나 위험한 위치인지, 세상이 돌아가는 판을 모른 채 사는 일이 결국 나에게 얼마나 위험한 결과로 돌아오는지, 배움의 중요성을 뼈저리게 느꼈다. 수십 년 동안 닫혀 있던 뇌의 성장판이 열린 기분이었다.

그뿐만이 아니었다. 투자 공부를 하기 위해 시간을 두 배로 쓰는 방법을 알았고, 버는 족족 쓰던 소비 습관도 고쳤을 뿐 아니라, 투자를 하면서 만나는 사람들 덕분에 인간관계 역시 성숙해졌다. 또한 주어진 것에만 만족하지 않고, 능동적으로 살아가는 삶의 태도까지.

2천만 원으로 시작한 투자는 금세 수억의 자산으로 불어났다. 월급만으로 수십 년 동안 모아도 못 모을 돈을 3년 만에 벌게 되었다. 둘이서도 모으기 힘든 재산을 부동산 투자로는 싱글 혼자서도 불릴 수 있었으니, 투자는 역시나 싱글이 필수적으로 해야 하는 것이었다.

게다가 부동산은 여자에게 최적화된 투자다. 특히 여자들의 탁월한 능력 중 하나인 쇼핑력을 마음껏 발휘할 수 있다. 옷 하나를 사기 위해 수많은 사이트를 뒤지고, 오프라인 가게에서 실제로 원단을 만져보며 꼼꼼하게 확인해 최선의 물건을 고르는 집요함. 그리고 어떤 지역을 가더라도 본능적으로 살기 좋은 곳인지 아닌지 오감을 이용해 빠르게 분별할 줄 아는 여성들만의 타고난 능력은 부동산 투자를 하면서 많은 도움이 될 것이라 믿어 의심치 않는다.

지금까지 나온 대부분의 부동산 책은 기혼자의 경험담이 밑바탕이다. 하지만 기본 원리는 같아도 각자가 처한 상황과 성향, 자금력에 따라 구체적인 투자의 접근 방법은 달라진다. 그래서 이 책에서는 월급쟁이 싱글 여성의 관점에서 어떻게 투자를 해왔는지, 어떤 점이 어려웠는지, 힘든 상황을 헤쳐 나가기 위해 어떤 노력을 했는지 등을 나와 같은 독자들이 이해할 수 있도록 최대한 쉽게 여성의 언어로 쓰려고 노력했다.

책을 쓰겠다고 마음먹은 지 꽤 오랜 시간이 지나서야 출간을 하게 되었다. 처음에는 내가 해줄 수 있는 이야기가 많을 것 같아 야심차게 도전했는데, 머릿속에 떠도는 이야기를 글로 써내려간다는 것이 좀처럼 쉬운 일이 아님을 집필하는 내내 느껴야만 했다.

'괜히 시작한 건 아닐까' 하는 생각으로 몇 번이나 그만두고 싶었지만, 그럼에도 계속 써내려갈 수밖에 없었다. 5년 전 궁지에 몰린 내가 책 한 권으로 생각이 바뀌고 삶이 바뀌었듯 누군가에게 이 책이 도움이 될 수 있지 않을까 하는 생각이 들었기 때문이다. 이 책을 통해 단 한 명이라도 5년 전의 나처럼 긍정적으로 삶이 바뀌는 기적이 일어나길 기대하며, 보다 여유롭고 진짜 행복을 느낄 수 있게 되기를 소망해본다.

　마지막으로 끝까지 써나갈 수 있도록 부족한 능력을 끌어주시고 지혜를 주신 하나님께 영광을 돌린다.

_ 복만두

차례

부린이를 위한 부동산 용어 사전

10대들이 쓰는 용어가 따로 있듯 부동산 투자자들 사이에서도 자주 쓰이는 줄임말이나 신조어가 있다. 알고 나면 별것 아니지만, 모르면 답답하다. 특히 지역과 아파트 줄임말은 그만큼 사람들의 관심이 많고 자주 언급된다는 의미이므로 미리 공부한다면 도움이 될 것이다.

1. 기본 용어 ──

부린이 부동산 어린이의 줄임말. 투자를 막 시작한 부동산 초보

모하 모델하우스

마피 마이너스 프리미엄. 시세가 입주 후 분양가 밑으로 떨어져 마이너스가 난 금액

무피[1] 분양권에서 프리미엄이 붙지 않은 액면 분양가

무피[2] 갭투자 시 매매가와 전세가의 차이가 없어서 돈 안 들이고 하는 투자

RR 로열동, 로열층

역전세 전세 가격이 떨어져 전세보증금을 돌려주는 것. 전세난과 반대의 상황

영끌 '영혼까지 끌어모은다'의 줄임말로 가능한 모든 대출을 받는다는 뜻

예당 청약 예비 당첨자

임장 직접 현장에 나가서 확인해본다는 의미. 현장답사와 비슷한 뜻

주담대 주택 담보 대출의 줄임말로 집을 살때 받는 대출

줍줍 청약단지 중에서 미계약 · 부적격자 당첨 등의 이유로 청약통장 없이 보유할 수 있는 물량이 나오는데 이것을 신청하는것

청무피사 '청약은 무슨, 피나 주고 사'의 줄임말. 높아진 청약가점으로 당첨 가능성이 희박해져 생긴 신조어

초피 청약 당첨자 발표 후 계약을 하지 않은 상태에서 붙는 금액

피 프리미엄

2. ○세권 ──

학세권 주변에 유치원, 학교, 학원가가 위치한 지역

- **초품아** 초등학교를 품은 아파트
- **중품아** 중학교를 품은 아파트

몰세권 영화관, 운동시설 등을 갖춘 대형쇼핑몰이 인접해 생활이 편리한 지역

슬세권 슬리퍼를 신고 나가도 될 정도로 편의시설이 가까운 곳

맥세권·스세권 맥도날드와 스타벅스의 첫 글자를 딴 신조어. 패스트푸드를 선호하는 젊은 세대의 생활패턴에 따라 등장

의세권·병세권 인근에 대형병원이나 종합병원이 있어 의료서비스가 용이한 지역

숲세권·공세권 주변에 숲이나 공원이 있어 쾌적함을 느낄 수 있는 지역

*응용 "역세권, 초품아 영끌 8억 가능한 아파트 추천해주세요!"

3. 지역명 줄임말 (시세의 영향을 주고받는 지역으로 묶어서 부름) ──

강서송 강남구, 서초구, 송파구

마용성 마포구, 용산구, 성동구

금관구 금천구, 관악구, 구로구

노도강 노원구, 도봉구, 강북구

고강미 고덕동, 강일동, 미사강변도시

서인경 서울, 인천, 경기

대대광 대전, 대구, 광주

부울경 부산, 울산, 경남

여순광 여수, 순천, 광양

4. 아파트 줄임말 ———

경자 경희궁 자이(종로구 랜드마크)

마래푸 마포 래미안 푸르지오(마포구 랜드마크)

아리팍 아크로리버파크(서초구 반포동)

아리뷰 아크로리버뷰(서초구 잠원동)

아리하 아크로리버하임(동작구 흑석동)

엘리트파 엘스, 리센츠, 트리지움, 파크리오(송파구 잠실)

개래블 개포 래미안 블리스티지(강남구 개포동)

래대팰 래미안 대치팰리스(강남구 삼성동)

고래힐 고덕 래미안 힐스테이트(강동구 고덕동)

5. 재건축 아파트 줄임말 ———

잠오 잠실 5단지 아파트

둔주 둔촌주공 아파트

진미크 잠실 진주, 미성, 크로바 아파트

우선미 대치동우성, 선경, 미도 아파트

6. 뉴타운(서울 도심의 낙후된 지역을 개발) 줄임말 ———

은뉴 은평뉴타운

신뉴 신길뉴타운

흑뉴 흑석뉴타운

영뉴 영등포뉴타운

왕뉴 왕십리뉴타운

7. 기타 용어

전용면적 각 세대가 독립적으로 사용하는 부분. 거실, 주방, 욕실, 화장실, 침실 등. 발코니(베란다)는 미포함으로 서비스 면적

공용면적 복도, 엘리베이터, 계단 등 같은 건물 주민들이 공통적으로 사용하는 공간

공급면적 전용면적과 공용면적을 합한 부분

판상형 아파트 가장 흔한 일(一) 자형 아파트. 주로 2000년대 이전 건축

타워형 아파트 Y자형, +형, ㄱ자형, ㄷ자형 등 다양한 형태. 화려하고 세련된 외관. 다양한 구조로 선택이 폭이 넓은 편

재개발 인프라가 낙후된 지역을 밀고 도로, 상하수도, 주택 등을 새로 지어 주거환경과 미관을 바꾸는 사업

재건축 인프라는 잘 갖춰져 있으나 노후화된 아파트들이 밀집한 지역에서, 주거환경을 개선하기 위해 시행하는 사업. 건물만 낡았으면 재건축, 동네 전체가 낙후되었으면 재개발 진행

리모델링 건물의 기본적인 형태인 골조는 그대로 둔 채 인테리어나 구조 등을 수선해 사용

1장

결혼보다
부동산

살기 위해 시작한 부동산 투자는 다행히도 나에게 정말 잘 맞았다.
소울메이트를 만난 것처럼 말이다. 싱글에게는 내 몸 하나 지켜주는 부동산이
멋진 남편보다 믿음직스럽다. 나이 들어 퇴사할 일도 없고,
사놓으면 알아서 돈을 불려주면서 평생 나를 위해 일한다.
이보다 더 좋은 삶의 파트너가 또 있을까?

어쩌다 보니 싱글

어릴 적 꿈은 이루었지만

손을 쓰기 시작한 어린 나이부터 하얀 여백만 보면 그림 그리기를 좋아했던 나의 꿈은 '디자이너'였다. 초등학교 시절, 교실 뒤와 복도에는 늘 내 그림이 걸리곤 했다. 모두가 잘 그린다고 칭찬해주니 나는 내가 진짜 잘하는 줄 알았다. 그러면서 자연스럽게 디자이너란 꿈을 갖게 되었고, 그 바람대로 지금은 IT회사에서 17년째 디자이너로 일하고 있다.

새벽 서너 시에 퇴근하는 생활을 수년간 남부럽지 않게 해봤고, 2박 3일을 잠 한숨 안 자고 디자인 시안을 쳐내며, 다시는 그 시절로 돌아가고 싶지 않을 만큼 참으로 혹독하고도 치열했던 20~30대를 보냈다. 한번은 회사를 퇴사하면서 일을 정리하다 보니 새벽 6시가 넘었다. 해가 차마 뜨지 못한 새벽의 눈 쌓인 길을 뽀도독 뽀도독 눈 밟는 소리를 들으며 그 회사에서의 마지막을 보낸 적도 있다.

일한 만큼 받으면 좋으련만 디자이너의 연봉은 염전처럼 늘 짠내가 풍겼다. 그야말로 '좋아서 하는 일'이라는 결연한 의지 없이는 결코 쉽지 않은 일이었다. 보이는 이미지와 달리 '3D업종'이라는 별명까지도 있었으니 말이다.

그럼에도 의지만 있다면 뭐든지 할 수 있다고 했던가. 바쁜 와중에도 연애는 꼬박꼬박 했다. 대놓고 하든 비밀연애를 하든 말이다. 27세 무렵, 사귀던 남자친구가 부모님께 나를 소개시켜준다고 해서 그 집에 인사를 하러 간 적이 있었다. 별생각 없이 그저 인사만 하러 간 것이었는데, 그날 남자친구가 갑자기 청혼을 했다. 결혼하자는 말을 듣고 기뻐야 하는데 나는 하나도 기쁘지가 않았다.

오히려 이렇게 내 인생이 남자친구 집안이라는 감옥에 구속당하는 것 아닌가 하는 생각에 기분이 이상하게도 가라앉았다. 소설이나 TV 속에서 익히 보아왔던 '청혼'이라는 것은 가슴 떨리고 설레는 일인 줄 알았는데, 막상 겪어보니 전혀 그렇지가 않았다.

누군가의 아내, 며느리, 또 누군가의 엄마로서 살아가야 하는 삶을 과연 제대로 해낼 수 있을까 생각해보니 두려웠다. 게다가 한 남자와 영원히? 자신이 없었다. 그뿐이랴. 쉬고 싶을 때 쉴 수 없을 것 같았고, 늘어지게 자고 싶은 만큼 잘 수 없을 것 같았다. 내가 너무 이기적인 게 아닌가 하는 자책감도 들었지만 어쩔 수 없었다. 남자친구는 사랑하지만 그의 부모님까지 챙길 자신이 없었고, 아기는 사랑하지만 나를 희생하면서까지 키울 자신이 없었다.

어쩌다 결혼을 했다 치자. 딱히 뚜렷한 삶의 목적이 없는 상태에서 남들 사는 대로 살다가 어느 날 나를 들여다봤을 때 후회를 하고 있을 걸 상상하니 우울증이 걸릴지도 모른다는 생각이 들었다. 내가 그리던 삶이 아니었다. 그렇게 스물일곱 살의 청혼은 없던 일로 조용하게 끝이 났다.

초라한 더블보다 화려한 싱글이 좋아

시간이 지나고 새로운 연애를 하면서도 나는 결혼보다는 연애로 충분히 만족했다. 미래에 대한 이야기는 하지 않았다. 혹여나 만남이 결혼 이야기로 이어질까 두려웠고 피하고 싶었다. 이리 피하고 저리 피하다 보니 어느덧 마흔을 넘기게 되었다. 여전히 나는 싱글이다.

옛날 같았으면 "얼마나 못났으면 시집도 못 갔냐"는 잔소리를 들으며 외계인 취급을 받을 나이지만 다행히도 시대를 잘 만난 탓에 대한민국의 흔하디흔한 싱글 중 하나로 그럭저럭 존버('존나게 버티기'라는 뜻의 신조어)하며 잘 살아가고 있다. 매번 결혼 생활로 남편 때문에 스트레스받으면서 나보고 결혼하라는 친구를 볼 때면 '혼자 죽기 싫으니 같이 죽자는 얘긴가' 싶은 생각에 이해가 안 되기도 했다. 물론 우스갯소리다. 뭐 아옹다옹 싸우긴 해도 둘로써 좋은 점이 있으니 추천을 하겠지만, 서로 사랑해도 힘든 게 결혼생활이라는데, 그저 남들 다 하는 결혼이란 이유로 만나서 살면 얼마나 힘들까. "아이들 보면서 그냥 산다"는 말이 왜 그렇게 차의 떨떠름한 뒷맛처럼 다가오는 건지.

가끔 외로웠지만 싱글로 사는 삶은 행복했다. 누구에게도 구속받지 않고, 내 마음대로 쓰는 자유롭고 여유로운 시간들. 주말 내내 나무늘보처럼 늘어져 있어도, 밥 먹고 바로 누워도 뭐라 하는 사람이 있길 하나. 밤늦은 시간 술 마시고 귀가해도, 매번 날아오는 쇼핑 택배 알림에 잔소리하는 남편도 없고, 좀 꾸미고 다닐라 치면 "우리 아들 고생한다"며 눈치 주는 시어머니 이야기도 그저 남 얘기다. 그저 내 몸 하나 건사하면 되는 것이니 얼마나 행복한 일인가. 그렇게 썩 만족스럽고 평화롭다 못해 지루하던 어느 날, 일이 생겨버렸다.

"이 나이에 퇴사라고요?"

"그거 혹시 들으셨어요? 우리 회사 조만간 구조조정이 있을 거라는데요?"

팀원이 꺼낸 첫마디는 아직도 잊히지가 않는다. 보통 무슨 큰일이 생길 때면 그전에 어떠한 움직임이라도 있는 법이다. 하지만 드러나는 이슈 하나 없이 안정적으로 잘 흘러가던 회사였다. 그렇기에 팀원이 던진 한마디에 무게가 실릴 리 없었고 다들 '에이 설마'라고 생각하며 조용히 잊고 말았다.

하지만 그럼에도 찜찜함이 남아 있었던 것은 그 팀원이 함부로 그런 소리를 꺼내는 성격이 아니었기 때문이다. 역시나 그 말은 맞았다. 그날 이후 소문은 현실이 되었고, 정확히 두 달 뒤 회사는 뒤집어졌다. 잔잔하다 못해 지루했던 나의 인생도 그날 이후로 함께 뒤집어질 뻔했다. 아니 정확히 말하자면 인생 전반전이 완전 뒤집혔다. 회사는 암초를 만난 배처럼 순식간에 삐걱거렸다. 조직이 개편되고, 몇몇 임원급들은 소리 소문 없이 하나둘 퇴사하고 있었다.

임원들의 명단이 바뀌고 흉흉한 소문들이 나돌기 시작했다. '어느 팀부터 정리한다고 하더라', '몇 년생부터 정리한다고 하더라' 마치 〈인디애나 존스〉라는 영화에서 달리는 주인공 뒤로 철문이 하나씩 덜컹덜컹 닫히며 목숨을 건 질주가 시작되는 것 같은 긴박감이 내 인생에 찾아온 것이다. 소문이 퍼질 때마다 철문이 하나씩 닫히는 것 같았다. 숨은 조여오고 일도 손에 잡히지 않았다. 어느 날부터 퇴근길에는 항상 술이 들려 있었다. 괴로웠다. 느닷없이 날벼락을 맞은 것처럼 세상에 대한 원망이 올라오기 시작했다.

20~30대에는 열심히 일해서 회사에서 인정받고, 월급 한 푼 올려받으면 그게 행복인 줄 알았다. 그래서 온 힘을 다해서 늦은 시간까지 일을 처리해내고 욕심내서 많은 프로젝트도 맡아서 했다. 하지만 이렇게 일이 터지고 한 치 앞날을 기약할 수 없는 처지에 이르다 보니, 이러려고 그렇게 애쓰며 살았나 싶어서 공허해졌다. 당시 나이 30대 후반. 40대도 이르지 않은 아직은 '한창'이라고 생각했던 때였건만 그

것은 나만의 착각이었다.

　전혀 예상할 수 없었던 시기에 아무 준비도 안 되어 있었던 나는 길을 걷다 느닷없이 맨홀에 빠진 것처럼 정신을 차릴 새도 없이 눈앞이 캄캄해졌다. 만약 회사에서 잘리게 된다면 당장 무엇을 해야 할까. 다른 직장에 취직해서 지금 하던 일을 계속 이어가야 할지, 나만의 새로운 사업을 시작해야 할지.

준비 안 된 싱글의 두려움이란

　고민을 해봐도 아무런 답도 낼 수 없던 답답한 상황을 마주하고 두려움에 떨며 좀처럼 잠을 이룰 수 없는 날들이 이어졌다. 이 순간을 삭제하고 싶었지만 괴롭게도 아침이 되면 눈은 여지없이 떠졌고 괴로운 하루가 뫼비우스의 띠처럼 이어졌다. '이참에 모두 끝이겠구나.' 나와 동료들은 다들 마음의 준비를 하기 시작했다.

　"만약 퇴사하라고 하면 어떻게 할 거야?"

　"뭐 당분간 쉬어야지… 회사도 오래 다녔는데, 한 2~3개월간 쉬면서 다른 회사 천천히 알아봐야 하지 않을까?"

　"나도 육아하면서 좀 쉬어야겠어. 남편 월급으로는 적긴 하지만 이참에 좀 쉬지 뭐."

　다들 생각보다 차분하게 대응하며 '이번에 차라리 쉬겠다'고 했다. 이제까지 동료들도 같은 처지라 생각했는데, 왠지 모를 소외감이 느껴졌다.

'난 쉬면 안 되는데… 아니 쉴 수가 없는데….' 머릿속은 온통 이 생각뿐이었다. 미래가 전혀 준비되지 않은 싱글이었기 때문이다. '만약 월급이 끊긴다면… 다달이 나가는 백만 원이 넘는 카드값은 어떻게 하지? 숨만 쉬어도 나가는 생활비가 백만 원이 넘는데… 잠시만… 당분간 쓸 돈은 있나?'

월급이 들어오면 스치듯 안녕 하며 빠지는 카드값에 허덕이면서 이럴 때를 대비해 쓸 돈을 마련해놨을 리 없다. 나만의 사업을 시작하는 것은 사치였고 나를 불러주는 곳이라면 당장 취직을 해야 할 것 같았다. '이 나이에 또 면접 보고 이력서를 내야 해?', '야근하는 회사는 맘이 있어도 체력이 안 받쳐주는데…', '그나저나 나이 든 디자이너를 받아주기나 할까? 휴….'

어떠한 구속도 싫어서 유지했던 싱글의 삶. 20대엔 은퇴나 노후라는 단어가 아주 먼 미래처럼 느껴졌다. 그땐 하루도 길고 한 달은 정말 길었다. 왠지 오지 않을 것 같은 미래였다. 엄마가 가끔씩 "너도 곧 늙는다"라고 말씀하실 때마다 코웃음으로 넘겼다.

하지만 그 말은 진짜였다. 한순간이었다. 믿거나 말거나 나이에 가속도가 붙는 것만은 확실했다. 혼자라는 것은 문제가 되지 않았다. 결혼해서 애가 셋인 친동생도 늘 그런 말을 했다. 인생은 어차피 혼자라고. 둘이 살아도 다섯이 살아도 인간이라 외로운 건 마찬가지라고.

그런데 회사에서 잘릴 판국이 되니 두려웠다. 싱글이라 두려운 게 아니라 '준비 안 된 싱글'이라는 것이 두려웠다. 두 다리로 서 있다가 다리 하나가 없어진 것이 아니라, 다리가 하나인데 그마저도 없어져 몸으로 박박 기어가야 하는 기분이랄까. 지금이야 중산층 흉내라도 낸다지만, 당장 월급이 끊기면 곧바로 소득절벽에 부딪혀 극빈곤층으로의 전락이다. 당장 몇 개월이라도 버틸 만한 '남(의)편'이라는 비빌 언덕조차 없다는 것이 이제 와서야 왜 그리 서러운 건지.

참혹한 '게으름과 미루기'의 콜라보 대가

싱글의 가장 큰 리스크는 내가 아프거나 월급이 끊기면 답이 없다는 것이었다. 대신해줄 누군가가 없다. '자유에는 책임이 따른다'는 흔하디흔한 진리가 이렇게도 와닿을 줄이야. 자유가 두 배인 만큼 노후준비도 두 배로 해야 하는데 누리기만 했을 뿐 준비는 뒷전이었다.

세수를 하다가 멍하니 거울을 쳐다봤다. 12년간 컴퓨터를 마주하며 전자파로 무너진 푸석푸석한 피부, 어느새 허리춤에 안정적으로 자리를 잡아 넉넉해진 보디라인에다, ○○년생부터 자른다는 회사의 소문 속 주인이 된 '70년대 생'. 요즘 입사하는 젊고 생기 있는 신입들과는 심지어 띠동갑이지만 가진 돈은 그저 그들과 별다를 바 없는 빈곤함이란. 늘어난 것은 오랜 경험으로 쌓인 기계화된 업무능력, 그리고 눈치, 코치, 경험치였지만 그마저 아무도 필요로 하지 않는 것 같아 참 허무하기 짝이 없었다.

사실, 회사를 탓할 일이 아니었다. 미래에 대한 준비 없이 살아온 나의 안일함이 가장 큰 문제였다. 나이를 먹으면 언젠가 퇴사를 하게 될 것이므로 미리 준비를 해놓아야겠다는 막연한 생각은 했었지만, 그런 불안함과 걱정 따위는 일단 뒤로 미뤄두기로 했었으니.

이대로 살다간 월급쟁이 결말은 빤히 보이는데, 그런 결말이 마음에는 들지 않고 그렇다고 다른 길을 갈 자신은 없는데, 뭔가를 새로 시작하기도 귀찮았다. 다달이 들어오는 '월급마약'의 힘은 오늘에서 내일로, 이번 달에서 다음 달로, 올해에서 내년으로 자연스레 준비를 늦춰주고 있었다.

나이에 밀려 퇴사를 당하고 부인과 자식들에게 말도 꺼내지 못한 채 공원으로 출근하는 가장들의 기사를 보고도 그저 남의 일처럼 넘겼다. 당장 내 앞에 펼쳐진 현실이 아니었기에. 게으름과 미루기의 콜라보 대가로 남겨진 것은 아무것도 없었다. 든든하게 마련해둔 자산도, 전부라 믿었던 회사도, 집 한 채, 하다못해 자동차 한 대도.

욜로하다
골로 갈 뻔

'욜로' 하다 '골'로 갈 뻔한 시간들

나는 '탕진잼(소소하게 낭비하며 느끼는 재미)', '욜로(현재 자신의 행복을 가장 중시하고 소비하는 태도)'라는 유행어가 나오기도 훨씬 전부터 온몸으로 이를 실행해왔다. 힘들게 일하고 쥐꼬리만 한 월급을 받기 시작하면서부터 백화점을 드나들기 시작했다. 백화점에서 쇼핑을 하려면 그만큼의 벌이가 있어야 가능했지만, 신용카드라는 '마법카드'가 있었으니 그리 어려운 것은 아니었다.

사회 초년생 시절엔 단순히 커리어우먼 같은 모습대로 살고 싶어 과한 소비를 이어갔다. 그러나 시간이 갈수록 일은 힘들어지는데 적은 월급만으로 원하는 삶을 살 수 있다는 핑크빛 희망마저 잃으면서 더욱 쇼핑으로 보상을 받으려는 마음이 커졌다. '일하느라 고생했으

028
나는 차라리 부동산과 연애한다

니 좋은 곳 가서 비싼 것 먹어야지', '내가 이 브랜드도 못 사는 사람은 아니잖아. 벌 수 있을 때 마음껏 써야지'라고 말이다.

비싼 구두라고 해도 나를 매번 회사로만 데려다줄 뿐이었지만, '나는 소중하니까'로 쇼핑을 합리화하고 후에 이어지는 허무함은 다시 쇼핑으로 메우며 악순환의 무한루프를 끊을 수 없었다. 몸과 맘이 힘든 만큼 소비로 누리는 짜릿함은 상대적으로 큰 즐거움이었다.

해외여행도 가능한 머나먼 선진국으로 떠났다. 오로지 유럽, 미주권은 하와이까지. 한 번 다녀오면 수백만 원씩 지출이 나가지만 원래 휴식하면서 자신을 찾을 수 있는 곳은 우리나라가 아닌 외국이 아니었던가. 비록 주머니는 말라붙었지만 겉모습마저 그렇게 보이고 싶진 않았다. 내실 없는 궁색한 '도금'일지라도 겉은 금칠로 반짝이는 '골드'처럼 보이고 싶었다.

사실 이렇게 충동적으로 돈을 쓰는 데는 정확한 계획이 없었던 탓도 컸다. 결혼한 친구들은 비록 적은 돈일지라도 전세자금을 모으고, 돈을 불려서 넓은 집으로 옮기는 계획도 세우고, 대출을 받아서 집을 사면서 지속적으로 자산을 업그레이드해나가고 있었다.

결혼을 하면 어쨌든 부부간 방향을 맞추어야 하니 장기적으로 계획을 세우게 되어 있다. 설사 신혼 때 과소비를 했다고 해도 아이가 생기면 먼 미래를 내다보지 않을 수 없다. 교육비다 양가 용돈이다 뭐다 돈이 나간다 치더라도 목표가 있으니 다른 소비에서 절제를 할 수밖에 없다. 그러니 같이 쇼핑하던 친구들은 결혼을 하자마자 눈치를 보기 시작했다.

하지만 나에게는 눈치를 봐야 하는 남편이 있나, 시댁이 있나. 절제의 미덕 따위 발휘할 필요가 없었다. 오히려 '저렇게 살기 싫다'며 많이 나온 밥값이나 술값은 내가 계산했다. 그러니 연봉이 올라도 모이는 돈은 제자리였고 재정적인 궁핍은 여전했지만, 결혼한 친구들은 살림살이가 확연하게 나아졌다.

이것은 어쩌면 당연한 결과였다. 어떻게 살아갈지에 대한 목표가 없으니 다달이 모아야 할 금액이 모호했고, 의지도 약했다. 그러다 보니 점점 더 돈 모으는 것에 대한 열망이 사라졌다. '티끌 모아 티끌이니' '욜로' 하고 살자고. 어디 가도 들리는 '공포의 100세 시대', 이제야 3분의 1을 조금 넘게 달려왔을 뿐인데, 화려한 골드미스를 꿈꾸며 시작된 '탕진잼' 생활로 어느덧 소비 습관은 완전히 망가져 있었다. 텅장(텅 빈 통장)과 신용카드만 손에 쥔 30대 후반 나이에 회사까지 흔들리니 그야말로 멘탈이 붕괴되기 직전이었다. '욜로' 하다 '골'로 갈 뻔했다.

내 집이라도 있었다면

물론 그때의 소비가 모두 나빴다고는 볼 수 없다. 그 나이에만 누릴 수 있는 경험들이 켜켜이 쌓여 지금 돌아보면 행복했던 날들이 더 많았다. 하지만 그럼에도 아쉬운 것은 희망이 없을 것 같은 미래라고

속단해버리고 현재를 즐기는 것에만 집중해버린 삶이었다.

그렇다고 더 나은 미래를 위해 현재를 희생하는 삶을 선택했더라도 똑같이 후회했을 것이다. 극단적인 삶은 하나를 얻는 대신 하나를 잃게 되어 있으니 말이다.

그러니 현재를 살아가는 것에 7할을 쏟아붓는다면, 남은 3할은 미래를 위해서 준비했어야 했다. 당장 미래가 안 보인다고 현재에 모든 것을 쏟진 말았어야 했다.

아무튼 회사는 몇 달간 정신없이 요동치며 정리가 되었다. 나는 다행히도 운 좋게 살아남았다. 회사의 그 일은 나사 빠진 듯 살아온 나를 돌아보는 결정적인 계기가 되었다. 앞으로 다가올 위험을 제대로 느껴보니 '언젠가 해야지'라고 이제는 더 이상 미룰 수 없게 되었다.

나 자신의 안일함과 미련함에 화도 났지만 다시 주어진 기회에 오히려 감사했다. 그렇지 않았다면 나는 여전히 그대로 살고 있었을 테니 말이다. 이제라도 하나씩 준비해나가야겠다고 새롭게 마음을 잡았다. 그리고 갑자기 퇴사를 했을 때를 대비해서 가장 먼저 무엇을 할까 생각했다. 첫 번째로 떠올랐던 것은 바로 내 집을 사는 것이었다. 이유는 두 가지였다.

하나는 마음의 안정이었다. 회사에서 잘릴지도 모른다는 생각이 들었을 때, 가장 먼저 걱정이 되었던 것은 '집'이었다. 회사에서 환영받던 젊은 나이에는 내 집을 갖는다는 것의 소중함을 몰랐지만 디자이너로 환영받지 못하는 40대에 가까운 나이가 되고 보니 안정적으로 거주할 집마저 없다는 것이 나를 상당히 불안하게 만들었다.

사람에게 안정을 주는 게 무엇인가. 그것은 꾸준하게 수입이 들어오는 직장, 그리고 언제든 쉴 수 있고 돌아갈 수 있는 집이 아니던가. 그런데 직장이 흔들리니 안전한 내 집마저 없다는 사실이 망망대해를 떠도는 돛단배처럼 심리적으로 나를 불안하게 했다. 오랜 전세살이를 끝내고 집을 마련한 주위 사람들을 봤을 때, 하나같이 왠지 모를 여유가 넘쳐났던 건 결국 집에서 주는 마음의 안정이 아니었을까?

왜 집은 결혼을 할 때 혹은 아이가 있을 때만 사야 한다고 생각한 것일까. 오히려 싱글이기에 집이 더 필요하다는 생각이 들었다. 나이가 들면 몸도 마음도 약해지기 마련일 것이고, 편하게 휴식할 수 있는 내 공간이 있다는 것이 충분한 '집 테라피'가 될 것임이 분명했다.

집을 사야겠다고 생각한 또 하나의 이유는 망가진 소비 습관을 고쳐 지금이라도 돈을 모아야겠다고 판단했기 때문이다. 충동적인 씀씀이를 갑자기 고칠 수 없으니, 집을 사면서 대출을 받아 갚는 '강제저축'이라는 극약처방이 필요했다. 은행의 독촉을 받아가며 원리금을 갚아야 그나마 저축이 가능할 것 같았다.

집을 사기에는 돈이 턱없이 부족해서 회사에 남아 있을 때 가능한 최대한의 대출을 받아야만 했지만, 그래도 뭐라도 하나 남겨야겠다는 생각이 컸다. 결국은 집 한 채였고 고작 회사 신용을 이용한 대출 계획이었지만 말이다.

결국, 집을 사기로 결심하다

당시에 결혼한 팀원들이 모이기만 하면 '○○ 지역에 청약할 건데 되든 안 되든 넣어봐야겠다'고 하는 말을 흘려들었던 게 기억났다. 남 일이라 생각했기에 귓등으로 넘겨버렸지만, 이제는 내 일이 되었기에 그중 한 명을 찾아가 다짜고짜 물었다.

"집 사고 싶은데, 청약하려면 어떻게 해야 해요?"

"아파트 분양 강의하는 온라인 카페가 있어요. 거기 가서 한번 쭉 들어봐요."

세상 좋아졌다. 그런 것도 알려주는 온라인 카페가 있었다니. 현장 강의를 들으면 분양 지역과 아파트 정보를 얻는 것은 물론, 청약 공부까지 된다기에 쇠뿔도 단김에 빼려고 얼른 신청을 하고 설레는 마음으로 강의장을 찾았다.

도착해보니 싱글은 나 혼자뿐이었고, 죄다 어머니들 그리고 신혼부부였다. 강사가 나오고, 수도권 곳곳의 듣도 보도 못한 지역에 새로 지어질 아파트를 설명해나가기 시작했다. 그 아파트들이 2017~19년에 쓰나미처럼 몰려왔던 '공급폭탄'이라는 건 당시에 상상할 수도 없었지만. 강사는 아파트 단지마다 여긴 이래서 좋고, 저건 저래서 좋다고 쉴 새 없이 장점을 늘어놓고 있었다.

듣다 보니 안 좋은 곳이 없었다. 분명 위치는 산 밑도 있고, 외곽 언저리 처음 보는 지역인데 말이다. 심지어 송신탑 근처도 소개를 해주면서, 애 안 키우면 여기도 살아볼 만하다고 넉살을 피워댔다. 그게 바로 송세권인가? 전자파가 어른 아이 가리는 건 아닐 텐데 말이다.

처음 듣는 정보는 언제나 신선하기에 나도 모르게 빠져들었다. 그때까지만 해도 꼼꼼하게 들으면서 나름대로 어느 지역을 선택해야 할지 섣부르게 김칫국부터 마시고 있었다. 짧은 시간이었지만 새 아파트를 갖게 될 상상을 하며 인테리어 콘셉트는 어떻게 잡을지, 집을 사면 누굴 초대할지 머릿속에서 나는 이미 새 아파트를 가진 골드미스녀가 되어 있었다.

그런데 이럴 수가? 청약으로 집을 사려면 조건이 있었다. 청약에 필요한 가점은 무주택 기간과 부양가족 수, 청약통장 가입 기간, 이 세 가지로 평가했다.(청약가점은 무주택 기간(32점)과 부양가족 수(35점), 청약통장 가입 기간(17점)으로 매김. 자세한 가점 계산법은 '아파트포유'에서 확인 가능)

하늘 아래 싱글을 위한 청약은 없다

나는 혼자 사는 싱글녀라 부양가족도 없고 오래 부은 청약통장도 없다. 그나마 살릴 만한 건 무주택 기간인데 그것만으론 어림도 없다. 설사 무주택 기간을 서른 살부터 꽉꽉 채우고, 청약통장 가입 기간을 15년 채워도 부양가족에서 5점으로 끝나버리니 84점 만점에 고작 49점. 그런데 나는 그 절반도 안 되는 20점을 겨우 넘겼다.

1인 가구가 인구의 30퍼센트에 다다르는 이 시대에 이는 너무 비

합리적인 계산법 아닌가. 59제곱(24평) 평형대엔 적어도 부양가족 점수의 격차라도 줄여주는 융통성쯤은 발휘해줘야 하는 게 아닌가 말이다.

'특공'이라 불리는 특별공급제도에 '싱글'은 포함되지도 않았다. 부모를 모시거나, 신혼부부이거나, 자녀가 세 명 이상이어야 한다는데, 아니 왜요? 싱글도 월급 끊기면 극빈곤층이라구요.

세금까지 꼬박꼬박 내는 투명한 유리지갑 월급쟁이 싱글녀로 의무는 다 지켰음에도 왜 혜택은 아무것도 받을 수 없다는 건가. 배우자도 없고 해가 갈수록 노후를 걱정해야 하는데 아파트 가격이 비싸 내 집 마련도 어려운 이 시대에 청약은 신혼부부나 부양가족이 많은 사람 우선이다.

겸사겸사 이참에 결혼해서 신혼부부 특공이나 만들어볼까 하는 성급한 생각도 들었지만, 집 하나 사겠다고 아무나 잡고 결혼하는 건 아무래도 아닌 것 같아서 참기로 했다.

적당히 벌고 있는 싱글들을 '어서 오세요'라고 반기는 곳은 오로지 돈을 쓰는 곳뿐이었다. 내 집 하나 사겠다는데 무슨 조건을 이리 걸어가며 야박하게 구는지. 왜 싱글은 할인가(분양가)로 집을 살 기회를 줄여버리는지 왠지 모를 억울함을 느꼈다. 몇 년 전에 만들었던 청약통장이 있었지만, 과연 내가 집을 살 일이나 있을까 하고 깨버렸는데. 그런 나에게 그동안 청약통장에 부은 시간과 돈이 너무 아깝다며 통장 해지를 극구 말리던 은행직원이 생각났다. '아, 조금만 더 말려주

지 그러셨어요?'

싱글이 청약에 당첨된다는 건 그저 밤에 자다가 꿈속에서나 일어날 만한 일이었던 것을 그때 알았다. 이 나이가 되도록 몰라도 너무 모르고 살았다. 회사에서 인정받으려고 애쓰기보다 오히려 아파트 가점이라도 올리기 위해 애를 썼더라면.

. . . .

싱글도 새 아파트를 가질 수 있는 방법?

서울에서 85제곱(32평) 이하는 모두 가점제로만 선발하므로 소형 평형을 가점제로 당첨받기란 거의 불가능하다. 다만 85제곱을 초과하는 분양 아파트에서 '추첨제'로 기회를 찾을 수 있긴 하나, 싱글이 사기엔 너무 비싸 금수저가 아닌 이상은 역시나 비현실적이다. 분양가 9억이 넘어가면 중도금 대출도 안 나온다.

그나마 낙타가 바늘구멍이라도 들어가려면 85제곱 이하도 추첨제가 25퍼센트 적용되는 청약 조정지역에서 기회를 찾을 수 있다. 경기도 수도권 유망지역인 안양시 동안구, 용인시 수지구, 기흥구, 수원시 등이 해당하는데 이 지역 중 내가 사는 거주지 우선 배정 물량이 많은 곳을 살펴보는 것이다. 이러나저러나 당첨이 어렵다면 분양권에 프리미엄을 주고 사거나 청약통장 없이도 누구나 신청 가능한 줍줍(무순위청약)에서 기회를 찾을 수 있다.

지금은 부동산 시장이 과열된 상태라 웬만큼 가점이 높지 않다면 당첨 가능성 자체가 희박하다. 다만 평소에 관심을 가지고 분양하는 아파트를 봐둔다면 기회가 왔을 때 잡을 수 있을 것이다.

구분	85 ㎡ 이하		85 ㎡ 초과	
	가점제	추첨제	가점제	추첨제
수도권	100%	–	가점제 50% 이하에서 지자체가 결정	
투기과열지구	100%	–	50%	50%
청약과열지구	75%	25%	30%	70%
기타지역	가점제 40% 이하에서 지자체가 결정		–	100%

출처 : 국토교통부(2019)

민영주택 가점제 및 추첨제 적용 비율

지금보다 못살거나,
지금부터 잘살거나

남편보다 부동산

청약을 이용한 내 집 마련의 꿈은 이미 날아갔다. 그렇다고 한 번 시동이 걸렸는데 이대로 멈출 내가 아니었다. 화장을 하려고 거울을 꺼내들었으면 립스틱이라도 발라야 하고, 쇼핑을 하려고 나섰으면 하다못해 면봉 하나라도 사와야 할 것 아닌가. 청약으로 신축을 살 수 없다면 회사 다니기 편한 곳에 구축이라도 사야 했다.

하지만 집에 대한 관심을 뒤늦게 가진 사람으로서, 부동산 가격이 떨어질지 모른다는 불안함과 만약 사야 한다면 어느 아파트를 사야 할지 모든 것이 막막했다. 2015년 당시에는 유튜브처럼 손쉽게 접할 수 있는 부동산 정보가 지금처럼 활성화되진 않았고, 그 흔한 온라인 카페 활동도 안 하던 나였기에 떠오른 것은 책뿐이었다.

회사 일이 끝나고 서점으로 달려가 부동산 관련 책을 읽었다. 실거주 집을 위한 부동산 미래 전망이 필요했는데, 보다 보니 대부분은 '부동산 투자'에 대한 내용이었다. 게다가 강남 복부인도 아니고 부유한 집 금수저 자식도 아닌 월급쟁이 직장인이 쓴 투자 성공담이었다. 지금껏 알고 있던 편견이 완전히 뒤집어지는 순간이었다.

월급을 받는 나 같은 일개 회사원도 부동산 투자를 할 수 있다고? 아파트는 한두 푼 하는 것도 아니고 기본이 억 단위가 아니던가. 당연히 엄청난 목돈을 들고 있어야 투자할 수 있을 거라고 막연히 생각했는데, 소액의 돈으로도 시작할 수 있다니.

세상물정 하나도 모르고 회사 우물 안 개구리로 살다가 밖으로 나온 싱글녀에게 이것은 한마디로 신세계였다. 그리고 이내 '그래 이거야' 하고 머릿속에선 폭죽이 터지기 시작했다. 머리 싸매고 고민했던 내 집 마련, 그리고 월급이 끊어질 때를 대비해 또 다른 수입을 만드는 일 두 가지가 부동산 투자로 한 방에 해결될 수 있을 것 같은 예감이 들었다. 저자의 경험이라는 치트 키가 있었는데 더 이상 우물쭈물할 필요가 없었다. 일단 시작해보기로 했다.

첫 번째 투자를 시작하고 나서 얼마 지나지 않아 나는 회사와 가깝고 앞으로 수요가 지속적으로 늘어날 신분당선 역세권인 용인 수지구에 내 집을 마련했다. 물론 모든 금액을 지불한 것이 아니라 매입을 한 뒤 임대를 놓는 방식인 전세를 끼고 사둔 것이다.

수지구에 집을 마련한 이유는 일차적으로 신분당선을 통해 회사 출퇴근이 편했기 때문이다. 또한 장기적으로 봤을 때 신분당선을 이용하는 수요가 지속적으로 늘어나 미래가치도 충분히 있는 지역이라고 판단했다.

사실 나는 분당에 거주하며 신분당선의 흑역사를 잘 알고 있었다. 처음 판교 테크노밸리에 많은 기업이 입주하기 전에는 '공기만 실어나르는 노선'이라는 별명이 무색하지 않게 신분당선에는 정말 사람이 없었다. 전철을 타면 빈자리가 많아 누워서 가고 싶은 충동마저 들 정도였다. 게다가 요금이 비싸다고, 사람들은 누가 이런 차를 타느냐고 비난하기까지 했다.

하지만 판교 테크노밸리에 많은 기업이 입주하고부터 신분당선 이용자가 엄청나게 늘어나는 것을 직접 보니, 이 정도면 아파트 시세에 영향을 미치고도 남을 것이라는 생각이 들었다.

뿐만 아니라 우리나라 최대 업무지구인 강남에 30분 이내로 도착 가능한 것만으로도 제 역할은 다한 지역이라 생각했다. 판교와 강남 등 두 곳의 강력한 일자리를 한 번에 갈 수 있다는 것도 매력적인데, 앞으로 신분당선이 서울 중심인 용산까지 연장된다면 그야말로 '돈분당선'이 될 것임은 당연지사였다.

'부동산'은 내 삶의 파트너

신분당선 역세권 도보 10분 거리의 아파트를 2억 9천에 매입하고

2억 7천에 임대를 놓아 2천만 원에 내 집을 마련했다. 당장 들어가서 살진 않더라도 내 집을 미리 마련해뒀다는 생각에 심리적 안정을 얻은 것은 물론, 덤으로 2017년 말부터 시세가 오르면서 차익도 1억 5천 이상 얻게 되었다.

내가 부동산 투자를 하고 나서 가장 만족하는 것은 미래에 대한 불안이 확실히 줄었다는 것이다. 혼자 벌어도 혼자 버는 수입이 아니게 되었고, 언제든 들어갈 수 있는 내 집도 미리 마련해두었으니 말이다. 나이가 들어도 미리 마련해둔 부동산으로 월급처럼 또박또박 돈이 생길 것을 생각하니 싱글인 나에게는 더없이 든든한 자금줄이 아닐 수 없었다.

그래서 5년 전, 회사에서 잘릴 뻔한 소동이 없었다면 나는 지금쯤 어떻게 지내고 있을까 가끔 생각하곤 한다. 눈앞에 닥친 퇴사라는 공포가 나를 부동산 투자의 세계로 인도했지만, 살기 위해 시작한 부동산 투자는 다행히도 나에게 정말 잘 맞았다. 소울메이트를 만난 것처럼 말이다. 내 몸 하나 지켜줄 부동산은 싱글에게는 멋진 남편보다 믿음직스럽다. 나이 들어 쫓겨날 일도 없고, 사놓으면 알아서 돈을 불려주면서 평생 나를 위해 일한다. 이보다 더 좋은 삶의 파트너가 있을까?

'싱글'이라 '더블'로 준비

대학을 졸업하고 20대에는 좋은 회사를 가기 위해 실력을 키우느라 온 힘을 쓴다. 입사를 하고 나면 쥐꼬리만 한 월급이지만 그래도 뽑아준 회사에 감사하며 시간과 체력, 젊음을 통째로 바쳐서 일한다. 그러다 보면 인정도 받고 회사에서 주는 계급 딱지를 받게 되니 더 높은 연봉을 받기 위해서 달리고 또 달린다.

30대 중반에 들어서면 싱글이라는 이유로 남는 시간도 회사에 바쳐가며 일에 더 매달리지만, 이내 슬슬 불안함을 느낀다. 20대와는 다르게 확연히 떨어진 체력, 분명히 한 달에 한 번씩 받는 월급인데 당최 뭐에다 썼는지 모를 텅 빈 통장, 하나둘씩 퇴사하는 동료들과 맞물려 새로이 입사하는 열정과 패기 넘치는 후배들. 그 안에서 소리 없는 불안감이 조용하게 밀려들어오는 것이다.

게다가 심적으로 믿고 있던 부모님마저 연로해지는 것을 눈으로 지켜보면서 마음이 괜히 울적해진다. 어느 시점이 되면 나 혼자도 건사하기 힘든 마당에 연로하신 부모님을 챙기는 일도 시작해야 할 것이다.

하지만 막상 준비를 하자니 뭐부터 어떻게 해야 할지 모르겠고 그냥 덮어놓고 걱정만 한다. '에라 모르겠다, 되는 대로 살자'라고 반은 포기한 채 그냥 살아간다. 급작스레 발등이 찍혀 눈물이 핑 돌 정도로 아파보지 않은 이상에야 당장 미래를 걱정하며 애써 움직이지 않는 것이다.

그런데 나 하나 지켜주는 자산마저도 없다면 어떻게 될까? '어떻게든 되겠지'라고 안일하게 살다가는 정말로 '어떻게 될지'도 모를 판이다. 그러므로 혼자서도 잘살기 위해서는 남들보다 두 배의 노력이 필요한 것은 어쩔 수 없다. 싱글이니 더블의 준비가 필요한 것이다.

'존버'하지 말고 '준비'하자

기혼자는 보완이 되지만, 싱글은 나를 대체해줄 사람이 없으니 퇴사하자마자 바로 소득이 끊긴다. 그렇기에 소득의 플러스도 중요하지만 그보다 현재의 소득을 끊임없이 오랫동안 유지시키는 것이 무엇보다 중요하다. 정년 60세가 의무화되었다고는 하지만, 어느 누구도 그 말을 믿지 않는다. 내가 몸담고 있는 디자인 분야는 정년이 40대 중반 정도로 타 직업군 여자들보다도 5년이 빠르고, 남자들보다는 10년이 빠르다.

서울시 여성가족재단에 따르면, 통상 여성의 월급 수준은 평균적으로 남성의 64퍼센트 수준에 그치고, 3040 미혼여성의 60퍼센트만이 정규직으로 일하고 있다. 싱글녀의 직업 안정성이 높지 않다는 얘기다. 직종에 따라, 성별에 따라 소득절벽 시기가 평균보다 더 빨리 찾아오기도 하고 향후 지금 일하는 업무보다 훨씬 더 질이 떨어지는 일자리를 구할 확률도 높다. 그런데 노후연금은 65세부터 나온다. 퇴직과 연금이 나오는 시기 사이에 긴 공백이 생기는 것이다.

실상은 이러한데도 당장 뭘 해야 할지 모르겠다고, 어떻게든 되겠지 하고 손 놓고 있어야 할까? 끊이지 않는 소득을 만들어야 노후 대비가 완성된다. 노후 대비는 결혼 유무를 떠나서 모두에게 필요하지만, 똑같이 준비가 안 되었더라도 싱글은 더 위험하기 마련이다. 남편이나 자식의 도움을 전혀 기대할 수 없기 때문이다.

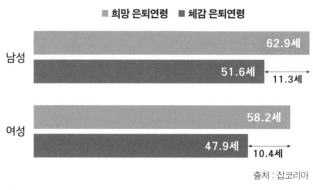

직장인 체감 은퇴 평균 연령 50.2세

통계청 자료에 따르면 우리나라의 기대수명은 남성이 79.7세, 여성은 남성보다 6년이 더 긴 85.7세다. 여성은 남성보다 6년 더 살지만 은퇴는 5년 빠르다. 여성이 남성보다 오래 살고 은퇴를 더 늦게 한다는 것은, 여성이 남성보다 노후 준비를 더 빨리, 제대로 해야 한다는 의미다. 혼자서도 안정적인 노후를 보내려면 최소 10억은 있어야 한다.

그런데 현실적으로 생각해보자. 한 달에 300만 원을 버는 싱글녀가 생활비를 제외하고 월급의 반을 모은다면 한 달에 간신히 150만 원을 저축할 수 있다. 30대 중반이라면 실제 퇴직 연령대인 50세까지 15년간 많이 모아봐야 약 3억 정도를 모을 수 있다. 하지만 그 정도라도 모을 수 있다면 다행이다. 나머지 지출은 계산에 넣지도 않았으니 말이다.

3억을 최소한 세 배 이상은 불려야 그나마 최소한의 노후 준비라도 할 수 있다는 것인데, 사실상 월급만으로는 답이 안 나온다. 결국 투자는 필수라는 얘기다. 나는 처음 2천만 원을 들고 투자를 시작해 3년간 10년 치 연봉 이상으로 돈을 불렸다.

게다가 돈뿐만 아니라, 시간도 벌었다. 나는 돈이 많지도 않았고, 특별히 능력이 좋았던 것은 더욱 아니었다. 이 정도의 성과는 이 글을 읽는 당신의 지적 수준과 관심 정도라면 충분히 만들어낼 수 있다. 두렵기 때문에, 돈이 없기 때문에, 시간이 없기 때문에, 나이가 많기 때문에라는 '때문에병'만 버리고 시작할 수 있다면, 오히려 더 큰 결과를 낼 수 있을 것이라 생각한다.

직장에서 조금이라도 더 버틴다 해도 길어봐야 10년이고, 임원이 된다 한들 계약직일 뿐이다. 늦은 나이에 시작한 투자나 사업일수록 더 위험해지는 것은 당연하다. 월급이라는 소득이 꾸준히 나오는 지금 당장 준비를 시작해야 한다. 외나무다리를 걷고 있는 싱글녀에겐 더욱이 중요한 문제다.

그렇다. 지금보다 더 못살거나 지금부터 잘살거나. 선택은 이 책을 읽는 당신의 몫이다. 그리고 선택했다면 그대로 반드시 이루어질 것이다.

부동산
플러스
1

싱글녀의 돈 관리 방법

나는 3무 싱글녀였다. 절제력 없음, 계획 없음, 그러다 보니 돈이 없음.

돈이 없을수록 지름신은 자주 찾아온다던데, 실제로 자산이 1억 원 이하인 경우 충동구매 경험이 무려 80퍼센트에 달한다는 조사 결과도 있다. 물론 나도 그중 한 명이었다. 돈 모이는 속도는 느리고, 이렇게 모아봐야 뭘 할까 싶은 생각에 충동적으로 돈 쓰는 것이 습관이 된 탓이었다.

실제로 3040 싱글녀들은 웬만한 자제력 없이는 돈을 모으기 어렵다. 소비 마케팅에서 황금 노다지인 우리를 놓칠 리 없으니까. 그렇다면 왜 싱글녀가 타깃일까? 그 답은 어느 날, EBS 다큐프라임 '자본주의'를 보고 찾았다. '소비는 불안에서부터 시작된다.' 이 말이 나오는 순간, 나는 무릎을 탁 칠 수밖에 없었다.

술을 마시거나 쇼핑할 때 뇌에서는 도파민이 분비되어 우울한 감정을 줄여준다. 그렇기 때문에 이를 지속시키려고 소비를 계속하게 된다는 것이다. 그러니 외로움, 불안, 분노 등의 감정이 은연중에 곧바로 소비로 이어지는 것이다. 싱글녀들은 안정적으로 가정을 꾸린 사람에 비해 불안한 상황과 감정이 상대적으로 잦을 수밖에 없다. 필요 이상의 소비는 근본적으로 '불안'에서 나오는 감정적 소비인 셈이다. 즉, 마음이 불안정할수록 돈을 모으는 일은 더 어려워질 수밖에 없다.

그러던 내가 어떻게 돈을 지속적으로 모으면서 투자를 할 수 있었을까?

물욕은 그대로 두되, 대상을 바꿔라

돈을 정석대로 모으고 싶은 싱글이라면, 미안하지만 시중에 나온 절약 책을 사서 봐라. 나는 그 방법이 맞지도 않거니와 따라하다 번번이 실패만 맛봤다. 다만 오르는 전세금에 대응은 해야 했기에 적금으로 꾸역꾸역 최소한으로만 모으고 있었을 뿐 나머지는 죄다 써버렸다. 내가 돈을 본격적으로 빠른 속도로 모은 것은 투자를 시작하고 나서부터였다.

아파트 한 채를 투자하고 나니 소유욕이 채워져 마음의 안정이 찾아왔는지, 아니면 할 수 없다고 생각한 일이 실제로 이루어지는 것을 보니 신기했는지 모르겠지만, 왠지 모를 든든함이 생겼다.

그러자 투자를 이어나가고 싶은 마음이 강렬하게 일어났다. 빨리 돈을 모아야 투자를 할 수 있다고 생각해 월급을 받으면 최소한의 생활비만 남겨둔 채 통장으로 직행시켰다. 통장에 '계약금 통장'이라는 이름을 붙이고 '계약금 통장 2천만 원 = 아파트 한 채'라는 나만의 프레임을 만들었다.

1억을 모으기는 어려웠지만 5분의 1에 해당하는 2천만 원은 눈 딱 감고 노력하면 크게 어렵지 않았다. 그 돈으로 내 이름이 새겨진 아파트 한 채를 가질 수 있다는 사실만으로도 '동기부여'가 되었다.

아끼려 하지 않아도 돈을 안 쓰게 되었고, 충동구매도 하지 않게 되었다. 시간이 지난 뒤 '왜 쇼핑 욕구가 줄었을까' 생각해보니 물욕이 사라진 게 아니었다. '크고 비싼 것'으로 대상이 바뀌었을 뿐이었다. 다만 그 대상이 내게 더 큰 돈으로 불려오는 자산이냐, 쓰고 없어지는 소비인가라는 가장 큰 차이가 있었을 뿐.

돈을 빠르게 모을 수 있었던 나만의 비결은 부동산 투자로 미래를 준비함으로써 불안을 제거한 것이다. 이것이 애써 절약하려고 하지 않아도 돈을 모을 수 있는 비법이었다. 앞날이 걱정되는 싱글이라면 덮어놓고 쇼핑으로 물욕을 채울 것이 아니라, 대상을 바꿔보면 어떨까? 이왕이면 자산을 불릴 수 있는 '부동산'으로.

인생에 한 번쯤 졸라매는 구간은 필요하다

첫 투자를 마치고 보니 모아놓은 돈이 없어 다음 투자를 이어가기엔 부족했다. 그제야 잠자고 있는 돈이 있지 않을까 찾아보기 시작했다. 그렇게 해서 안 입던 옷 주머니에서 만 원짜리 발견하듯 찾아낸 것이 바로 의도와는 상관없이 갖고 있던 회사 주식, 친구의 말빨에 속아서 들고 있던 변액유니버셜 보험이었다.

주식은 나와 맞지 않아 보유만 하고 있었고, 그 유명한 보험에는 다달이 35만원씩을 내면서도 '나중에 도움이 되겠지' 하고 마냥 들고만 있었다. 돈을 불려준다는 사탕발림에 속아 가입했지만, 3년 만에 원금만 간신히 찾았다.

변액유니버셜 보험은 보험의 보장성 기능에 투자 기능을 합한 상품인데, 수익률을 보면 보험은 보험 용도로만 써야지 투자는 직접 하는 편이 백배 낫다는 생각이 들었다.

주식을 팔고 보험을 해지하니 2천만 원 가량이 생겼다. 보험은 가족력이 있는 암보험만 유지하고 실비보험은 회사에서 복리후생으로 제공하는 것으로 대체했다. 싱글녀들은 불안하다는 이유로 보험에 과하게 많은 돈을 넣는데 보험사를 맹신하는 것이 돈을 모으기 어렵게 만들 수 있다.

가족력이 있는 질병이나 실손 등 불리한 확률을 보장하는 보험만 유지하고, 나머지는 해지를 고민해보자. 나 같은 경우에는 보험을 정리해 목돈도 들어오고 다달이 35만 원으로 빠져나가던 비소비성 지출도 줄어들어 일석이조의 효과였다. 허리띠만 졸라매면 된다고 생각해 식비, 생활비 등 유동지출을 줄이기 위해 전력을 다하는 것도 중요하지만 고정지출은 매월 금액이 정해져 있는 만큼 한 번에 잘라내면 그만큼 안정된 결과가 따라온다. 만 원을 생활비에서 빼는 것보다 쓸모없는 보험을 정리하는 등 불필요한 고정지출을 줄이는 것이 훨씬 효과적이었다.

아래는 빨리 종잣돈을 만들어낼 수 있는 방법이다.

불필요한 보험 해지	과도한 금액을 내는 변액보험 해지 - 가족력 있는 질병보험은 유지 - 실손은 회사 걸로 유지하고 퇴사하면 개인보험으로 연결
과도한 개인연금 정리	20~30년 후 받을 돈은 인플레이션으로 가치 떨어짐
주식이나 펀드 정리	돈을 불릴 자신이 없다면 정리
불필요한 물건 매각	안 쓰는 명품 가방, 안 쓰는 물건 찾아보기

빠르게 종잣돈을 만드는 네 가지 방법

라이프는 미니멀, 투자는 맥시멈

싱글의 단점은 맞벌이에 비해 수입이 절반이라는 것이지만, 장점은 나만 줄이면 원하는 만큼 돈을 모을 수 있다는 것이다. 가족의 희생은 필요 없다. 그래서 나는 매우 단순하게 관리를 하고 있다. 통장뿐 아니라, 생활 필수품, 불필요한 인간관계를 정리해 쓸데없는 소비를 하지 않는 방법이다. 심플해질수록 불필요한 낭비가 줄어드는 것은 당연하다.

1. 통장 정리

자산이 없을수록 선택과 집중이다. 통장은 급여, 생활비, 보험료, 계약금 네 개로 관리한다. 잘게 쪼개 분산하지 않는다.

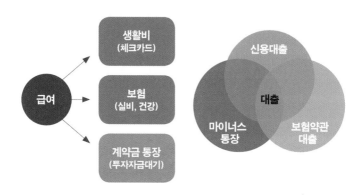

통장 정리와 대출 관리

대출은 투자 시 비상용으로 사용해야 하기 때문에 평소에 관리를 해둔다. 신용대출을 잘 받기 위해 신용을 관리하고 마이너스 통장도 미리 만들어두는데 꼭 주거래은행에서 할 필요는 없다. 여러 은행을 알아보고 대출을 많이 해주는 곳에 미리 개설해둔다. 가입된 보험에서 약관대출도 가능하므로 얼마까지 대출이 가능한지 알아둔다. 이 외에도 추가로 대출이 가능한 다른 상품도 알아본다. 미리 대출 가용 금액을 알아둔다면 투자 시 많은 도움이 될 수 있다.

2. 생필품 정리

가장 먼저 쓸데없는 소비를 발생시키는 품목을 정리한다. 나 같은 경우에는 옷과 구두를 정말 많이 처분했다. 화려하게 꾸미는 트렌디한 허세용 스타일은 넣어두고 기본템으로 모두 바꿨다. 그렇다고 스티브 잡스나 마크 저커버그처럼 단벌만 입는 것도 추천하지 않는다.

여성들은 자신만의 취향이 있다. 자신의 취향을 살리는 옷을 구매하고 새로운 스타일을 찾는 것은 지양하도록 하자. 부동산 중개소에 갈 때를 대비해서 쫄지 않는 아이템은 필요한데 바로 '가방'이다.

돈이 많으면서도 안 꾸미고 명품 안 들고 다니는 부자들도 많다. 자신감을 갖고 부자처럼 행동하면 그게 최고다. 하지만 이런 멘탈이 안 된다면 그럴듯한 가방 하나쯤은 마련해두자.

3. 관계 정리

에너지를 빨아먹는 도움이 안 되는 관계도 정리할 필요가 있다. 술친구, 쇼핑 친구, 필요에 의한 관계나 스트레스를 풀 목적으로 만나는 사람들도 다시 생각할 필요가 있다. 관계 중심형인 여자들에게 냉정하게 들리겠지만(나도 관계 중심형이었다) 좋은 영향을 주는 사람만 만나고 살아도 시간이 부족하다.

여자들은 특히나 우정이란 이름으로 불필요한 관계를 이어가곤 하지만 세상에 좋은 사람은 많다. 실제로 내가 배울 수 있고, 살아가면서 존경할 수 있는 사람을 만드는 것에 에너지를 쓰는 게 어떨까.

2장

기초 다지기,
이것만은 알고 시작하자

연애와 투자는 비슷하다. '밀당을 잘해야 한다'는 이론을 알지만
정작 언제 밀고 당겨야 하는지 모르면 연애를 잘할 수 없는 것처럼,
투자 역시 언제 사고 팔아야 하는지 이론만으로는 알기 어렵다.
살 타이밍에는 실제 어떠한 현상들이 이루어지는지,
팔 때는 어떠한 상황에서 물건이 팔리는지 실제 투자를 해봄으로써
비로소 투자에 대한 인사이트를 내 것으로 할 수 있다.

투자는 평생 써먹는
기술이다

어이없이 시작된 나의 '첫 투자'

'이제 나도 부동산 투자를 시작해보리라' 마음은 먹었지만 서울, 수도권에 널리고 널린 아파트 중 어디를 사야 할지 전혀 감을 잡을 수 없었다. 일단 정보를 얻어야 하니 온라인 카페에 가입하고 올라오는 모든 글을 보기 시작했다. 아파트 가격이 계속해서 오르고, 여기저기서 투자 경험담들이 보이니 마음은 더욱 급해졌다. 내가 사야 할 아파트들을 다른 사람에게 뺏기는 것 같아 조바심이 났다.

몇 날 며칠을 퇴근하면 온라인 카페를 뒤지다가 새벽이 밝아오고 나서야 이내 쓰러져 잠드는 날들이 이어졌다. 그러던 어느 날 어떤 회원이 남긴 수많은 댓글이 달린 투자기를 읽게 되었다. 아파트 단지명을 오픈한 글의 요지는 그곳이 주변 환경이 좋고 초·중학교를 끼고 있는 준신축인데 총 2천만 원에 투자를 했다는 것이다. 궁금한 마음에 지도의 로드뷰로 해당 단지를 쭉 둘러보니, 정말로 주변 환경이 내가 생각했던 그 지역의 이미지와 사뭇 다르게 좋았다.

'아니, 이런 아파트를 2천만 원만 있으면 살 수 있다고?'

심장이 미친 듯이 뛰기 시작했다. 급한 마음에 돌아볼 여유도 없이 해당 단지의 부동산에 전화를 했다.

"거기 남향 물건 있나요?"

"한 개 있습니다. 투자자들이 몰려와서 이것도 오늘이면 나갈 것 같습니다만."

"네? 한 개밖에 없다구요? 오늘 저녁에 갈 테니 예약 좀 해주세요."

집을 살 때 뭘 보는지도 모르는 생초보였으니 '남향' 있냐는 물음이 처음이자 마지막 질문이었다. 나는 한 개 있다는 물건을 빼앗길까봐 차가 밀리는 금요일 저녁 두 시간에 걸쳐 험난한 퇴근길을 뚫고 부동산 중개소에 도착했다. 도착 시간은 밤 9시. 그렇게 부동산 사장님을 처음으로 마주하고 주변이 하나도 보이지 않는 컴컴한 밤에 집을 보러 들어갔다.

분당의 30년 된 노후 아파트만 보다가 10년도 안 된 아파트의 내부를 보니 그야말로 눈이 휙 돌아가버렸다. 여유 있는 지하주차장부터 설레었고 현관문을 열고 들어가는 순간, 내 눈에서는 하트가 연신 쏟아지고 있었다. 주변 아파트와 가격 한번 비교해보지 않은 채 고민할 틈도 없이 밤 10시에 가계약금을 넣었다.

길 가다 립스틱 하나 사듯, 나의 첫 아파트 투자는 이렇게 어이없게 시작되었다. 하지만 시간이 갈수록 걱정은 태산처럼 늘어갔다. 집을 제대로 산 건지, 앞으로 오르긴 하는지 확신 없이 진행한 투자에 대해 불안해지기 시작한 것이다. 뉴스 기사에 투자한 지역에 대해 안 좋은 소식이 나올 때마다 좌불안석, 주변으로 뉴스테이가 몇 천 세대 들어온다니 나중에 임대를 놓는 데 애를 먹으면 어떡하나, 이러다 집값이 떨어지면 어떡하나 근심거리가 잔뜩 쌓여갔다.

공부 없는 투자는 그저 스트레스일 뿐

투자한 아파트에 대한 가치라고는 아무것도 파악이 안 된 상태에서 주차장과 집 내부만 보고 덜렁 사버렸으니 작은 기사 하나에도 심하게 흔들릴 수밖에 없었다. 공부 없이 시작한 투자의 가장 큰 문제는 바로 두 발 뻗고 잠을 편히 잘 수 없다는 것이었다. 아침에 눈을 뜨면 걱정으로 시작해서, 하루에 짬이 나는 시간을 모두 걱정으로 채우고, 밤에 잠들기 전까지 걱정으로 하루를 마무리하고 눈을 감았다.

마음고생이 심하면 급속도로 늙는다더니, 직장생활하면서 받는 스트레스는 이런 것에 비하면 일도 아니었다. 거울을 볼 때마다 얼굴에 생기는 없어지고 웃음기도 사라졌다. 피부는 까칠해지고 빠른 속도로 늙어가는 것 같았다. 이렇게 한 번만 더 투자를 했다가는 노년이 되기 전에 스트레스로 죽을지도 모른다는 생각마저 들었다.

'아, 이래서 투자를 시작하려면 공부를 하라고 하는구나.' 그때서야 정신이 제대로 되돌아왔다. 아무 노력도 안 하면서 로또 당첨을 바라는 사람들을 내심 욕했는데, 결국 나도 그들과 다를 바 없었다. 남이 찍어주는 단지에 투자하고 수천만 원이 오르길 바랐으니 말이다.

다행히 대세 상승장이었기에 약간의 돈은 벌었지만, 그때는 2천만 원으로 다른 지역에 투자했더라면 다섯 배의 수익이 넘는 투자처가 차고 넘치던 시기였으니, '같은 투자금이라도 실력이 있으면 더 큰 수익으로 돌아올 수밖에 없구나' 하는 생각이 들었다.

베스트 물건은 맞춤형이다

초보의 가장 큰 리스크는 집을 잘못 사는 것이 아니라 조급함을 제어하지 못하는 것이다. 빨리 돈을 벌고 싶어 당장 투자를 시작해야겠는데 어떻게 해야 할지 모르겠으니 답답하고 미칠 노릇인 것이다. 여기저기서 다들 투자로 돈을 벌고 특히나 내 친구가, 동료가 투자로 돈을 벌었다는 소식을 들으면 '쟤도 벌었는데 왜 난 이 모양이야'를 외치며 이내 멈추지 않는 폭주기관차로 변신한다. 사촌이 땅을 사도 배가 아픈데 나랑 별다를 바 없는 친구가 투자로 큰돈을 벌었다니.

그런데 이제 시작하는 부린이(부동산 어린이)로서 열정은 차오르지만 투자 실력이 있을 리 있나. '어느 세월에 공부하나, 물 들어왔을 때 노 저어야지'라며 종착지가 어딘지도 모른 채 단체 관광버스를 타고 투자를 하러 가기도 하고, 수백만 원의 컨설팅 비용을 지불하고 찍어주는 단지에 열 채 이상을 몰빵하기도 한다.

그런데 생각해보자. 전문가들이 찍어주는 곳을 단체로 몰려다니면서 사면 어느 정도 돈을 벌 수는 있다. 하지만 그들이 나의 현재 자금 여력과 상황을 봐가면서 최적의 물건을 골라주는 것도 아니며, 내 포트폴리오를 관리해주면서 평생 굴려줄 수 있는 것은 더더욱 아니다.

설사 전문가에게 조언을 구하고 도움을 받는다 하더라도, 내가 부동산에 대한 기본적인 안목을 갖춘 상태에서 판단하고 활용해야 하는 것이 맞다. 전문가가 추천해주는 물건이 무조건 베스트일까?

A, B, C라는 세 명의 유명한 전문가가 있다고 치자. A라는 사람, B라는 사람, C라는 사람 모두 성향에 따라 선호 지역도 다르고 투자 관점도 차이가 날 수밖에 없다. 어떤 사람은 곧 죽어도 서울을 외치고, 어떤 사람은 지방을 추천한다.

어떤 사람은 재건축이 가능한 낡은 아파트를 추천하고, 어떤 사람은 노른자 지역 신축 분양권을 추천하기도 한다. 또 어떤 사람은 단기간에 오를 곳을 추천하는가 하면, 다른 사람은 단기 차액보다는 꾸준히 오르는 지역을 추천한다. 실력의 차이도 천차만별이고, 전문가가 가진 경험치에 따라서 각기 다른 조언을 해준다. 명확하게 '당신에게 딱 맞는 투자 물건은 이것입니다'라고 말해주기 어려운 것이다.

최소한의 투자 공부가 되어 있어야 스스로 투자처와 물건을 고를 수 있다. 그러니 당하지 않고 내 돈을 지키기 위해서는 투자의 기본을 알아야 하고, 한두 번이 아니라 지속적으로 돈을 불려가기 위해서 투자는 반드시 공부하고 시작해야 하는 것이다. 투자의 세계는 큰돈이 왔다 갔다 하는 만큼 호시탐탐 내 돈을 노리는 사람이 많다는 사실을 알고, 남에게 의지할 생각은 깔끔하게 버리고 시작하는 편이 좋다.

아무것도 하지 않고 입만 벌리고 있다고 해서 떠먹여주는 사람은 없다. 사람마다 다른 자금력, 상황, 성향을 모두 관통하는 찰떡같은 투자의 정답은 존재하지 않는다는 말이다. 각각에 맞는 해답만이 존재할 뿐. 즉, 자신에게 어떤 투자법이 맞고, 적정한지는 어떤 누구도 정확하게 진단해주기 어렵다.

빨리 시작한다고 빨리 성공하는 것도 아니며 늦게 시작한다고 해서 자산을 불릴 기회를 놓치는 것은 더더욱 아니다. 그럼에도 기본을 지키지 못하는 것은 쉽게 돈을 벌고 싶은 욕망을 조절하지 못하는 조급증 때문일 것이다.

투자는 돈을 버는 기술이다. 배우는 데 힘들고 시간이 걸리더라도 일단 배워놓으면 언제든 써먹을 수 있고 내가 꼬부랑 할머니가 되어도 써먹을 수 있다. 한번은 부동산 중개소에서 물건을 보려고 사장님과 얘기 중이었는데, 70세는 족히 되어 보이는 할머니가 들어오시더니 여기 있는 물건을 다 보여달라고 했다. 그러더니 종이를 꺼내서 펜으로 직접 물건 리스트를 적으시는데 눈빛이나 행동을 보아하니 한두 번 투자를 해본 솜씨가 아니었다. 당시 그 지역이 상당히 저평가된 상태였는데, 지금 시세로 보자면 한 채당 최소 2억은 올랐으니 몇 채만 사셨어도 꽤나 큰 수익을 보았을 것이다.

투자는 연애와 같다

자, 그래서 투자는 돈을 버는 기술이고 배워서 죽을 때까지 써먹을 수도 있는 유용한 기술이라는 것은 알겠다. 그런데 어떻게 시작해야 한다는 말인가?

투자 공부는 크게 두 단계로 나누어볼 수 있다. 우선은 이론적인 지식을 얻는 것이 첫 단계이고, 실제로 투자를 해보면서 수익을 내는 방법을 익히는 것이 두 번째 단계다. 투자의 첫 단계는 먼저 책이나 강의를 통해 1차적인 지식을 쌓아나가는 과정이다.

'부동산은 어떠한 원리로 시세가 오르고 내리는 걸까?'

'부동산은 입지라는데 입지가 정확히 무엇일까?'

'투자하는 타이밍은 어떻게 알아보는 걸까?'

이런 기본적인 원리와 이론을 익히는 것이다.

이론을 익힐 때 요즘은 독서나 강의보다 먼저 유튜브를 접하고 투자 공부를 시작하는 경우가 많다. 영상으로 시청하기 때문에 지루함이 덜하고 정보가 많기에 짧은 기간 많은 지식을 습득할 수 있다. 그런데 유튜브의 문제점은 선생님은 많으나 정확한 방향으로 이끌어줄 디렉터가 없다는 것이다. 각자 자신이 경험한 것이 최고라고 설명하는 여러 강사들 속에서 초보들은 어떤 게 좋고 나쁜지를 가늠하기가 어렵다.

접근성은 매우 뛰어나지만 그만큼 강사의 질을 확인할 방법도 없다. 그러므로 참고는 하되, 오프라인에 나가서도 확인하고 다각도로 믿을 만한지 돌다리를 두들겨보는 세심함이 필요하다.

하지만 이론 공부도 적당히 해야지 지식만 주구장창 쌓는다고 해서 투자를 잘하는 것은 아니다. 연애를 떠올려보자. 입만 살아서 남들 연애 상담은 기가 막히게 잘하는 친구들이 있다. 실연당하고 온 친구들의 고민을 상담해주고 감 놔라 배 놔라 적재적소에 조언도 잘해준다. 하지만 정작 본인은 연애를 제대로 못하는 친구가 있지 않은가.

연애와 투자는 비슷하다. 아무리 이론으로 잘 알고 있더라도 실전 경험이 없으면 소용이 없다. '밀당을 잘해야 한다'는 이론을 알지만 정작 언제 밀고 당겨야 할지 모르면 연애를 잘할 수 없는 것처럼 투자 역시 언제 사고 팔아야 하는지 이론만으로는 알기 쉽지 않다. 살 타이밍에는 어떠한 현상들이 이루어지는지, 팔 때는 어떠한 상황에서 물건이 팔리는지 실제 투자를 해봄으로써 그 과정을 겪어보고 체화해야 하는 것이다.

실제로 타이밍을 잡아 투자처를 찾아내고 임대도 맞춰보고 매도를 통해 양도소득세도 내보아야 정확하게 투자를 한 바퀴 돌려본 셈이 된다. 이러한 경험들이 켜켜이 쌓이면서 투자 실패의 확률이 줄어들고 수익을 잘 낼 수 있는 자신만의 노하우가 쌓이게 되어 투자의 인사이트가 생기는 것이다. 연애 경험이 많을수록 자신에게 잘 맞는 상대를 알아보고 행복한 연애를 할 수 있는 것처럼 말이다.

투자 고수님들의 판단이 빠른 이유는 바로 이러한 경험적 지식이 오랫동안 축적되어 '직감'으로 전달되기 때문이다. 이것은 비경험자의 '직감'과는 전혀 다르다. 초보자들의 '감'은 그 '감'이 아니므로 어설픈 '감'으로 투자하진 말아야 한다.

투자는 다이어트와 같다

날씬한 몸을 갖기 위해 최소한 몇 개월에서 1년까지는 식단을 관리하고 운동을 해야 결과물을 얻을 수 있는 것처럼 부동산 투자도 마찬가지다. 노력한다고 지금 당장 결과가 나오지는 않는다. 하지만 제대로 된 식단과 함께 꾸준히 운동한다면 고생한 만큼 아름다운 결과물이 나오지 않던가! 꼼수를 부리면 살이 빠지지도 않을뿐더러, 설사 뺐다 해도 곧바로 '요요' 직행이다.

투자의 기술을 배우는 단계를 간단히 정리하면 독서 → 강의 듣기 → 현장에 나가기 → 투자하기, 이러한 순서다. 이러한 과정대로 소중한 나의 종잣돈을 어디에 투자해야 수익을 낼 수 있을지, 투자의 가장 적절한 시기는 언제일지, 고민해보고 실행해보아야 한다. 시간이 조금 걸리더라도 이러한 단계를 밟아나가면서 공부를 해야 하는 이유는 부동산 투자의 특징상 적지 않은 돈이 들어가기 때문이다. 절대 괜한 돈을 잃지 않도록 기초를 탄탄하게 하고 시작하는 것이 중요하다.

우리가 하는 투자의 기초적인 개념을 잡고 실력을 쌓아가면, 그 과정 자체는 비록 어렵고 외롭고 힘들지라도 그것을 잘 견뎌내면 제대로 된 '돈 버는 기술'을 갖는 셈이다. 자본주의에서 잘 살아갈 수 있는 단단한 '기술' 말이다. 반대로 이러한 과정들이 귀찮거나 어렵다고 느끼고 넘겨버린다면 투자할 때마다 확신이 없어 누군가에게 물어봐야 하고 이게 맞는지 저게 맞는지 소신 없이 흔들리면서 늘 불안한 투자를 해야 한다.

혼자 할 수 없으면 남이 분석하고 찍어주는 지역만 평생 버스 타고 쫓아다녀야 하는데, 그렇다면 당장 한두 번의 투자로 빠르게 얼마의 돈은 벌 수 있을지 모르지만, 그것이 자신의 성과로 남지는 못한다. 자신이 목표한 자산을 이루려면 작아도 여러 번의 성공을 자신의 실력으로 지속적으로 이뤄내야만 한다. 조급해한다고 이룰 수 있는 것은 아무것도 없다. 스텝 바이 스텝으로 돈 버는 기술을 제대로 연마해보자.

오피스텔은
왜 별로일까?

오피스텔은 '잠시' 머무는 공간일 뿐

아파트 투자할 돈은 없고, 수익형 부동산이 좋다던데, 오피스텔은 왜 별로일까? 투자를 시작하면 보통 오피스텔을 떠올린다. 특히 싱글녀의 투자 포트폴리오를 보면 대부분 오피스텔은 몇 개씩 가지고 있다. 아파트보다 싸니까 부담이 덜 되고 월세에 대한 로망이 있어서다.

투자를 시작하기 전 친하게 지내던 친구가 2기 신도시 청약에 당첨되어 새 아파트에 입주했다면서 집들이 겸 초대를 한 적이 있다. 그곳에 도착해 새 아파트에 번쩍번쩍한 이태리풍 새 상가들, 넓은 중앙 호수와 푸른 숲과 공원 속에 둘러싸인 동네를 보면서 나도 모르게 빠져들어갔다. 친구가 아니었으면 모르고 지냈을 신도시를 직접 눈으로 보니 '와, 이곳이 무릉도원이구나' 싶은 것이 왜 사람들이 신도시만 생기면 몰려가는지 충분히 이해하고도 남았다.

그래서 나 또한 그곳에서 살고 싶은 마음에 아파트 시세를 보니 전용 84제곱(32평) 기준으로 5억 후반에서 7억대로 가격이 형성되어 있었다. 내가 접근할 수 있는 가격대가 아니구나 싶었지만 주위를 더 둘러보니 오피스텔이 있었다. 시세는 아파트 바로 옆 좋은 위치에 있는데도 2억 중후반대로 아파트 절반 가격에도 못 미쳤다. 영혼까지 대출을 끌어모으면 어떻게든 현실적으로 가능한 가격이라 판단되자 내심 구미가 당겼다.

오피스텔이라도 사놓을까 싶어 고민하기 시작했는데, 4.6퍼센트나 되는 취등록세가 영 마음에 걸렸다. 만약 2억짜리를 산다면 아파트 취등록세는 1.1퍼센트로 220만 원만 내면 되지만, 오피스텔은 920만 원으로 천만 원 가까이 내야 했다. 당시 오피스텔 월세가 보증금 1천만 원에 50만 원이었는데, 1년 6개월 동안 월세를 받아봐야 취등록세나 겨우 나오겠다 싶은 생각에 끓어오르던 열정이 이내 시들어버렸다.

며칠을 고민하다 흐지부지 미련을 버린 것이지만, 몇 년이 흐른 후 시세를 보니 당시 실행력이 떨어진 나에게 박수라도 쳐주고 싶었다. 바로 옆에 있던 아파트는 2년 동안 2억가량 올라 있었는데, 오피스텔은 고작 1천만 원 올라 있는 것이었다. 오피스텔은 수익형 모델로 월세를 받는 것이지 시세차익을 남기는 투자 상품이 아니었던 것이다.

투자를 하면서 알았지만, 원래 오피스텔은 시세가 잘 오르지 않는다. 완전한 주거 형태가 아니기 때문이다. 엄연히 말하자면, 1인 가구나 신혼부부들이 잠시 머무르는 곳이다. 여기서 '잠시'가 중요하다. 주거용 오피스텔도 그렇다. 돈을 벌고 살 만하면 아파트를 살지언정 오피스텔은 내 집 마련의 최후 고려 대상이 아니다.

아파트와 달리 서비스 면적이 없어 발코니가 없는 데다 주변이 상가로 시끄럽고 아이를 키우기에도 부적합하다. 부동산을 잘 모르는 싱글들이야 '그게 그거 아닌가?'라고 생각할 수 있다.

하지만 큰 차이다. 위와 같은 이유로 오피스텔은 아파트와 달리 환금성이 상당히 떨어진다. 팔고 싶어도 사려는 사람이 없어 잘 안 팔린다. 그래서 아파트보다 훨씬 저렴하다. 투자를 하면서 만난 많은 사람 중에 오피스텔을 사서 수익도 못 내고 매도도 못해 걱정하는 경우를 많이 봤다. 울며 겨자 먹기로 매입한 가격보다 더 싸게 팔았음에도, 팔린 것만으로 기뻐하는 경우도 종종 봤다.

게다가 지금은 금리가 낮아져 유동성이 증가한 상황이라 대부분 대출을 받아 전세로 사려고 하기 때문에 월세인 원룸이나 오피스텔 공실이 많이 늘었다. 물론 오피스텔도 좋은 일자리와 근접한 경우 안정적인 수익을 얻기도 하지만, 문제는 초보들은 매우 뛰어난 입지를 볼 수 있는 실력이 안 된다는 것이다.

3040엔 전세 투자, 5060엔 월세 투자

투자 방법에는 크게 두 가지가 있다. 시세차익형과 수익형이 그것인데, 시세차익형의 대표는 아파트고, 수익형의 대표는 오피스텔이다.

시세차익형은 부동산을 사고팔아 말 그대로 차익을 남기는 것이고, 수익형은 월세로 돈을 꼬박꼬박 받는 것을 말한다. 직장을 다니는 싱글녀라면 월세를 받기 위한 오피스텔보다는 아파트 전세 투자를 하는 것이 더 좋다. 월급이 있어 다달이 현금 흐름이 있는 상태라면, 아파트로 자산을 늘리는 속도가 훨씬 빠르기 때문이다.

두 싱글녀를 비교해보자.

A싱글녀는 오피스텔로 한 달에 50만 원씩 받고 있다. 이로 인한 소득은 1년이면 6백만 원, 2년이면 1천 2백만 원이다. B싱글녀는 아파트에 1천 6백만 원을 투자해서 2년 만에 1억 5천만 원이 올랐다.

2년 뒤 두 투자처는 약 1억 3천 8백만 원의 투자 수익 차이가 나는 셈이니, A싱글녀에 비해 B싱글녀는 열 배 이상의 수익을 거둔 것이다.

오피스텔과 아파트 투자에 따른 수익 차이 사례

오피스텔 취등록세에 연연하지 않고 오피스텔에 투자를 했다면 A 싱글녀는 나의 이야기가 되었을 것이다. 그리고 여기서 B싱글녀의 사례는 실제 나의 경우다. 이때는 다행히도 부동산 상승기라 시세차익이 기대되는 시점이었기에 아파트 전세 투자 방식이 더 좋을 타이밍이기도 했다.

너무 극적인 사례라고 생각할 수도 있지만, 주변에 아파트와 오피스텔이 붙어 있는 경우 시세를 한번 비교해보라. 그러면 더 정확히 알 수 있을 것이다.

2년만 해도 이러한데, 몇 년을 더 지속하면 자산의 차이는 엄청나게 벌어질 수밖에 없다. 월세 투자는 수익률은 좋을 수 있지만 수익 자체가 적다. 가랑비에 옷 젖듯 짭짤한 수익은 있을지라도 몸집을 불려야 할 3040 시점에는 아쉬운 투자라고 할 수 있다. 처음에는 돈이 없어 비록 100퍼센트 만족이 어려운 아파트에 투자하더라도, 시세차익을 튀겨서 자산 규모를 크게 만들어가는 것이 월급쟁이 싱글녀에게는 더욱 적절한 투자 방법이 될 수 있다.

이후 5060세대에 접어들고, 회사에서 더 이상 안정적인 월급을 받을 수 없는 시점이 도래하면, 이전과 달리 월급을 대신할 안정적인 월세가 들어오는 것이 더 중요해진다. 그때는 투자한 아파트를 반전세나 월세로 바꾸거나, 전세가가 오를 때마다 상승분만큼 월세로 전환하는 방법으로 다달이 들어오는 현금을 마련하면 된다.

아파트는 시세차익과 월세 수익 두 마리 토끼를 한 방에 잡을 수 있는 투자 상품이다. 물론 오피스텔 월세도 시세차익이 잘 생기지 않는 부동산 불황 시기에는 유용한 투자처가 될 수도 있지만, 지금은 나의 상황과 부동산 시황에 따라 적절한 투자를 하는 것의 중요성을 이야기하는 것이다.

아파트는 흰 티에 청바지와 같은 투자다

부동산에는 땅, 다가구빌라, 오피스텔, 상가, 빌딩 등 여러 종목이 있지만 처음 투자는 아파트로 하는 것이 좋다. 왜일까? 아파트는 패션으로 따지자면 흰색 티셔츠와 청바지와도 같다. 아무리 옷을 못 입는 패션테러리스트라 할지라도 최악은 면할 만큼 안전한 스타일이다. 누구에게나 거부감이 없는 기본 아이템이기 때문이다. 그렇기에 가장 많이 팔리고 유행도 타지 않는다. 늘 꾸준하다.

아파트도 이와 같다. 모든 종목 중 수요가 가장 많다. 그러니 사고 팔기 쉽다. 즉, 부동산의 아쉬운 점인 '환금성'을 채워주기에 비교적 안전한 투자처다. 혹여 초보가 투자처로 별로인 아파트에 투자를 했다고 치더라도 매수세가 있을 때 가격을 낮추면 팔린다. 설사 안 팔린다 하더라도 아파트의 특성상 전세나 월세로 임대를 줄 수 있으니 최악의 리스크는 면할 수 있는 것이다.

나 또한 처음 내 집을 마련했을 때 넉넉지 않은 경제 사정에도 불구하고 아파트로 시작했다. 처음 마련하는 집이라면 제대로 집다운 집을 사야 한다고 생각했기에 무리한 대출도 받을 각오를 했었다. 집은 곧 아파트라는 생각 때문이었다.

게다가 최근에는 아파트가 세분화되고 레벨화가 되었다. 단순히 잠자고 쉬는 곳의 의미를 넘어서 살고 있는 아파트가 곧 그 사람의 정체성이 된 것이다. 그러니 어떻게 해서라도 더 좋은 아파트에 들어가기 위해 끊임없이 레벨업을 시도한다.

더 넓은 평형대로 이사하고, 거주환경이 뛰어난 곳으로, 학군이 좋은 곳으로 레벨업해나가는 것이 당연한 일이다. 거기서 끝이 아니다. 그중에서도 가장 선망의 대상이 되는 아파트로 다시 갈아타고자 한다. 그러니 계속해서 사려는 사람이 생기고 팔려는 사람이 생기는 것이다. 좋은 지역이라면 수요란 늘 존재하는 법이다.

빌라&상가와 땅 투자는 왜 어려울까?

빌라는 오피스텔과 마찬가지로 몇 천에 살 수 있어 가격이 저렴하다. 가격만 보면 혹할 수도 있지만, 부동산 초보 싱글녀라면 구입을 말리고 싶다.

혹시 통통한 하체를 보완할 목적으로 와이드 팬츠를 사본 적이 있는가? 하지만 막상 입어보니 두 배로 통통해 보여 낭패를 본 적은? 하체비만을 보완하는 가장 좋은 방법은 사실 스커트다.

투자도 마찬가지다. 1차원적으로 생각하지 말라는 이야기다. 빌라는 저렴한 가격만 보고 뛰어들었다가 관리의 어려움을 느끼고 손절하려고 하면 막상 팔리지 않아 애물단지가 되기 쉽다. 아파트와 달리 영세한 업체가 짓는 경우가 대부분이고, 아무리 기술이 좋아졌다고 해도 층간소음, 방음, 단열, 결로, 누수 등의 문제가 생기기 쉽다. 주차 문제도 크다. 게다가 10년이면 노후화가 진행된다. '결로&누수 잡는 법'에 대한 책을 쓰고 싶은 것이 아니라면 초보가 섣불리 도전할 투자 상품은 아니다. 이러한 단점들이 크기에 아파트보다 수요가 떨어지는 것은 당연하다.

때문에 오피스텔과 마찬가지로 팔고 싶을 때 팔기 어렵다. 타이밍을 판단하기 어려운 초보 투자자가 처음부터 굳이 어려운 투자 상품에 도전할 필요는 없다. 아파트는 왠지 무섭고 빌라가 부담이 덜해서라는 이유로 섣불리 시작하지 말자. 물론 지역에 따라 재개발로 천지개벽할 곳도 있지만, 재개발 빌라 또한 아파트로 감을 익힌 뒤 시도해봐도 늦지 않다.

상가 역시 마찬가지다. '임대문의'라고 대문짝만 하게 적힌 노란색 플래카드를 흔하게 보았을 것이다. 상가는 공실이 나면 답도 없다. 은퇴자에게는 '쪽박', 건설사에게는 '대박'인 상품이다. 부동산의 '부'자도 모르고 살다가 은퇴자금으로 노후 대비를 위해 상가를 덥석 샀다가 공실이 나는 바람에 월세를 받기는커녕 대출이자를 때우느라 공실다이어트를 경험한 사례들도 잊을 만하면 뉴스에 나온다. 공실이 나면 월세가 낮아지고, 월세가 낮아지면 시세가 바닥을 찍는다. 아파트처럼 필요에 의해서라도 들어와 살려는 사람이 없으니 매도가 어려워지는 것은 당연하다.

게다가 예측도 어렵다. 몇 달 만에 바뀌는 SPA브랜드의 패스트패션처럼 인기 상권이 자주 빨리 바뀐다. 몇 년 전만 해도 '핫'했던 이태원 상권은 미군부지 철수로 공실이 급속도로 늘어나고, 그렇게 '핫'했던 경리단길도 이제는 횡하다. 뜨거운 열기가 오래 가지 못하고 수시로 바뀐다. 초보 투자자에게 이토록 빠른 변화는 곧 리스크다. 대응이 어렵기 때문이다.

땅 투자도 그렇다. 아파트는 가격이 상당히 투명한 편이다. 옆 단지, 옆옆 단지, 옆 동네 등 비교 대상이 많기도 하거니와 실거래가 조회를 통해서 거래된 가격을 쉽게 확인할 수도 있다. 하지만 토지, 빌라, 상가 등은 규격화가 되어 있는 것이 아니다 보니 물건별로 개별성이 너무 크기에 다른 물건과의 비교도 어려울뿐더러, 지식이나 투자 경험이 부족한 초보로서는 사기당하기에 딱 좋은 상품이다.

초보자라면 상가처럼 변화가 빠른 투자처, 땅처럼 가격이 투명하지 않고 정확한 시세를 파악하기 어려운 투자처, 오래된 빌라와 같이 관리에 많은 시간을 투여해야 하는 투자처, 리스크 감당이 안 되는 변수가 많은 투자처는 부동산 경험이 많은 투자 선배들에게 양보하자.

한 가지라도 제대로 마스터하자

이소룡은 이렇게 말했다. "1만 가지 발차기를 한 번씩 연습한 상대는 두렵지 않다. 내가 두려워하는 건 한 가지 발차기만 1만 번 연습한 상대를 만나는 것이다"라고. 초보 입장에서는 실패 확률이 적은 투자 종목으로 시작해서 갈고 닦아 익숙해지는 것이 중요하다. 여러 사람의 성공 방법을 이리저리 기웃거리느라 정작 한 가지 방법도 제대로 익히지 못하는 경우도 허다하다. 처음에는 투자 경험을 쌓되, 경험을 쌓기 위한 '체계'를 가지는 단계라고 생각하면 될 것이다.

그렇다고 아파트 투자만이 유일한 최고의 투자처라는 뜻이 아니다. 부동산 투자를 시작한다면, 초보자에게는 아파트가 안전하다는 뜻이다. 아파트에 대해 공부하다 보면 자연스럽게 부동산의 흐름과 시황, 그리고 입지에 대해서 알게 된다. 그때 자신의 성향과 자금력에 따라서 종목을 확장해도 된다.

처음부터 리스크가 큰 투자처에 발을 담그기보다는, 아파트를 통해 기본기를 탄탄히 쌓고 난 뒤 다른 종목을 시작하자. 하지만 아파트 투자 하나만 잘해도 돈을 잘 버는 투자자들이 꽤 많다는 사실 역시도 기억하자.

어떤 아파트를
사야 할까?

아파트 시장의 큰손, 3040

리미티드 에디션이 비싼 이유는 무엇일까? 사려는 사람은 많은데 수량은 한정되어 있기 때문이다. 얼마 전 나이키에서 판매한 GD 콜라보 운동화는 정가가 22만 원가량이었지만 하루 만에 호가가 300만 원에서 1천만 원으로 치솟기도 했다. 신발 컬렉터와 실제로 신으려는 사람 외에도 리셀러(사서 바로 되파는 사람)들까지 3층 수요로 사려는 사람은 넘쳤지만 수량은 한정되었기 때문이다.

부동산도 마찬가지다. 한정판이다. 땅이 넓은 것 같지만 사람들이 살고 싶어 하는 좋은 입지는 정해져 있다. 그런데 그런 곳은 무작정 공장에서 물건 찍어내듯 수량을 늘릴 수 없다. 그러니 원하는 사람은 넘쳐나지만 아파트 공급이 쉽게 일어나지 않는 곳은 시세가 상승하기 마련이다. 서울과 수도권, 그리고 지방에도 사람들이 선호하는 곳은 늘 있기 마련이고, 공급이 부족해지면 시세 상승은 일어날 수밖에 없다.

그렇다면 사람들이 좋아하는 입지란 어떤 곳일까? 이 질문에 답하기 전에 먼저 집을 사고 있는 사람들이 누구인지 아는 것이 중요하다. 그들을 알아야 그들이 좋아하는 것에 대해 이해가 빠를 것이기 때문이다.

사람들이 집을 가장 많이 사는 시점은 아이가 생기거나 그 아이가 학교를 가야 할 때다. 20대에는 회사에 적응하느라 바쁘고 돈 모으느라 바쁘다. 그러다가 30대에 연봉도 오르고 결혼하고 아이가 생기면 이때부터는 안정적인 집이 필요해진다. 실제로 온라인 커뮤니티에서 세대별 관심사를 빅데이터로 분석한 결과를 보면, 2030세대는 '취업', 3040세대는 '부동산', 5060세대는 '건강'이 주요 관심사였다.

30대 중반을 넘으면 대부분 회사에서 자리를 잡고 연봉이 오르게 된다. 그리고 결혼을 하고 아이가 생긴다. 아이가 생기면 자연스레 집을 사는 것을 고민할 수밖에 없다. 아이를 안정적이고 좋은 환경에서 키우고 싶은 부모들의 마음 때문이다. 그리고 이왕 사는 집, 좋은 곳을 고르고 골라서 사게 되는 것이다. 즉, 3040세대가 간절히 원하는 것이 '좋은 집'의 기준이 된다.

조금 더 세부적으로 보면 30대는 아이가 없거나 자녀가 아직 어려서 직장과 거리가 가까운 곳, 또는 새 아파트에 대한 선호도가 더 높

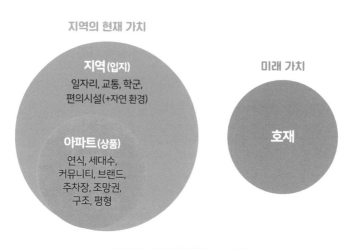

지역의 현재 가치

지역 (입지)
일자리, 교통, 학군,
편의시설(+자연 환경)

아파트 (상품)
연식, 세대수,
커뮤니티, 브랜드,
주차장, 조망권,
구조, 평형

미래 가치

호재

아파트 수요를 결정하는 요소들

고, 40대는 아이가 학교를 다니는 만큼 학군으로 유명한 지역을 더 선호한다. 전세로 거주하려고 왔다가도 살다 보니 좋아서 전세가가 오르면 매매로 전환해서 산다. 수요가 몰리니 투자자도 몰린다. 3층 수요가 생기는 셈이니 부동산 상승기에 시세가 더 많이 오르는 것은 당연하다.

이렇듯 수요가 몰리는 매력적인 곳의 특징은 무엇일까? 아파트를 보기 전에 먼저 그 아파트가 위치한 지역을 보는 것이 중요하다. 이목구비 중 하나보다 전체적인 생김새가 더 중요하듯, 아파트는 하나로 존재하는 것이 아니라 둘러싸인 환경에 많은 영향을 받는다. 그래서 경기도 외곽의 새 아파트보다 강남의 40년 넘은 은마아파트, 압구정

현대아파트가 20억을 호가하면서 비싼 것이 아닌가.

아무리 멋진 새 아파트라도 나이가 들면 늙기 마련이지만, 사람들이 선호하는 입지는 쉽사리 바뀌지 않기에, 아파트가 위치한 지역을 먼저 봐야 하는 것이다. 입지는 일자리 접근성, 교통, 학군, 편의시설 등 네 가지로 알 수 있다.

직주근접, 한정판 '리미티드 에디션'

좋은 입지의 첫 번째 조건은 '직주근접'이다. 1분 1초를 쪼개 살며, 시간빈곤에 허덕이는 현대의 직장인들은 일자리가 가까운 주거지를 선호한다. 3대 업무지구(시청, 강남, 여의도)의 주변은 단연 고소득 연봉자의 집결지이므로 시세가 높고 결국 오를 수밖에 없다. 전업주부가 많던 시절과 달리 맞벌이부부가 늘어나면서 점점 더 직주근접의 가치는 올라가고 있다.

30년 전만 해도 월급을 받는 근로소득자와 자영업자의 비율이 6대 4 정도였다면, 지금의 3040세대는 10명 중 9명 정도가 근로소득자다. 부모님 세대보다 상대적으로 교육도 잘 받고 풍족하게 살아온 그들은 10명 중 7명 이상이 대학 졸업 또는 석·박사까지 마쳤을 정도로 높은 교육수준을 자랑한다. 좋은 학교를 나왔으니 연봉 높은 대기업이 목표인 사람이 많은 것은 당연하다. 월급을 받는 근로소득자의 비율이 높아진 만큼 점점 더 직주근접의 가치는 올라가고 있다.

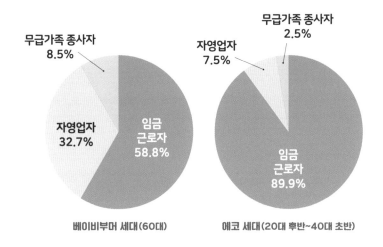

무급가족 종사자
8.5%

무급가족 종사자
2.5%

자영업자
32.7%

임금
근로자
58.8%

자영업자
7.5%

임금
근로자
89.9%

베이비부머 세대(60대)

에코 세대(20대 후반~40대 초반)

세대별 취업 인구

　　일자리 접근성이 중요한 이유는, 일자리가 전국에 편의점처럼 분산되어 있는 것이 아니라 서울, 수도권 몇 군데에 몰려 있기 때문이다. 그중에서도 3대 업무지구가 핵심이며 종사자 수가 압도적인 강남 접근성이 가장 중요하다. 종자사 수는 곧 주택의 '수요'를 결정하고 종사자의 소득은 주택의 '시세'를 결정한다. 명품으로 따지자면 울트라 하이엔드급으로 강남 접근성만 뛰어나더라도 수요층이 두터울 수밖에 없다.

　　이들 외에도 마포 공덕, DMC, 가산·구로 디지털단지와 떠오르는 새로운 업무지구 마곡, 판교와의 접근성이 뛰어난 곳도 좋다. 이들 지역은 소득수준이 높은 대기업 등의 일자리가 많아 양적으로나 질적으로나 뛰어나다. 날마다 아침저녁으로 출퇴근해야 하는 대부분의 사람에게는 일자리와 내 집이 가까운 것이 주거지 선택에서 1순위임은 당연하다.

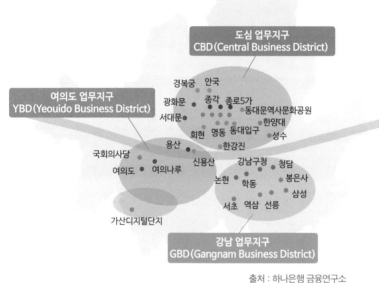

서울의 3대 업무지구

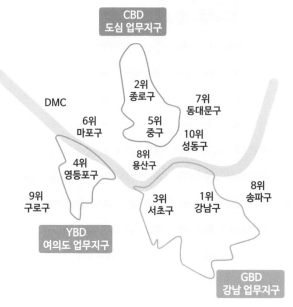

서울 3대 오피스 권역 여의도, 광화문, 강남을 중심으로 마포, 용산, 성동, 구로구가 주 통근 지역구로 나타났으며 '18년엔 송파구 대신 성동구가 새로운 통근 상위 지역구로 등장. 성동구는 최근 기업도시로 주목받는 곳

CBD
도심 업무지구

DMC

2위
종로구

7위
동대문구

6위
마포구

5위
중구

10위
성동구

4위
영등포구

8위
용산구

9위
구로구

3위
서초구

1위
강남구

8위
송파구

YBD
여의도 업무지구

GBD
강남 업무지구

출처 : 하나은행 금융연구소

주요 출근지 지역 상위 10

직주근접 지역

강남구, 서초구, 종로구, 중구, 마포구, 영등포구, 금천구, 구로구, 분당구(종로구, 중구는 상업지구로 형성되어 있어 아파트 단지가 별로 없고, 금천

구는 주거환경이 좋지 않은 편이라 주변 지역들을 선호한다.)

베드타운 지역

중랑구, 노원구, 도봉구. 강북구, 성북구. 은평구, 관악구, 용인, 남양주, 분당을 제외한 1기 신도시, 경기도, 인천 대부분의 지역이 베드타운이다.

· ·

역세권, 교통은 시세도 춤추게 한다

직주근접 지역이 아니라면 일자리로 빨리 들어가는 교통이 중요하다. 그래서 베드타운이라면 반드시 교통을 먼저 체크해야 한다. 베드타운인데 교통이 좋지 못한 지역이라면 투자에서든 실거주에서든 배제하는 것이 좋다. 물리적 거리보다는 가장 많은 사람이 이용하는 대중교통인 '전철'을 기준으로 시간이 얼마나 걸리는지가 중요하다. 아침 5분은 다른 시간 30분과 맞먹을 정도로 금쪽같다. 버스를 타고 이동하다 정체구간에 걸리면 출퇴근 시간이 고무줄처럼 늘어날 수밖에 없다.

'역세권이 어디까지인가요?'라고 묻는다면, 나는 불편한 힐을 신고 10분 이내로 걸어갈 수 있는 정도의 거리, 혹은 양손에 짐을 들고 집까지 걸어갈 만한 거리라고 생각한다. 이때 한 번 더 짚고 넘어가야 하는 것이 있다. 역세권이라고 다 역세권이 아니라는 사실이다. 그 역이 주요 일자리까지 1시간 이내로 도착할 수 있는 곳이라야 진정한 역세권이다.

에버랜드를 가는 에버라인이나, 춘천으로 가는 경춘선이 있어서 좋지 않느냐고 묻기도 하는데, 군이 말하자면 이런 역은 역세권을 가장한 '허세권'일 뿐이다. 1년 365일 날마다 에버랜드나 춘천에 놀러가지 않는다는 것을 생각해보면 전철의 중요도는 쉽게 판단할 수 있을 것이다.

서울 전체를 순환하면서 모든 업무지구를 연결하는 2호선, 강북과 강남을 연결하는 3호선, 강서와 강남을 빠르게 연결하는 9호선, 1호선, 5호선, 7호선, 신분당선 등이 전철노선의 핵심이다.

교통은 카카오맵이나 네이버맵에서 지하철 노선도를 통해 쉽게 확인할 수 있다. 특히 신혼부부나 1인 가족이 좋아할 만한 24평 이하의 소형 평형은 역세권이 절대적 기준이 된다는 사실을 잊지 말자. 아이가 없기 때문에 학군보다는 철저하게 교통이 선호되기 때문이다. 다만 교통이 좋은 지역은 이미 비싸므로 마곡이나 판교처럼 일자리가 늘어나는 지역 혹은 이런 일자리로 빨리 들어갈 수 있는 교통이 획기적으로 좋아지는 지역을 선점한다면 더 큰 시세상승을 누릴 수 있다.

지방은 서울, 수도권에 비해 대중교통의 중요도가 떨어진다. 지역의 크기가 작아 일자리와의 거리가 멀지 않을뿐더러 대부분 자가용을 이용해서 출퇴근을 하기 때문이다. 또한 일자리 특성상 고소득 일자리가 아니라 대부분 제조업 공장이다. 공장과 가깝다고 아파트의 장점이 있는 것이 아니다. 오히려 학군이나 편의를 누리는 상권의 영향을 더 받는다.

3대 업무지구 접근성이 골고루 좋은 지역

강남 접근성이 압도적으로 높은 지역

교통 체크 예시(둘 다 좋은 지역)

편의시설의 또 다른 이름 몰세권, 백세권, 스세권

아파트만 있고 주변이 휑하다면? 밥을 먹으러 나가야 하는데 차를 반드시 운전해서 나가야 하고, 저녁을 해서 먹으려는데 대형마트 하나 없이 오로지 온라인 배송만 가능하다면? 운동을 하고 싶은데 근처에 운동할 장소가 없다면 어떨까? 아마도 매우 불편할 것이다. 거주환경은 비록 일자리나 교통에 비해 생계와 직접적인 연관이 덜하지만 삶의 질적인 부분을 담당하고 있기 때문에 중요한 요소라고 볼 수 있다. 특히나 젊은 세대로 내려갈수록 이는 더욱 중요성이 높아진다.

이전과 다르게 지금의 3040세대는 맞벌이가 늘어나고 삶의 질과 행복에 대한 관심이 상당히 높다. 회사마다 다양한 근로시간 운영제를 도입하면서 일하는 시간도 단축되었다. 이런 현상이 '저녁이 있는 삶' 워라밸 문화를 확산시키고, 개인적인 취미활동도 늘리는 한편 집에서 가족과 보내는 시간도 확보해주었다. 내가 근무하는 회사도 오후 5시부터 퇴근을 시작해 7시면 사무실이 텅텅 빈다. 술을 마시는 저녁회식도 거의 없어지고 대부분 점심회식으로 바뀌었다.

육아를 부부가 공동으로 나누어서 하는 일은 이제 당연해졌다. 모두가 가족과 즐겁게 시간을 보내고, 자신을 위해 문화생활을 즐기고, 더 건강하게 살길 원한다.

그렇다면 편의시설은 무엇으로 확인할까? 건물 하나에서 쇼핑과 외식, 영화 관람, 서점까지 한 번에 '원스톱'으로 누릴 수 있는 곳이다. 근처에 백화점이 있는 곳이 백세권, 대형몰이 있는 곳이 몰세권이 된다. 쇼핑을 해본 사람이라면 잘 알겠지만, 백화점을 가보면 입점되어 있는 브랜드나 제품을 보면서 지역의 소득수준을 판단할 수 있다. 이름만 백화점이지 대형 할인마트 같은 느낌을 풍기는 백화점도 있다. 없는 것보다 낫지만 백화점도 레벨이 다르다는 것이다.

초록마을, 한살림, 아이쿱 등 친환경 유기농 매장이 많은 곳, 반려동물 병원과 용품점이 있는 곳, 네일숍이나 피부관리실이 많은 곳도 모두 주민들의 여유로운 소득을 나타내는 지표다. 아플 때 바로 달려갈 수 있는 대형병원이 있는지 여부도 중요하다. 통상 100베드 이상 일곱 개 이상의 진료과목과 전문의를 갖춘 곳을 대형병원이라 하지만, 작은 병원이라도 자주 찾아갈 수 있는 위치에 있다면 충분하다.

이러한 편의시설뿐 아니라 자연환경도 중요한 요소다. 녹색은 사람을 심리적으로 안정시켜준다. 특히나 소득수준이 높은 동네일수록 자연환경에 대한 가치를 높이 평가하고 이를 만족시키기 위해 아파트를 지을 때 조경에 많은 돈을 쏟아붓기도 한다. 한강 뷰냐 아니냐에 따라 시세가 1~2억씩이나 차이가 나는 것은 이제 놀랄 일도 아니다. 꼭 그 정도까지는 아니더라도 적재적소에 푸른 공원이 있고, 강과 산이 있어 산책하고 쉴 수 있는 장소가 있는 것만으로도 좋은 거주환경이라 볼 수 있다.

사람들이 꺼려하는 공업지역이나 유흥상권 등이 있는지도 잘 살펴보아야 한다.

스타벅스 위치만으로도
상권을 가늠할 수 있다고?

생활 인프라가 좋은지 쉽게 판단하는 방법 중 하나가 지역 내 스타벅스 개수를 확인하는 것이다. 이것이 이른바 스세권이다. 그런데 스타벅스 개수와 생활 인프라가 무슨 상관일까? 스타벅스가 입점한 위치의 공통적인 특징으로는 유동인구가 많고, 교통이 좋고, 소비력이 좋은 지역이라는 특징이 있다. 때문에 보통 주변 상권의 활성화를 나타내는 자료로 사용된다. 요즘 젊은 층을 중심으로 집 인근에 스타벅스 유무를 확인하는 경우가 많다. 스타벅스는 커피만 마시는 곳이 아니다. 노트북 하나만으로 취미, 자기계발 활동을 하면서 시간을 보내는 '공간'의 의미가 더 크다.

사람들은 보통 번거롭지 않고 편리한 것을 원하기 때문에 가까운 장소에서 편의욕구를 채울 수 있는 소비를 선호한다. 그런 측면에서 스세권이 주거 선정에 영향을 미치는 요소로 나타난 것이다. 물론 스타벅스가 집값 상승에 직접적인 영향을 준다고 단언하기는 어렵지만, 상대적으로 집값이 높은 대부분의 지역에는 스타벅스 매장이 많다는 공통점이 있다. 서울에서 평균 집값이 가장 비싼 강남구는 매장이 무려 74곳이나 된다. 가장 저렴한 도봉구는 매장이 불과 한 개다.

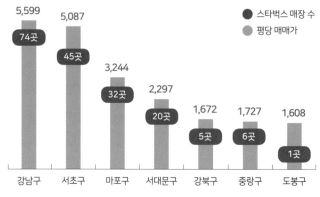

서울 주요구 평당 아파트 평균 매매가 및 스타벅스 매장 수

학세권, 엄마들 마음에 불황이란 없다

"저는 애가 없는데요. 학군을 안 봐도 되는 거 아닌가요?"

과연 안 봐도 될까? 학군이라는 조건은 일자리나 교통처럼 싱글, 신혼, 딩크족까지 포괄적으로 해당되는 조건이 아니다 보니 자녀가 있는 학부모에게만 의미가 있는 건 아닐까 생각할 수도 있다. 하지만 앞에서 언급한 대로 집을 사는 시점은 바로 아이가 생기고 교육이 필요한 때다. 교육열이 뜨거운 우리나라에서 학군이라는 니즈는 아파트 시세와 정확히 연결된다. 더군다나 3040세대는 부모님 세대보다 상대적으로 고생을 덜하며, 지역과 학군이 주는 의미를 잘 알고 있는 세대이기도 하다.

여기서 학군이란 공부를 잘하는 지역이란 뜻도 있지만, 초등학교, 중학교를 다니는 동안 안전하고 편하게 다닐 수 있는 지역을 뜻하기도 한다. 아이가 초등학교 입학할 때쯤 되면 부모의 관심사는 아이의 교육이 된다. 나야 대충 먹고살지만 우리 아이는 그럴 수 없기 때문에, 부모로서 아이를 좋은 곳에서 자라게 해주고 싶은 열망이 올라온다. 이왕이면 경제적 수준이 같거나 좀 더 높은 아이들과 어울리고 학교 폭력의 위험에서 벗어나 좋은 환경에서 밝게 자라도록 보호해주고 싶은 것이 부모의 마음이기 때문이다.

나는 아직 이 마음을 모르지만, 친구나 회사 동료를 통해서 짐작해볼 수 있다. 하나같이 신혼시절엔 빌라든 경기 외곽 지역이든 주변에 학교가 있든 없든 상관없이 신혼생활을 시작하더니, 아이가 초등학교 갈 무렵이 되니 다들 학군 좋은 지역으로 옮기기 시작했다. 학군이라고 하면 일반적으로 대치, 목동, 중계 등 교육 프리미엄이 있는 곳을 떠올리지만 꼭 이런 곳이 아니더라도 아이가 안전하게 친구를 사귈 수 있는 면학 분위기가 형성된 곳만으로도 선호도는 충분하다.

학군을 볼 때는 세 가지를 보면 된다. 초품아(초등학교를 품은 아파트), 중학교 학업성취도, 그리고 학원가가 형성되어 있는지 여부다. 큰길을 건너지 않고 도보로 통학할 수 있는 초품아는 수요층이 두텁다. 특히 한 번 이사 오면 아이가 졸업하는 6년간 웬만하면 이동하지 않으려고 하므로 임대 측면에서도 안정적이다. 서울대나 특목고를 많이 보내는 중학교로 갈 수 있는 단지, 학업성취도가 높은 중학교가 많은 지역은 학군 지역으로서 우수한 편이다. 주변에 학원가가 형성되어 있다면 아이를 키우기에 최적화된 조건이다.

요즘은 아이를 낳아봐야 한 명, 많아도 두 명이다. 자녀 교육에 올인하는 학부모들의 열정은 따를 길이 없다. 학벌로 밥 먹여주는 시대는 끝났다고 외치던 사람들도 정작 자신의 아이가 학교에 입학하는 순간, 학군 좋은 곳으로 이동할 꿈을 꾼다. 그만큼 학군은 아이를 키우는 3040에게 매우 중요한 요소다. 특히 지방 같은 경우는 학군이 상당히 중요한 비중을 차지한다.

학군 쉽게 보는 법

호갱노노에서 초등학교를 선택하면 배정 단지가 나온다.

호갱노노에서 중·고등학교를 보면 학업성취도와 서울대 진학률을 확
인할 수 있다.

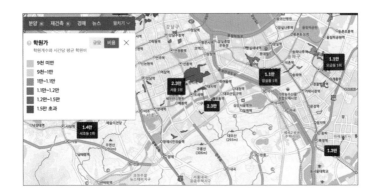

좌측 메뉴에서 학원가를 누르면 밀집지역과 학원 개수가 나온다.

브랜드, 이름 하나만으로 빛을 발하는 아파트

직주근접, 교통, 편의시설, 학군이 입지를 보는 기준점이라면, 브랜드 새 아파트는 상품 자체에 대한 선호도다. 기본적으로 입지가 아파트 시세에 영향을 준다고 하지만, 지금은 브랜드 새 아파트를 찾는 현상이 더욱 도드라지고 있다. 1990년대에 전국적으로 200만 호 아파트가 한꺼번에 많이 지어지면서 동시에 노후화가 되었다. 신상은 진리이지만 아파트들이 점점 노후화함에 따라 더욱 새 아파트 선호도가 빛을 발하고 있는 실정이다.

그래서 비록 입지는 떨어져도 새 아파트를 찾는 현상이 더 심해졌다. 새 아파트는 구축 아파트가 줄 수 없는 '편리미엄'을 가지고 있다.

아파트 브랜드	기업명	커뮤니티 지수	브랜드평판지수
힐스테이트	현대건설	567,003	3,288,745
더샵	포스코건설	863,182	3,219,452
아이파크	현대산업개발	1,163,732	3,090,404
푸르지오	대우건설	675,091	2,404,206
자이	GS건설	525,289	1,803,391
롯데캐슬	롯데건설	428,004	1,412,111
래미안	삼성물산	352,485	1,327,072
e편한세상	대림산업	305,931	933,653
SK뷰	SK건설	334,491	891,331
위브	두산건설	275,334	776,597
데시앙	태영건설	214,383	593,945
호반베르디움	호반건설	93,566	561,824
우미린	우미건설	199,475	529,633
하늘채	코오롱글로벌	163,299	463,776
서희스타힐스	서희건설	113,399	423,315
포레나	한화건설	125,876	409,114
한라비발디	한라건설	112,762	368,138
코아루	한국토지신탁	102,958	342,467
스위첸	KCC건설	131,061	319,266
리슈빌	계룡건설	115,785	313,370
벽산블루밍	벽산건설	42,563	188,461
동문굿모닝힐	동문건설	68,952	182,515
센트레빌	동부건설	53,838	175,020

출처 : 한국기업평판연구소(2019.11)

2019년 기준, 아파트 브랜드별 브랜드 평판지수

수영장, 골프장, 맘카페, 키즈카페, 뷔페 등 커뮤니티 시설과 판박이 같은 판상형의 타입에서 벗어난 다양한 구조와 인테리어가 취향대로 꾸미고 살고 싶어 하는 젊은 층의 니즈에 부합된다. 게다가 아침저녁으로 속 썩이는 주차 문제가 없다. 엘리베이터로 연결된 넉넉한 지하 주차장의 매력도 빠질 수 없다.

대한건설정책연구원 보고서에 따르면 아파트 브랜드가 가격 형성에 미치는 영향은 상위 브랜드의 아파트 가격 상승률은 70.96퍼센트, 하위 브랜드 아파트는 37.42퍼센트로 나타났다.

브랜드 아파트는 더 큰 시세 상승을 가져오고 팔기에도 수월하다. 그러므로 래미안이나 자이 브랜드 아파트에 대한 선호가 입지를 넘어서 프리미엄 시장으로까지 형성되었다. 브랜드 새 아파트는 럭셔리 그 자체로 이미 시세 천장을 뚫었다. 이편한세상의 고급 브랜드인 '아크로'는 한강변에 '아크로 리버파크', '아크로 리버뷰', '아크로 리버하임'을 만들며 프리미엄 브랜드로 변신했다.

2020년 현재 가장 비싼 아파트인 아크로 리버파크의 24평 시세는 평당 1억이다. 래미안 역시 아파트명에 프레스티지를 의미하는 '~티지'를 붙여 래미안 블레스티지, 자이도 그랑자이 등의 명칭을 붙여 차별화를 주고 있다.

이제 아파트 선정에서도 브랜드가 중요해지고, 단 몇 년이라도 연식이 덜한 새 아파트는 시세를 방어하고 가격이 오르는 데 중요한 역할을 하고 있다. 차별화되고 싶고, 그들만의 리그에서 살고 싶은 사람들의 욕망을 채워주는 아파트들은 실용적 가치 그 이상을 지닌다. 결론적으로, 직주근접, 교통, 편의시설, 학군 등 좋은 입지의 조건을 두루 갖추고 브랜드 새 아파트라는 상품의 매력도가 높을수록 3040세대의 선호도가 높기에 시세가 더 많이 오를 수밖에 없다.

싱글, 한 개를 굴릴 것이냐 여러 개를 굴릴 것이냐

투자를 하는 방법은 두 가지로 나눌 수 있다. 하나는 똘똘한 집 한 채에 투자해 실거주 목적으로 평형과 지역을 이동하며 시세차익을 얻는 방법이고, 다른 하나는 여러 주택을 통해 적극적으로 시세차익을 얻는 다주택 투자 방법이다. 실거주가 무슨 투자냐고 할 수도 있지만, 지속적으로 부동산에 관심을 갖고 실거주 한 채를 전략적으로 잘 이용해 자산을 불린 사람들도 주위에 꽤 많다.

성향상 큰 리스크를 감당하면서 자산을 크게 불려가기보다 집 하나로 안정적으로 불리고 싶은 싱글도 상당히 많다. 시작은 했어도 오래 유지할 수 없다면 처음부터 자신에게 맞는 방법을 선택하는 것이 더 나을 수 있다. 사업을 하면 회사원일 때보다 큰돈을 번다는 것은 누구나 알지만 아무나 사업을 하지 않는 것과도 같다. 누군가에게는 사업이 외줄타기 하는 듯한 심리적 불안으로 정신적인 문제까지 이어지고 건강까지 악화될 수 있는 것처럼 말이다. 두 가지 방법 중 자신의 상황과 성향에 맞는 어떤 것이 맞는지 알고, 선택해보자.

실거주냐 다주택이냐, 당신의 성향은?

실거주를 목적으로 안정적으로 자산을 불릴 싱글 VS 적극적으로
자산을 불리고 싶은 싱글녀.

구분	실거주 한 채 굴리기	실거주 여러 채 굴리기
성향	• 안정적인 성향 • 직업 특성상 시간을 내기 어려운 싱글	• 적극적인 성향 • 여유로운 노후를 위해 자산을 불릴 싱글
방법	• 자금력에 맞는 내 집 마련 후 업그레이드 • 전세 끼고 미리 내 집 마련	• 입지 좋은 곳에 소액으로 투자하여 자산 불리기
노후 대비	• 주택연금으로 돌려받기 • 소형으로 이사 후 거주비 줄이기 • 최종 마련한 집을 매도, 시세차익으로 노후자금	• 모은 아파트를 매도 후 시세 차익으로 노후자금 활용 • 오르는 전세금을 월세로 전환하여 연금처럼 받기

실거주와 다주택, 내 투자 방식은 어느 것이 맞을까?

1) 집 하나면 충분하다! 실거주 전략

• 안정적인 성향의 싱글녀

• 업무 특성상 투자 시간을 만들기 어려운 싱글녀

자산을 불려나가는 기간은 장기적인 관점으로 시작하면 된다.

2) 빠르게 자산을 늘리고 싶다! 다주택 전략

• 리스크를 감내하면서 나아갈 수 있는 적극적인 성향의 싱글녀

- 좀 더 여유로운 노후를 위해 자산을 불리고 싶은 싱글녀

다주택 전략은 실거주를 마련하고 시작하든, 실거주를 나중으로 미루고 시작하든 한 채 이상의 주택을 소유하면서 적극적으로 자산을 불려나가는 투자법이다.

월급이라는 현금 흐름이 있는 동안 투자를 해야 훨씬 안정적이므로 최대한 빨리 시작할수록 좋다. 적극적으로 다주택을 이용하는 방법은 비교적 짧은 시간에 자산을 불려나가기에 가장 좋은 방법이지만, 실거주 전략에 비해 투자에 시간과 노력을 집중적으로 할애해야 하고, 강한 정신과 적극적인 자세는 기본이라 하겠다. 리스크 또한 크지만, 그만큼 더 큰 결과물을 만들어낼 수 있다.

하나를 굴릴 것이냐, 여러 개를 굴릴 것이냐 성향에 따라 나누었지만, 어떤 것을 선택할지는 본인의 선택이다. 다만 어떠한 전략을 선택했든 당신은 이미 부동산 투자에 뛰어든 셈이다.

외로울 시간도 없다

부동산 투자는 싱글녀에게 더 없이 좋은 투자다. 투자에 반대하거나 의견을 조율해야 하는 배우자가 없으니 빠른 판단을 하고 바로 실행할 수 있다. 또한 어느 누구 하나 투자하지 말라고 잡는 이가 없다. 내 뜻대로 가능하다. 시간을 매우 자유롭게 쓸 수 있다.

마음만 먹고 열심히 한다면 훨씬 더 집중적으로 해나갈 수 있다.

지역 임장(현장 탐사)하고 밤늦게 들어와도 꾸짖는 사람도 없다. 새벽에 자다 말고 궁금한 지역이 있으면 일찍 임장을 나가도 말리는 사람 없고, 주말 이틀 동안 아침부터 밤늦게까지 온 시간을 쏟을 수도 있다. 바빠서 외로워할 시간도 없다.

월급쟁이로서 투자를 해나간다는 것은 시간 확보가 매우 중요한 일이다 보니, 이런 점에서 싱글들은 노력 여하에 따라 꽤 많은 시간을 만들 수 있으니 이것이 큰 장점이 될 수 있다. 지금 당장 돈이 없다고, 모아봐야 티끌 모아 티끌이라 할지라도 티끌은 부동산 투자를 통해 결정적인 순간 태산이 될 수 있다. 그렇기에 티끌을 뭉치는 우직함과 부동산에 대한 끊임없는 관심이 투자의 타이밍이 왔을 때 새로운 운명의 길을 열어줄 것이다.

싱글's 투자 라이프 루틴 만들기

회사를 다니는 월급쟁이로서 가장 먼저 해야 할 일은 하루에 투자에 쓰기 위한 일정 시간을 확보하는 것이다. 할 일은 두 배로 늘어났는데, 시간을 하루 48시간으로 늘릴 수 없기에 나만의 원칙을 만드는 것이 중요하다.

시간은 없는 것이 아니라 관리를 못하는 것

먼저 회사에서는 업무에 집중하고 퇴근 후 세 시간은 무조건 투자 공부에 집중한다. 그 시간을 지키기 위해 업무시간에는 차 마시고 쉴 시간도 없이 회사 일을 처리했다. 야근을 하지 않아야 퇴근 후 투자를 공부할 세 시간을 지켜낼 수 있었다. 그런데 신기하게도 투자를 시작하고 나서 오히려 일에 더 집중할 수 있게 되었다. '마감시간 효과'가 생긴 것이다. 이전에는 업무가 생각보다 잘 안 풀리면 '천천히 하지, 뭐'라며 불필요하게 퇴근을 늦게 했지만, 반드시 6시에 끝내고 퇴근해야겠다고 생각하니 오히려 집중력이 높아졌다.

시간을 통제하지 못하면, 업무에 집중도 안 되고 계속 딜레이가 되어 문제가 발생한다. 그러면 금세 주변에서 '저 사람 요즘 왜 저러나'

하고 느끼게 된다. 그러니 회사에선 회사 일에 최대한 집중하는 것이 좋다. 투자 얘기는 친한 동료에게라도 꺼내지 않는 것이 좋다. 투자 공부한다고 소문나 봐야 좋을 것이 하나도 없다. 모든 게 부메랑이 되어 돌아온다.

투자를 시작하려는 사람 중에는 제 시간에 퇴근하는 것이 눈치가 보여 시간을 확보하기 어렵다는 고민도 꽤 있었다. 아직 회사에서 자리를 제대로 잡지 못한 주니어들은 회사 분위기에 반해서 칼퇴하는 것에 스트레스를 받지 않는 것이 좋다. 투자를 제대로 시작하기도 전에 회사에서 위치가 불안해질 수 있으니 말이다. 투자로 안정을 이루기 전까지는 회사에서의 안정이 더 중요하다!

처음에는 퇴근 후 '하루에 한 시간은 반드시 확보한다'는 마음으로 시작하면 된다. 주말을 잘 이용하고, 천천히 시간을 늘려가는 것만으로도 시작은 충분하다. 투자 시 가장 중요한 것은 돈보다 시간이다. 관리를 잘하면 두 배의 시간을 쓸 수 있다.

모으고, 고정시키고, 반복하기

'시간이 돈'이라는 말이 있다. 그렇다면 시간을 모으려고 노력해본 사람은 얼마나 될까? 보통 돈의 소중함은 알면서 시간은 무한한 자원으로 생각한다. 나 또한 그랬다. 오늘 못하면 내일이 있고, 올해 못하면 내년이 있으니 언젠가 하면 된다고 생각했다.

하지만 투자를 잘하고 싶다고 생각하자 시간에 대한 개념이 완전히 달라졌다. 같은 하루를 살면서도 결과에서 상당한 차이를 보이는 투자 고수나 동료를 보니 돈 낭비하는 것처럼 시간도 줄줄 샐 수 있겠다는 생각이 들었다. 시간을 관리하지 못하는 사람은 돈도 관리하지 못한다는 말이 떠올랐다.

시간을 제대로 쓰기 위해 나는 투자 초반부터 이렇게 했다.

1) 돈 모으듯, 뺄 수 있는 시간을 모으기

먼저 일상에서 투자를 위해 내가 모을 수 있는 시간을 파악했다. 평소 생활 패턴에서 쓸 수 있는 모든 시간을 끄집어냈다. 아침, 점심, 저녁을 모아보니 가능한 시간은 하루에 대략 여섯 시간 정도였다.

생각보다 많아서 놀랐다. 매번 하는 것 없이 바쁘다고 생각했는데. 지갑을 까보듯, 시간표를 까보고 하루에 이렇게 많은 시간 모을 수 있다는 사실에 나도 놀랐다.

2) 시간에 나를 맞추기

날마다 시간을 달리 배치하지 않고, 정해진 시간이 되면 규칙적으로 몸이 반응하도록 짜인 시간에 나를 맞추었다.

아침 시간은 집중이 가장 잘되는 시간이므로 주로 두뇌를 이용하는 일을 했다. 나는 원래 올빼미형 인간이고, 주로 밤 시간에 집중력을 발휘했던 터라 과연 아침에 집중이나 할까 싶었지만 여러 번 실패와 도전을 반복하다 보니 지금은 아침에 정말 많은 일을 하고 있다.

발품을 많이 팔아야 하는 부동산 투자는 평일에도 퇴근 후 임장이 필요한 날이 많다. 임장을 하면 녹초가 되기 때문에 중요한 일은 반드시 아침 일찍 시작했다. 지역의 입지분석, 시세파악 등 주로 손품을 파는 일이었다. 점심시간에는 중개소에 전화를 한다거나 새벽에 덜 끝난 일을 이어서 마무리하는 식으로 진행했다.

내 시간 관리의 포인트는 이것이다. 쓸 수 있는 모든 시간을 모은 후, 그 시간만큼은 어떤 일이 있어도 투자에 활용한다고 마음먹고 무조건 하는 것이다. 그러다 보면 자연스럽게 '루틴'이 만들어진다.

투자 유지어터가 되는 빠른 방법 '루틴 만들기'

시간을 모아 고정하고, 같은 시간대에 같은 일을 하다 보니 습관적으로 반복하는 '루틴'이 생겼다. 워렌 버핏이 아침에 일어나자마자 서너 개의 신문을 읽고 하루를 시작하는 것과 마찬가지다.

아침에 일어나면 인스타그램 대신 부동산 앱을 열어 뉴스와 시세를 훑었다. 출근길, 혹은 이동할 때는 책을 읽었고, 쉬고 싶을 땐, 부동산 콘텐츠가 가득한 카페, 블로그, 유튜브를 보면서 쉬었다. 퇴근을 하면 집 대신 공부하고 싶은 지역으로 곧장 퇴근했다. 금요일에는 KB 전국아파트시세를 보고 리포트를 읽었다. 토요일에 볼 집들을 미리 예약하는 것도 잊지 않았다. 토요일에는 중개소에 들러 집을 보고 일요일에는 멀리 있는 지역을 찾아가 답사했다.

이렇게 하다 보니 자연스럽게 아침 루틴, 점심 루틴, 저녁 루틴이 생겼고 금요일 루틴, 주말 루틴이 만들어졌다. 물론 나 역시 처음부터 잘했던 것은 아니었다. 그러니 처음부터 '난 이렇게 못해'라고 한숨부터 쉬지 말자. 작은 루틴부터 하나씩 만들어가면 된다.

루틴의 장점은 첫 번째로 감정이 파도치더라도 해야 할 일을 하도록 만들어준다는 것이다. 습관이 된 것이다. '아, 투자공부 지겨운데… 하지 말까', '오늘은 기분이 별로니까 하지 말까' 이런 생각과 감정은 날마다 불쑥 불쑥 찾아오지만, 습관으로 만들면 안 했을 때 찝찝한 기분을 느끼게 된다. 워낙 감정에 매번 지는 게 일상다반사였던 나인지라, 루틴은 효과가 좋았다.

두 번째, 쓸데없는 데 시간을 소비하지 않게 된다. 우선순위가 높은 일이 생활의 중심에 놓이게 되었다. 미루기와 게으름의 콜라보에 매번 졌던 나에게 있어서 루틴은 내가 꽤나 오랫동안 투자를 이어나가는 데 큰 도움을 주었다. 다이어트 하는 사람이 엘리베이터를 두고 계단으로 다니고, 음료수 대신 물을 마시는 것처럼. 루틴을 처음 만들어서 몸에 붙이는 과정은 어렵지만 한번 만들기만 하면 오히려 장기전이 필수인 투자 유지어터에게는 좋은 방법이다.

몸에 습관을 바꾸면 생활이 단순해지고 중요한 곳에 몰입할 수 있다. 한 번에 여러 루틴을 만들면 지키기 쉽지 않으니 먼저 저녁 루틴을 만들어서 실행해보자! 그다음 차근차근 늘리면 된다.

3장

작게 시작해서 크게 불리는
투자의 노하우

투자자의 삶을 유지하는 것은 쉽지 않지만, 투자를 하다 보면
분명 스스로가 성장한다는 느낌을 갖게 된다. 그리고 그 느낌은 사실상 정확하다.
세상을 보는 안목도, 삶을 대하는 태도도 이전과는 확연히 달라진다.
내 삶과 그 삶이 담기는 세상이 보다 크고 넓게 보이는 것이다.
투자를 통해 나를 성장시키고, 내 삶 자체를 부유하게 만들어보자.

단기간에 자산을 불리고 싶다면, 여러 채 굴리기

투자 리스크보다 준비 없는 퇴사의 리스크가 더 크다

연예인 부동산 투자 1위 전지현, 청담동 90억 빌딩 매입으로 유명세를 탄 보람튜브, 대부분의 사업가들까지. 그들은 왜 열심히 번 돈으로 부동산을 사들이는 걸까? 그 이유는 금리, 유동성, 공급물량 같은 단기적인 요인 외에도 시간이 흐르면 돈의 가치가 떨어진다는 너무나도 단순명료한 이유 때문이다. 그렇기에 부동산은 가장 확실한 안전자산인 데다 본업이 끊겨도 임대수익이라는 안정적인 소득을 제공하고, 게다가 시세차익까지 누릴 수 있으니 무엇보다 매력적일 수밖에 없다. 꽤나 안정적인 성향이었던 나도 언제 소득이 끊길지 모른다는 공포를 경험해보니 부동산 투자로 자산을 불리며 미래를 단단히 준비하고 싶었다. 투자에 대한 리스크보다 준비 없는 퇴사의 리스크가 훨씬 더 크다는 것을 온몸으로 느꼈기 때문이다.

투자의 필요성을 느끼면서도 여전히 망설이는 싱글도 있을 것이다. 더군다나 지금은 이전에 비해 정부의 압력이 커지고 있어 대출과 세금 규제로 걱정이 되기도 할 것이다. 혹은 '너무 올랐는데 과연 투자할 곳이 있을까' 이런 의문이 들 수도 있다. 그러나 과거를 돌아봐도 부동산 상승기 때마다 규제가 나왔고, 연이어 '부동산은 끝났다'는 말이 나왔다. 하지만 지금까지 언제나 행운은 행동하는 자의 편이었다. 자산을 불리는 시간이 조금 더 길어질 수는 있지만, 이것이 투자를 시작하지 못할 이유가 될 수는 없다. 기회는 늘 존재하지만 시작하기 전에는 보이지 않는 법이다. 모르기 때문에 안 보이는 것이다.

투자를 시작하는 시기는 정부의 규제가 풀릴 때가 아니다. 내가 필요하고 준비되었을 때다. 일단 시작하면 답은 보이기 마련이다. 지금 필요한 것은 용기와 결단력이다.

'돈'과 '시간' 두 마리 토끼를 잡자

처음 나는 2천만 원이라는 적은 금액으로 투자를 시작했다. 아무것도 모르고 급한 마음에 무작정 시작했지만 그렇게라도 시작했기에 부동산 투자에 첫발을 담글 수 있었다.

첫 투자를 공부 없이 한 터라 그것이 전환점이 되어 오히려 투자 공부를 더 열심히 하게 되었다. 그러자 투자 물건들이 눈에 들어오기 시작했다. 초보시절에는 돈이 있어도 어디에 투자해야 할지 투자처가 보이지 않지만, 공부하다 보면 투자처가 넘쳐나는 것을 경험하게 된다. 오히려 돈이 부족해 입맛만 다시는 경우가 여러 번이었다.

너무나 저평가된 매력적인 투자처가 있는데도 혼자 버는 월급으로 돈을 모으는 것은 더뎠기에 첫 투자 물건을 2년이 지나 매도했다. 빤히 오를 곳이 보이는 투자처를 바라만 볼 수 없었기 때문이었다.

매도 후 양도세와 복비를 제하고 나온 수익이 3천만 원, 회수한 투자비용 2천만 원까지 총 5천만 원을 손에 쥐었다. 5천만 원 중 3천 5백만 원은 탐내고 있었던 지방의 한 아파트에 투자했다. 이곳은 1년도 안 되어 차익이 1억을 넘겼다. 나머지 자금 1천 5백만 원은 모아 둔 월급 5백만 원을 합해 다른 아파트를 샀다.

지금은 어떻게 되었을까?

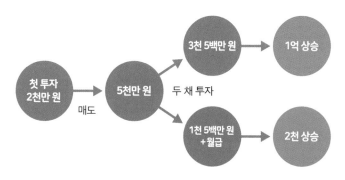

2천만 원을 여섯 배로 불리기

2천만 원으로 투자를 시작하고 4년이 지나자 이익은 1억 2천만 원이 되었다. 무려 여섯 배나 돈이 불어난 것이다. 그림에 나온 아파트 외에도, 월급을 모아 산 다른 아파트도 채당 2천만 원에서 1억 원 이상씩 올랐기에 근 몇 년간 꽤 많은 자산을 불릴 수 있었다.

적은 돈으로 투자를 시작해 많은 자산을 불린 것은 나뿐만이 아니다. 투자를 하다 만난 동료 A는 그동안 적금으로만 모아두었던 5천만 원을 더 이상 은행에 묻어두지 않기로 결심하고 부동산 투자를 시작했다. 종잣돈 5천만 원과 월급으로 투자를 공부하면서 입지가 좋은 곳에 2년간 세 채에 투자를 했다. 다행히도 투자한 아파트의 시세가 모두 올랐다. 더 좋은 곳에 투자하기 위해 그중 두 채를 매도했는데, 약 1억 5천만 원을 손에 쥘 수 있었다.

번 돈으로 재투자를 하기 위해 지역을 공부하고 발품을 팔다가 상승동력이 높은 투자처를 발견하고 그 지역 대장단지에 한 채를, 또 다른 지역에 한 채를 추가로 투자했다. 역시나 2년이 지난 지금 시세가 크게 올라 두 채만으로 약 3억여 원 정도 차익을 낼 수 있었다.

처음 5천만 원을 들고 시작한 투자였지만, 4년간 수억 원대로 자산을 불렸다. 주식으로 크게 자산을 불린 사람은 여지껏 본 적이 없지만 부동산 투자로 자산을 불린 사람은 가까운 사람 중에도 엄청 많다.

부동산 시장이 좋아서 운이 따라준 탓도 분명 있다. 하지만 어쨌든 시작했기에 가능한 일이었다. 일단 시작하면 막연한 두려움이 가능성으로 바뀐다. '해보니 되는구나'를 느끼면 투자의 즐거움이 느껴진다.

즐거워서 열심히 하다 보니 돈은 덤으로 따라온다. 만약 지금도 부동산에 대한 두려움의 틀을 깨지 못하고 여전히 미래를 걱정하면서 월급만 모은다면 어땠을까? 여전히 투자는 남 얘기라 치부하고, 여전히 앞날을 걱정하면서 신세 한탄이나 하고 살았을지도 모른다.

투자를 시작하려면 반드시 알아야 하는 것이 있다. 바로 언제 사야 할지 판단하는 '타이밍', 그리고 가치 있는 물건을 싸게 살 수 있는 부동산을 보는 안목, '저평가'된 물건을 찾는 법이다.

연애도 타이밍, 투자도 타이밍

인생은 타이밍이라는 말이 있다. 남자를 만나는 것도 타이밍, 결혼도 타이밍, 하물며 버스에 타자마자 빈자리를 잡는 것도 타이밍이다. 투자라고 별다르지 않다. 역시 타이밍이 중요하다.

부동산은 계속해서 상승과 하락을 반복한다. 부동산 투자에서 잃지 않고 수익을 내기 위해서는 가장 먼저 집값이 오르내리는 원리와 큰 흐름을 아는 것이 중요하다. 사는 타이밍에는 답이 있기 때문이다.

투자의 타이밍이 중요한 이유는 아무리 좋은 강남 집이라도 아무 때나 사면 망하고, 반대로 못난이 일탑동사(일층, 탑층, 동향, 사이드)라도 부동산 시세가 오르는 상승기에 사면 오르기 때문이다. '어디를 사느냐보다 언제 사느냐'에 대한 판단이 중요한 이유다.

그렇다면 왜 이러한 타이밍이 생겨나는 것일까?

수요와 공급이 엇박으로 나가기 때문이다. 아파트에서 살고 싶어 하는 수요는 늘 일정하지만, 공급은 들쑥날쑥 일정하지 않다.

아니, 인구가 줄어든다는데 무슨 수요가 계속 생기냐고? 쉽게 가방을 예로 들어보자. 우리는 살면서 평생 가방 하나만을 쓰진 않는다. 쓰던 게 질려서 사고, 매일 들고 다닐 가방이 필요해서 사고, 특별한 날을 위한 가방도 필요하다.

아파트 수요도 마찬가지다. 예전에는 한 가족당 집 하나면 충분했다. 삼대가 모여 살기도 했다. 하지만 지금은 여러 개의 집이 필요해졌다. 부모님과 같이 살다가 나이가 차서 독립해 나가는 자녀, 결혼하는 신혼부부, 돌아온 싱글들, 1인 세대가 증가하면서 이전에는 한 채로 충분했던 것이 지금은 두세 채 더 필요해진 것이다. 게다가 낡고 오래된 아파트는 살기 싫어진다. 재개발이나 재건축으로 멸실되는 집도 있다. 집 하나 있다고 끝이 아니라, 신상템에 대한 열망처럼 새 아파트에 대한 수요는 언제나 생긴다. 가방은 안 사면 그만이지만, 집은 그럴 수 없다. 매매든, 전세든 내 몸 하나 쉴 공간은 반드시 필요하다. 그렇기에 수요는 늘 생길 수밖에 없다.

공급량을 파악하라

문제는 '공급'이다. 언제든 쉽게 공장에서 찍어내는 가방과 달리, 집은 바로바로 공급이 이루어지지 않는 데다가 해마다 동일한 물량을 짓지도 않는다.

왜 공급은 일정하지가 않을까? 건설사에서 무조건 집을 짓지 않기 때문이다. 국가 경기, 부동산 정책 등 건설사 경기에 따라 영향을 받는다. 경기가 안 좋으면 부동산 심리가 죽고 폭락론이 일어난다. 집값이 떨어질까 봐 전세로 사는 사람들이 많아지고 집을 사지 않으니 건설사에서 집을 짓지 않는다. 하지만 아파트 수요는 늘 꾸준하기에 전세로 살려는 사람은 많다.

전세가가 오른다. 전세가가 오르면서 매매가를 끌어올린다. 매매가가 오르면 그때서야 건설사에서는 집을 짓는다. 집값이 계속 오르니 사람들은 전세에서 매매로 전환한다. 이 시기에는 전세가가 멈추고 매매가가 지속적으로 오르면서 매매가와 전세가가 벌어지게 된다.

하지만 심리가 살아 있다 보니 뒤늦게라도 집을 사려는 사람과 투자를 하려는 수요까지 합쳐져서 부동산 호황이 일어난다. 그러나 이내 건설사에서 대규모로 지은 공급물량으로 새 아파트가 남아도니 다시 전세가가 떨어지고 집값도 떨어진다. 수요보다 공급이 더 많아진 것이다. 미분양이 쌓이고 시세가 떨어진다.

건설사 역시 집을 짓지 않는다. 집값이 떨어질 때는 건설사에서도 집을 짓지 않고, 집값이 오를 때에 많은 집을 짓기 때문에 수요와 공급이 엇박자로 나간다. 이것이 바로 부동산의 큰 흐름, 타이밍이 생기는 이유다.

아직도 투자할 곳이 있을까?

투자에서 중요한 포인트는 모든 지역별로 필요한 수요와 공급이 동일하지 않다는 것이다. 사람마다 인생의 타이밍이 다르듯 서울과 경기, 인천의 타이밍이 다르고 지방 역시 다르다. 같은 시기에 서울은 집값이 떨어져도 부산은 오를 수 있고, 대구는 떨어지는데 대전은 오를 수 있다.

이유는 큰 생활권이 달라 필요한 수요와 공급의 영향 역시 다르기 때문이다. 여기서 생활권이란 일자리, 교육, 문화나 그밖에 여가생활 등 일상생활을 함께 공유하는 공간적인 범위를 말한다.

서울, 경기, 인천은 서울로 출퇴근하기 위한 일자리의 영향을 강하게 받는 지역이다. 가깝고 멀고의 차이는 있지만 서울의 생활권 영역에 있다. 그러다 보니 수요와 공급에 따라 서울의 시세가 움직이면 시간차를 두고 경기도와 인천까지 영향을 받는다. 하지만 지방의 경우는 대부분 시 단위가 각각 다르게 움직인다. 이것은 주요한 일자리를 두고 생활권이 완전히 다르기 때문이다.

그래서 아파트는 동시에 오르내리지 않는다. 이 말은 전국적으로 큰 생활권에 따라 부동산의 타이밍이 다르고, 그렇기 때문에 언제라도 투자할 지역은 있다는 얘기다. 수요와 공급의 원리를 통해 투자의 타이밍을 알아낼 수 있다면, 언제 어느 지역에 투자해야 하는지 찾아낼 수 있을 것이다. 이것은 다음 장 '지역을 선정하는 방법'에서 구체적으로 알아보자.

읽지 않은 복권, 저평가

부동산의 큰 흐름, 매수하기 좋은 타이밍이 오면 어디에 투자를 해야 할까. 가치에 비해 저렴한 '저평가' 지역을 고르고 그 안에서 가장 저평가된 물건을 사야 한다.

우리는 흔히 이런 이야기를 한다. '사람을 보면 화려한 겉모습을 보지 말고 진실한 사람인지를 먼저 봐라.' 돈이 많은 남자인 줄 알았는데 알고 보니 빌라에 월세로 살면서 외제차를 타고 다닌 허세남이었다거나 잘나가는 의사인 줄 알았더니 마마보이에 인성까지 바닥인 남자를 만나 멘탈이 탈탈 털려본 경험이 있는가. 그런 경험을 가진 싱글이라면 더욱 관심 있게 읽었으면 한다.

좋은 사람을 알아보는 것이나 좋은 부동산을 알아보는 것의 본질은 비슷하다. 고평가되었다는 것은 부동산이 원래 가치에 비해 훨씬 더 높은 가격을 형성해 거품이 끼었다는 뜻이다. 아무것도 없으면서 외제차를 끌고 다니며 허세를 부리는 남자나 직업만 좋다뿐이지 결정 하나 똑바로 못하는 마마보이 같은 물건인 셈이다. 이런 사람은 쏟은 돈과 시간이 아깝더라도 반드시 손절해야 한다.

반대로 저평가된 남자란 어떤 남자일까. 성격도 인성도, 심지어 능력도 좋은데 살이 쪄서 외모가 애매한 남자일까? 친구에게 남친이라며 소개해주자니 조금 창피하고 멋진 몸매를 가진 남자들과 비교가 되어 더 모자란 것 같다. 그래서 뒤도 안 돌아보고 뿌리쳤는데 몇 개월 뒤 우연히 마주쳤더니 웬걸, 살이 빠져 모든 것이 완벽한 '로또남'

이 되어 있는 것 아닌가. 하지만 이제 와서 후회하면 뭐하랴 이미 옆에는 나보다 더 잘난 여자친구가 있다. 사람을 보는 안목 없이 겉으로 보이는 것에 올인한 결과다.

쉬운 이해를 위해 가벼운 예를 들었지만 중요한 것은 부동산이든 사람이든 본연의 가치를 볼 줄 알아야 한다는 것이다. 많은 사람을 만나 봐야 좋은 사람을 알아볼 수 있듯이, 많은 지역을 가보는 이유는 바로 '저평가'된 부동산을 볼 줄 아는 안목을 키우기 위해서다. 모든 것이 다 갖춰진 사람은 이미 몸값이 높다. 누구나 좋아한다. 내가 비집고 들어갈 틈이 없다. 부동산도 그렇다. 누구나 좋아할 만한 입지조건을 갖춘 곳은 이미 비싸다. 그렇기 때문에 아직은 긁지 않은 복권 같은 저평가된 부동산을 사야만 하는 것이다.

그렇다면 어떻게 저평가된 부동산을 알아보는 안목을 키울까?

첫째, 초보일수록 많은 지역을 다녀야 한다. 사람들이 좋아하는 거주환경은 어떤지 싫어하는 거주환경은 어떤지 파악해야 한다. 둘째, 비교를 많이 해야 한다. 여러 지역을 다니는 것도 결국 비교를 하기 위해서다. 비교 대상이 많아질수록 입지에 비해 가격이 싼지 비싼지 판단하기 쉬워지고 보다 정확해진다.

투자하려는 지역과 단지가 저평가인지 고평가인지 판단하는 방법은 세 가지다. 품질 대비 최저가 물건을 골라내는 다년간의 쇼핑 경험을 살려 '비교 능력'을 마음껏 발산해보자.

1) 유사한 지역과 비교하기

주변은 아니지만 분위기나 동네 성격이 비슷하고, 비슷한 시세를 형성한 지역끼리 비교해본다. 예를 들면 마포와 성동구는 떨어져 있지만 양쪽 모두 뛰어난 업무지구를 끼고 있고, 개발되면서 새 아파트 입주 후 3040 젊은 수요가 들어온 비슷한 분위기의 지역이다. 서로 오르락내리락하면서 시세를 맞추는 지역이므로 비교해볼 수 있다.

2) 인근 지역과 비교하기

교통 라인을 따라 형성된 생활권이 비슷한 주변 지역과 비교해본다. 용인 수지의 시세가 싼지 비싼지 보려면 위로 분당, 아래로 수원의 시세와 비교하면 된다. 서대문구의 시세를 보려면 위로는 마포구, 아래로는 은평구의 시세를 보면 된다. 동일 생활권인 위아래 지역을 비교해서 시세가 어느 정도인지 비교해보면 판단이 쉬워진다.

3) 랜드마크 아파트와 비교하기

랜드마크 아파트란 해당 지역에서 제일 비싼 아파트를 말한다. 대장아파트라고도 한다. 랜드마크 아파트와 비교해서 얼마나 싼지, 시세가 비슷하게 올라가진 않았는지 비교해볼 수 있다. 시세를 비교할 때는 되도록 비슷한 연식과 평형대로 비교해야 제대로 판단할 수 있으며, 가장 일반적인 평형대인 24평(59제곱미터)과 32평(84제곱미터)을 기준으로 확인한다.

좋은 물건을 싸게 사기 위해서는 저평가돼 있는가를 판단할 수 있는 눈이 필수다. 다만, '저평가'와 '저가치' 물건을 헷갈리면 안 된다. 저평가는 좋은 물건을 싸게 산다는 것이지, 싸구려를 싸게 산다는 얘기가 아니다. 가치에 비해 싼 것을 사라는 것이다.

초보 싱글's 투자 어떻게 시작할까?

자금력이 넉넉하지 않은 싱글녀는 처음부터 누구나 좋아할 만한 인기 중심지역, 고가 아파트에 투자하는 것이 쉽지 않다. 이런 곳은 현재 부동산이 큰 폭으로 상승해 정부의 규제 역시 심하다. 따라서 대출과 세금에서 자유롭지 못하다.

투자금이 많이 들어갈뿐더러 안목이 없는 상태에서 큰돈을 한 번에 한 투자처에 넣을 경우 자칫 오랫동안 돈이 묶일 수도 있다. 투자를 배워나갈 시간을 잃어버리는 셈이다.

처음에는 소액으로 시작해서 시세차익을 꾸준히 만들며 돈을 뭉치는 것이 먼저다. 그리고 투자 기회를 지속적으로 만들면서 실력을 쌓고, 안정적인 수익을 낼 수 있도록 나만의 인사이트를 만드는 것이 중요하다. 그런 다음 똑똑한 투자 물건으로 갈아타는 것이 실패 확률을 줄이고 훨씬 더 안정적으로 투자를 할 수 있는 방법이다.

싱글녀라면 유연하게 대응이 가능하면서 덜 오른 비규제지역 내에서 입지 가성비가 좋아 임대수요가 든든하게 받쳐주는 투자처를 찾

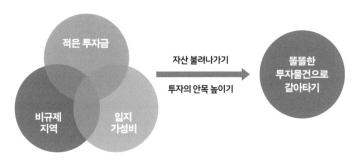

초보 투자자의 기본 투자 방법

아 소액으로 시작해보자. 다이아몬드 같은 화려한 투자처는 아닐지라
도 금처럼 내실 있게 자산을 쌓아나갈 수 있을 것이다.

나만의 투자 기준 마련하기

돌아보면 나의 첫 투자는 기준이 없었다. 그저 투자금만 최소한으로
줄여서 살 수 있으면 그게 전부인 줄 알았다. 연애로 따지자면 얼굴 하
나만 보고 만나는 것과 다름없었다.

사람마다 연애 상대를 만나는 기준이 있을 것이다. '나는 얼굴은 못생
겨도 키가 커야 해', '나는 외모보다는 무조건 스마트한 사람이 좋아',
'나는 활발하고 외향적인 사람이 좋아' 등. 자신의 기준이 있는 사람은
결코 남들이 좋다는 이유로 아무나 만나지 않는다. 결코 오래갈 수 없
고 행복한 연애를 할 수 없다는 것을 잘 알기 때문이다.

투자자들 역시 하나같이 자신만의 기준이 있다. 지역의 1등 신축단지만 투자하는 사람, 서울의 핵심지역에만 가치투자하는 사람이 있는가 하면, 저평가된 아파트를 전국구로 투자하는 사람도 있다. 아파트만 사는 사람도 있고 빌라나 오피스텔까지 사는 사람도 있고, 가능성 있는 재건축만 하는 사람, 재개발만 전문적으로 사는 투자자도 있다.

기준을 가지고 투자를 하는 이유는 사람마다 투자 성향, 투자 실력, 위기대응력이 다르기 때문에 투자를 하면서 성공 가능성을 높이고 흔들리지 않기 위해서다. 아무리 강남 최고의 아파트라도 모두 다 투자를 하지 않는 것과 같다. 자신에게 맞지 않으면 무리하게 되고, 리스크를 버텨낼 수 없다. 그래서 나는 나만의 투자기준을 가지고 투자를 한다.

① 저평가되어 있는가?

입지가 비슷한 지역과 비교해 저평가되어 있는지가 가장 중요하다. 최대한 많은 지역과 비교해보고, 더 떨어질 수 없는 가격대라는 확신이 들면 투자한다.

② 수요가 풍부한 곳인가?

일자리, 교통, 학군, 편의시설 등 입지가 좋아서 실수요 및 임대수요의 선호도가 높은 곳이어야 한다. 특히 500세대 이상(지역내 선호도가 높거나, 대단지와 함께 인프라를 누리는 단지라면 300세대까지), 20~30평형대, 초등학교를 끼고 있거나 선호 중학교를 끼고 있는 단지라면 더 좋다. 실수요의 선호도가 높아야 시세가 더 많이 오르고 전세가가 높아 가격이 잘 빠지지 않는다. 뿐만 아니라 임대수요가 오래 거주하려고 하니 임대 관리하기에도 수월하다.

③ 투자금이 기준에 맞는가?

매매가는 4억 이하, 투자금은 5천 이내로 한다. 하지만 급매를 사거나 협상해서 가급적이면 3천만 원 이하로 맞추려고 노력한다. 투자금이 많이 들어가면 그만큼의 리스크를 안고 가는 것이나 마찬가지다. 그렇다고 무조건 갭만 보고 투자금을 적게 들어가는 물건을 사라는 얘기가 아니다. 투자 경험이 없을수록 가치가 낮은 물건을 매매가와 전세가의 차이(갭)가 적다고 사는 경우가 많은데, 갭만 보고 사는 것은 위험한 투자다. 입지가 좋지만, 저평가된 물건을 급매와 협상으로 싸게 사서 최소한으로 투자금을 줄이라는 얘기다. 투자금의 기준은 항상 남이 아닌 나의 자금력을 고려해야 한다.

이 질문들에 스스로 답을 할 수 없다면, 그것은 어디까지나 감정에 휩쓸린 투기가 된다. 나는 투자 물건을 선택할 때 스스로에게 항상 불황이 왔을 때도 리스크를 감당할 수 있는 물건인지 질문하고 "yes!"라고 답할 수 있는 물건에만 투자를 한다. 그래야 두 발 뻗고 잠을 잘 수 있다. 투자를 시작하는 것보다 더 중요한 것은 원하는 목표를 이룰 때까지 살아서 장기전으로 가는 것이다. 이를 위해서는 나에게 딱 맞는 기준을 세우고 꾸준한 수익을 내면서 즐겁게 투자해나갈 수 있어야 한다.

나에게 맞는 투자처를
고르는 것이 첫 번째!

나의 저평가 투자 실전기

서울은 누구나 살고 싶어 하지만 누구나 살 수 있는 곳은 아니다. 너도 나도 다 좋아하는 핵심 지역인 강남, 마포, 용산, 성동, 동작구 등의 좋은 아파트들은 물론이고, 서울이라는 이유 하나만으로도 모든 아파트의 가격이 입이 딱 벌어질 만큼 비싸기 때문이다. 더욱이 최근 상승장을 통해서 부동산 시장이 질적 시장으로 바뀌면서 부자들이 선호하는 좋은 지역의 새 아파트 가격이 더욱 비싸졌다.

결혼 예정인 어느 철없는 예비신부가 이런 질문을 하는 것을 보았다. "가진 돈은 현재 1억입니다. 어제 옥수동을 갔는데 너무 좋았어요. 9억이더라구요. 거기 사도 괜찮을까요?"

때 묻지 않은 순수함에 웃음이 나왔다. 아파트 값이 하도 올라 이제 9억이라는 돈도 크게 비싸 보이지 않을 지경이지만 그 정도면 고가 아파트다. 그런 곳은 안 가서 못 가는 게 아니라, 못 가서 못 가는 거다. 좋은 곳에 살고 싶은 마음은 이해한다. 누군들 인프라가 잘 갖춰지고 살기 편한 비싼 동네서 살고 싶지 않을까. 하지만 대부분은 자신의 형편에 맞는 곳, 그중에서 최선의 지역을 고르고 골라서 살아갈 수밖에 없다.

나에겐 서울의 중랑구 투자처도 그러했다. 내가 처음 투자를 시작한 시점은 적은 투자금으로 서울의 입지 좋은 곳의 투자가 가능했던 시기가 지난 뒤였다. 본격적으로 부동산 공부를 시작하고 상황에 대해서 이제 좀 뭐가 뭔지 알겠다 싶었을 땐, 서울의 주요지는 가격상승이 일어나 매매 가격이 치솟은 나머지 전세 차이가 크게 벌어졌다. 손가락만 빨고 있어야 했던 상황이었다.

그렇게 오른 서울의 아파트 값은 지금까지 쉬었다 올랐다를 반복하며 지속적으로 상승구간에 올라탔다. 오른 가격에 욕심을 부린다면 그것은 투자가 아닌 투기다. 매가가 비싼 만큼, 가격 출렁임이 심하기에 하락기 가격 방어에서 위험하다. 즉, 많이 오른 만큼 떨어지는 것도 심하다. 아파트 3억짜리가 하락이 오면 2억 7~8천이 되지만, 9억짜리가 떨어지면 7억 8천~8억으로 1억에서 그 이상도 떨어지는 것이다. 가격의 비율대로 오르내리기 때문이다.

보기 좋다고 나의 재정상황을 무시하고 덥석 물 순 없었다. 부동산 투자는 큰돈을 벌어주는 좋은 재테크지만, 자신이 감당할 수 없는 욕심만으로 채워진 투기는 언제든 한 방에 무너질 수 있다는 것을 익히 알고 있었다. 그래서 서울 내에서도 매우 좋은 지역보다는 내가 투자할 수 있는 금액대면서 수요가 받쳐주는 합당한 곳을 찾아야 했다. 당시 서울의 중심 지역은 모두 오른 데다 비쌌다. 다행히 서울의 외곽 쪽인 도봉구, 구로구, 중랑구 등은 아직 시세가 크게 오르지 않은 상태였다.

가끔 타이밍이 지났는데도 좋은 곳만 쳐다보면서 다른 곳을 둘러볼 생각을 하지 않는 투자자들을 보곤 하는데, 투자는 가장 좋은 입지를 사는 것이 아니라, 해당 시점에서 시세가 오르지 않은 저평가된 곳 중에서 내 기준에 맞는 가장 좋은 물건을 고르는 것이다. 물론 가장 좋은 입지를 저평가 타이밍에 살 수 있다면 가장 최고의 투자다.

외곽에도 보석은 숨어 있다

나는 '이번은 몰라서 놓쳤지만 분명 다음 기회는 반드시 잡으리라', 혼자 어금니를 깨물면서 결의에 찼다. 서울을 둘러보던 당시 2018년 4월까지 다주택자 조정대상 지역 양도세 중과를 앞두고 손바뀜이 활발해지고 있던 상황이었다. 그러면서 급매가 하나둘씩 쏟아지고 있었기에, 좋은 물건을 찾을 수 있는 기회이기도 했다.

투자 기준에 들어오는 중랑구, 구로구, 도봉구의 24평 기준 3억이 되지 않는 단지들을 보고 가장 좋은 물건을 찾기 위해 퇴근하면 돌아다니기에 여념이 없었다. 추운 겨울, 눈까지 쏟아지는 데다 몸 상태도 좋지 않았지만 내가 생각해도 정신이 나갔나 싶을 정도로 뒤지고 다녔다. 매일 회사에서 퇴근 후 곧바로 부동산 중개소로 제2의 출근을 했다. 그중 중랑구에 몇 개의 매물들이 괜찮은 가격이라 더 집중적으로 둘러보기 시작했다.

중랑구는 서울의 동쪽에 위치한다. 서울에서 중랑구는 가격의 마지노선이다. 인서울임에도 가격대는 뒤부터 순서를 세어야 빠를 정도로 저렴한 지역이다. 7호선, 5호선, 경의중앙선 등 세 개의 전철이 지나가는데 그중에서도 신내동은 택지지구로 조성되어 있어 서울의 구도심에 비해서는 쾌적한 편이다.

봉화산을 주변으로 두르고 있어 자연환경도 쾌적하고, 중랑구청과 망우역 상권 쪽도 잘 발달되어 있으며, 서울의료원이 있어 생활하기에 큰 부족함이 없다. 다만 지역 내 직장이 많은 곳이라고는 볼 수 없다. 직주근접보다는 베드타운 성격이 강한 곳이라 주요 업무지구로 빨리 출퇴근할 수 있는 교통이 중요하다. 7호선과 5호선을 통해 강남, 강북으로 한 시간 이내 이동이 가능하기에 교통에도 큰 무리가 없다고 판단했다.

중랑구를 좋게 보았던 것은, 우측으로 별내, 갈매, 다산지구 등으로 새 아파트들이 들어서면 더 이상 서울 동쪽 끝이 아니라 센터로 위치가 조정되는 것과 같은 효과가 생기기 때문이다. 그래서 서울 외곽이라는 느낌을 벗어날 수 있을 것 같았다. 무엇보다 가장 중요한 가격이 좋았고, 서울임에도 24평 저렴한 물건들이 괜찮은 입지 내에 꽤나 많이 있었다. 중랑구는 강남이나 강북 등의 주요 업무지구 접근성에 비하여 아파트 매매, 전세 가격이 저렴하기에 주로 신혼부부나 젊은 맞벌이부부 등이 많이 살고 있다.

평형대는 가족 수가 적으니만큼 주로 소형이 인기가 있다. 그중에서도 특히 신내동은 중랑구의 다른 동과는 차별적으로 빌라가 거의 없이 아파트 비율이 매우 높은, 서울에서 흔치 않은 택지지구로 조성된 곳이라 일정한 수요층이 있었기에 투자처로 좋다고 생각했다. 다만 주변 다산의 입주가 진즉부터 시작되고 있어 임대를 놓는 데 어려움이 있을 것 같았다.

전반적으로 아파트들이 대부분 나이를 먹어 구축이 되면서 새 아파트에 대한 선호현상이 뚜렷하게 나타났는데, 서울 밖을 벗어나 아직 인프라가 덜 갖춰진 곳이라도 임대를 구하는 세입자들은 넘어가고 싶어 했다. 그렇지만 중랑구는 인서울에 저렴한 소형에 대한 수요는 확실할 것으로 판단했기에, 임대에 대한 리스크는 단단히 대비하고 투자를 진행했다.

매력이 있다면 구축이라도 OK!

중랑구청 상권이 바로 앞에 있고 스타벅스를 끼고 있는 P아파트. 부동산 중개소를 통해 예약을 하고 내놓은 물건을 보니 인테리어를 하는 매도자가 거주하는 집이라 아주 짱짱하게 인테리어가 되어 있었고 집이 매우 깨끗했다. 19평형대의 아파트였는데, 2베이(기둥과 기둥 사이의 공간, p.204 참고)에 방이 두 개로 20평형대 초반처럼 구조가 잘 나온 단지였다. 개인적으로는 10평대의 아파트를 선호하지 않는데, 이유는 매우 단순하다. '나라면?'이라고 생각했을 때 오래된 10평대에서 사느니 깨끗한 오피스텔을 선택할 것이기 때문이다.

적어도 10평대 아파트라면 오피스텔보다는 메리트가 있어야 한다고 생각한다. 그러면 방이라도 하나 더 있어야 한다. 그때부터 아파트의 매력이 나오기 때문이다. 그런데 이 물건은 20평대처럼 2베이에 가격도 좋고, 신내동 내에서도 입지가 좋아 사고 싶다는 생각이 들었다. 게다가 오랫동안 매가를 안 깎아주려고 했던 매도자는 오랜 시간 팔리지 않아 지친 상태였고 마음은 잔뜩 조급해져 있었다. 즉, 가격 협상이라든지 이후에 임대를 놓을 때 모든 면에서 잘 협조해줄 가능성이 높아 보였다.

매도자는 동탄에 분양을 받아 이 집을 내놓았다. 싼값에 팔고 싶지 않아 버티고 버티다가, 동탄 입주날짜를 받아놓고 얼마 남지 않은 상황이 되자 이러지도 저러지도 못한 상태에서 내가 나타난 것이었다. 매도자는 이제 어쩔 수 없이 그동안의 자존심을 버리고 시세보다 1천만 원 저렴한 가격에 추가 협상으로 200만 원을 더 깎아주었다.

문제는 임대를 놓기 위해 세입자를 구해야 하는 것이었다.

필요하다면 전화보다 얼굴도장

잔금기간이 두 달 살짝 넘는 정도였으나 크리스마스 연휴로 인해 사람이 안 돌고, 게다가 1월 초 신정, 2월 구정이 있어 앞뒤 공백기를 빼면 실제로 임대를 뺄 수 있는 기간은 촉박했다. 높은 전세가를 받으려 욕심 내지 말고 빨리 세입자를 구하는 것이 급한 일이었다.

임대 수요가 이 지역에서 먼저 들어올 만한 역 가까운 주변 부동산, 투자 물건의 평형대와 구조가 비슷한 단지 중 현재 나의 물건보다 전세가가 더 높은 단지를 먼저 선별해 부동산 사장님을 뵙고 한 분 한 분 인사를 드리기로 마음먹었다. 문자로 임대를 내놓을 수도 있지만, 상황이 안 좋은 땐 내 몸의 편함보다 정성이 중요하다. 그리고 사람의 마음이란 얼굴을 보고 마음이 전달된 상태에서 더 힘을 실어주게 되어 있다.

"사장님, 안녕하세요?"

"응, 뭔 일이야?"

"사장님, 저 얼굴 살 빠진 것 같지 않아요?"

"아니, 모르겠는데?"(날 처음 봤으니 모르는 게 당연하다)

"모르긴요, 이렇게 홀쭉해졌는데… 제가 요즘 다이어트하잖아요. 전세 다이어트."

"하하하."

"사장님, 저 이제 그만 다이어트 끝내고 싶은데 사장님께서 좀 도와주세요. 저기 ○○단지 아시죠? 거기 전세 내놨는데요. 집 인테리어 사진 좀 보세요. 완전 예쁘죠? 실제로 보면 더 예뻐요. 입주날짜는 ○○까지인데요, 일단 임대 구하는 분들 계시면 집이라도 한번 보여주세요."

단지 주변 중개소를 하나씩 들어가면서 인사를 드렸다. 사장님은 내가 하는 행동이 너무 웃겼는지 연신 웃으시면서 젊은 사람이 열심히 사니까 참 보기 좋다고 하시면서 꼭 부자되라고 응원까지 해주셨다.

중개소를 다 돌고 난 뒤, 주기적으로 전화하면서 전세 상황을 살피는데, 한 번이라도 보고 인사를 했으니 확실히 전화받는 사장님의 태도도 달라짐을 느낀다. 어떻게 해서든 임대를 맞춰주려고 노력하는 모습들이 보인다. 그러니 임대가 안 나가면 발을 동동 구르고 집에서 걱정만 할 것이 아니라, 현장으로, 중개소로 달려가길 바란다. 중개소에서 요즘 전세 현황이 어떤지, 투자한 단지에 전세가가 빠졌는지 올랐는지, 그 단지에 영향을 받는 주변 단지의 전세가는 얼마인지, 그러한 얘기들을 하다 보면 불안하고 걱정된 마음이 더해지기보다는 오히려 어떻게 대처해야 할지 가늠이 되어 다음 액션을 취할 수 있게 된다.

방문한 뒤에 대부분의 중개소에서는 내 임대 물건을 더 신경써주셨고, 전화를 하면 반갑게 대해주셨다. 급할 땐 전화보다는 얼굴도장을 한 번 더 찍자. 적극적으로 변한 중개소 사장님을 마주하게 될 것이다.

상대를 배려한 만큼 얻는 것이 많다

매도자들 중에는 투자자가 자신의 물건을 사는 것을 매우 싫어하는 사람들이 있다. 이유는 사서 임대를 놓게 되면 세입자들에게 자주 집을 보여줘야 하는데 사실 이게 절대로 만만한 일이 아니기 때문이다. 마음대로 외출하기도 어렵고, 세가 빠질 때까지는 늘 집을 깨끗하게 유지해야 하니 말이다. 그래서 방문하기 전 전세를 내놓을 때 매도자에게 이미 문자를 통해 양해를 구했었다.

"집을 중개소 여러 군데에 내놔서 아무래도 집을 보여주기 많이 번거로우실 거예요. 죄송스럽고, 감사합니다."

하지만 전세는 안 나가고 더 많은 중개소에 내놔야 했을 때, 매도자를 대면하고 다시 양해를 구하고 싶었다. 많은 중개소에서 전화가 오고 사람들이 들락거리면 예민해질 수 있기에, 그럼에도 집을 잘 보여주십사 부탁이 필요했다. 뭐 꼭 그럴 필요까지 있냐고 묻는다면 나는 이러한 사소한 과정 하나하나가 소중하다고 생각한다. 사람의 마음을 잘 얻는 것만으로도 8할은 성공이라고 생각하기 때문이다.

매도자가 집을 잘 안 보여준다고 해도 내가 어찌할 도리는 없다. 혹여나 매도자가 귀찮아서 세입자를 한 명이라도 놓친다면 내 손해다. 또한 집을 잘 안 보여준다면 중개소에서도 잘 보여주는 집 위주로 먼저 손님을 데려가기 때문에 경쟁에서 밀릴 수밖에 없다. 잠깐 들러서 얼굴을 보고 부탁하는 것만으로 어려운 상황도 쉽게 풀릴 수 있다. 방문을 하니 매도자가 무척이나 반가워하면서도 걱정을 해줬다.

"전세가 생각보다 안 나가니 마음이 안 좋으시겠어요. 저도 최대한 집을 보여드릴 수 있도록 외출도 삼가하고 있습니다. 그리고 집 안 청소도 깨끗하게 해서 전세가 잘 나갈 수 있도록 노력하고 있어요."

집은 정말로 깨끗했고, 오히려 나를 걱정하며 얘기를 해주니 감동이었다. 매도자는 이미 집을 팔았기 때문에 사실 이렇게까지 해줄 필요는 없었다. 정확히 말하면 잔금일에 내가 대출을 받아서 주든 어떻게 주든 상관할 바가 아니기 때문이다. 그런데 미리 양해를 구한 것만으로도 내가 하는 일에 많은 도움을 주려고 노력하는 것이 역력하게 느껴졌다. 나중에는 들어오려는 세입자와의 입주날짜 조정이 삐걱거리는 상황이 왔는데, 일주일간 짐을 컨테이너에 맡기겠다고까지 했다. 이사를 두 번 해야 하고 짐을 맡긴 일주일간 가족이 생활할 곳도 변변찮을 텐데 이렇게까지 생각해준다는 것에 고마운 마음이 들었다. 이후 얼마 지나지 않아 매도자의 적극적인 도움으로 전세입자를 구할 수 있었다.

투자를 하면서 부동산 사장님이며 매도자, 임차인, 인테리어 사장님 등 많은 사람을 만나게 된다. 내 맘대로 하려 들면 상대에서도 똑같은 피드백이 온다. 그러나 아무리 사소한 것이라도 상대의 불편함에 먼저 공감하고 양해를 구하면 오히려 나를 더 챙겨주는 경우를 여러 번 경험했다. 순간의 작은 배려들이 관계의 사이사이에 녹아들어 일을 문제없이 마칠 수 있도록 해주는 것이다.

서울은 외곽 지역이라도 확실한 수요만 있다면 서울이라는 프리미엄이 있기에 경기도의 웬만한 아파트보다는 시세가 올라주었다. 중랑구 투자는 매도자와 부동산 중개소와의 관계를 잘 풀어가면서 아슬 아슬하게 대출로 잔금을 치를 수도 있었던 위기를 넘는 경험을 하게 끔 해준, 그리고 시세차익을 준 고마운 투자 건이다.

중랑구 신내동 D아파트 ────

입지 조건

주요 일자리 접근성 7호선, 5호선, 경의중앙선 세 개의 노선으로 강남과 강북 1시간 이내 출퇴근 가능

학군 도보 10분 이내에 초, 중, 고 모두 위치

편의시설 중랑구청 상권(스세권, 맥세권), 서울의료원, 홈플러스 등 망우역 상권

특징 신혼부부나 싱글에게 인기가 많은 소형 평형대가 많으며, 단지 내에 중대형과 함께 섞여 있어 경쟁 평형대가 적어 선호도 높음

현 시세

매입가 2억 4천 8백 / **전세가** 2억 1천
투자금 3천 8백 / **현 시세** 3억 4천

작은 성공 경험들이
투자의 실력을 만든다

이것이 교통 호재의 힘 '용인시 상현동'

여러 지역들을 임장하며 아는 지역을 넓혀가는 일은 힘들지만 재미있다. 2016년 하반기 당시 나는 광교 신도시를 임장하고 있었다. 내가 가진 투자금으로 매입할 수 있는 지역은 아니었지만, 제대로 입지를 파악하려면 사람들이 좋아하는 새 아파트가 있는 신도시 지역, 그리고 사람들이 꺼려하는 구도심의 오래된 지역들도 시간이 나는 대로 틈틈이 둘러보아야 했다. 좋은 곳, 나쁜 곳, 다양한 지역들을 보아야 입지가 가지고 있는 가치를 제대로 볼 수 있기 때문이다. 보고 싶은 지역만 보고, 투자 가능한 지역만 본다면 제대로 그 지역이 가진 가치를 볼 수 없음은 물론이고, 좁은 시각으로 볼 수밖에 없기에 입지를 보는 안목이 편협해질 수밖에 없다고 생각했다.

광교는 수원 영통구에 속한 2기 신도시다. 가까운 곳에 삼성본사가 자리하고 있기에 일자리 면에서 으뜸인 데다, 새 아파트에 여성 취향에 맞는 세련된 가게들이 즐비하다. 호수공원을 끼고 있어 자연환경까지 좋고 신분당선으로 강남까지 출퇴근하기에도 편리한 곳이다.

지역 내 일자리, 광교라는 신도시 브랜드와 새 아파트, 게다가 학군까지 점점 좋아지고 있다. 그렇기에 수원임에도 불구하고 역세권 아파트들은 상당히 높은 시세를 자랑하고 있다. 광교가 이렇듯 좋은 신도시라는 것은 인정했지만 어쨌거나 한 정거장이라도 수지구와 가격이 비교되는 건 어쩔 수 없었다.

수지구가 아무리 구축이고 분당과 광교에 비해 인프라가 약하긴 하지만 신분당선을 통해 강남으로 더 빨리 들어갈 수 있고 학군이나 편의시설 등이 크게 떨어지지 않는데도 가격이 광교의 절반 이하로 더 저렴하다니 이상했다. 저평가된 상태라는 확신이 들었다. 수지구는 이미 실거주 집을 마련해놨지만 한 채 더 투자를 해야겠다는 생각이 들었다.

투자를 하려 마음을 먹고 수지구 상황을 다시 살펴보았다. 그런데 처음 매입했을 때와는 다르게 수지구 풍덕천동에는 많은 투자자가 들어와 있었다. 상당한 임대 물량이 쌓여 있는 상태였는데, 그럼에도 계속해서 투자자들이 들어오고 있었다. 더 쌓일 것을 생각하니 아찔했다. 지금 이 시기에 들어간다면 임대를 놓는 데 난관을 겪을 것이 뻔했다.

신분당선에서 한 정거장 더 들어간 성복역 일대 상현동의 상황을 살펴보았다. 몇몇 투자자들이 돌고 있긴 했지만 다행히도 풍덕천동보다는 투자자들의 진입이 덜했다. 성복 역세권은 성복동과 상현동 두 개의 동이 포함되는데 대부분 대형 평형으로 이루어져 있다. 특히 성복동의 경우 거의 80퍼센트 이상이 40평형 이상의 대형 평형으로 애초부터 부촌을 콘셉트로 만들어진 곳이라 중소형이 매우 드물다. 처음엔 강남의 돈 많은 어르신들이 노년을 지내기 위해 많이 들어왔지만, 구축이 되다 보니 판교나 광교로 많이 빠져나가 아파트 시세가 수년 동안 정체되어 있었다.

상현동 아파트들은 성복동보다 더 노후화되어 있고, 산을 깎아 만든 지역인 만큼 단지 내 계단이 많아 아쉬운 부분들이 있다. 성복동보다 덜하지만 역시나 중대형 평형이 주류를 이루고 있다. 다행인 것은 소형 평형들의 위치가 대부분 역세권 도보 가능한 좋은 위치에 자리 잡고 있다는 것이었다.

소형 평형 단지가 적은지라 임대를 놓기 쉬운 장점도 있었다. 하지만 더 긍정적으로 판단한 이유는 성복역 바로 앞에 자리한 롯데캐슬이 2019년 입주를 앞두고 있었기 때문이다. 당시 32평 시세가 7억대 호가로 나오고 있었는데 주변 30평대들은 3억 중반대에 시세가 형성되어 싸도 너무 쌌다. 앞으로 랜드마크로 자리 잡을 성복 롯데캐슬이 주변 구축 아파트의 시세를 끌어줄 수 있는 데다 수지 롯데몰이 함께 들어오기에 분명히 긍정적인 영향을 줄 수 있다고 판단했다.

꼭 잡고 싶은 물건을 얻어내는 기술

역세권 주변의 24평형이 있는 네 개 단지 주변의 부동산 중개소를 다 들어가 뒤지기 시작했다. 여러 중개소를 돌았지만, 딱히 쉽게 원하는 가격대로 잡히는 물건이 없었다. 어차피 당장 투자 물건을 못 찾는다면, 중개소에 미리 말이라도 해놔야 연락이 오겠다 싶었다. 여러 부동산 중개소 중에서 실력이 가장 괜찮아 보이는 사장님을 선택하고 급매를 받기 위해 열심히 어필했다.

보통 급매는 기존에 거래를 많이 해온 투자자들에게 넘어간다. 나처럼 기존 부동산과 거래해오지 않은 경우는 급매 순위에서 밀려도 한참 밀린다. 급매를 받으려면 어떤 식으로든 좋은 인상을 남겨야 최소한의 기회라도 얻을 수 있다. 그래서 어쩔 수 없이 애교 작전을 피웠다. 애교 작전 한 번으로 1천만 원짜리 급매를 받는다면, 충분히 해볼 만하지 않겠는가. 오해는 말자! 애교는 여자 사장님에게만 사용한다.

여자 사장님이라 칭찬거리를 먼저 찾았다. 특히 외모에 대한 칭찬은 거짓인지 알면서도 믿고 싶어 하니까. 그건 나 역시도 마찬가지다.

"사장님, 나이가 얼마신데 피부가 이렇게 미끄러지듯 매끄럽고 백옥 같으세요? 넘 부러워요."

"어머 그래? 너무 오랜만에 듣는다, 피부 좋다는 소리. 까르르."

"정말 부러워요. 여자는 원래 피부가 다잖아요. 젊었을 때 예쁘단 소리 질리게 들으셨겠어요."

"까르르. 이젠 나이가 들어서 뭐."

"에이 아니에요. 지금도 저보다 피부가 백배는 좋으셔요. 근데 사장님, 저 여기서 가까운 분당 살거든요. 혹시라도 저렴한 물건이 나오면 새벽이고 밤이고 총알같이 튀어올 수 있으니까 꼭 연락 주세요."

"아이고, 그래 이름이 뭐지?"

칭찬을 먼저 한 다음 자연스럽게 급매가 나오면 연락 줄 것을 부탁한다. 안 되도 그만이지만 사람 일이란 모르니 일 좀 한다 싶은 중개소에는 꼭 이런 식으로 어필을 해놓고 기억나도록 연락처를 적게 만든다.

"사장님 이름 옆에 그냥 '분당'이라고 적지 마시구요, '이쁜 분당 아가씨'라고 적어주세요."

"그래그래, 알았어. 안 잊어버리겠네."

신분당선 교통호재의 힘이란

"여기 ○○부동산인데 ○○단지에 급매가 나왔어. 오늘 밤에 투자자 한 명이 보고 간댔는데, 내일 아침에 일찍 올 수 있어요? 둘 중 한다는 사람한테 그냥 팔려구."

가격을 물어보고 실거래가를 보니 이건 정말 급매가 맞다. 시세 대비 2천만 원이 싸고, 로열동 탑층 물건이었지만 역세권 도보 5분 거리에 초등학교를 끼고 있으며 주변에 비해 연식이 좋고 엘리베이터로 주차장까지 연결되어 있어 선호도가 높은 아파트였기 때문이다.

이보다 더 떨어지는 입지의 아파트도 4억을 넘어선 상태였는데, 다만 잔금일자가 급했다. 하지만 선호도가 높은 단지인 데다가 전세 물건이 현재 하나도 없고 잔금일자도 임대 성수기 시즌이라 잘하면 충분히 맞출 수 있다는 생각이 들었다. 일단 이 지역에 대해 파악이 되어 있기에 가격이 저렴하다는 것에 확신을 가지고 계약금을 넣을 수 있었다.

그렇게 3억 2천에 나온 매물을 3억에 매수해서 하루 만에 전세를 2억 9천에 맞췄다. 매매, 전세 차액 1천만 원으로 신분당선 초역세권 아파트를 매입하게 된 것이다.

이후 성복역에는 롯데캐슬 주상복합아파트가 수지 롯데몰이라는 엄청 큰 상권과 함께 입주했다. 현재 14억을 호가하는 상태다. 랜드마크 아파트가 생기며 탄력을 받고, 새로운 상권으로 편리해지다 보니 시세가 많이 올랐다. 수지구는 판교와 강남 두 곳의 일자리를 아우르는 신분당선 교통이 호재로 작용해 수요는 모여들고, 2020년 5월 이후 공급물량은 크게 줄어들면서 장기적으로도 좋은 지역이 될 것이라 생각한다.

월급쟁이 투자자로서 공부하고 투자를 한다면 충분히 적은 돈으로도 좋은 투자를 할 수 있다는 확신을 가진 경험이었다. 나는 지금도 남에게 의존하지 않고 스스로 홀로 서는 투자자가 되기 위해 노력한다. 컨설팅이나 어디선가 찍어주는 단지를 매입하고 싶지 않다. 늘 그런 곳은 동시에 투자 수요가 몰리기에 경쟁이 심해져 호가도 오르고 임대 물건도 쌓인다. 부동산 투자에서는 평소에 지역을 미리 공부해 나만의 안목을 갖추고 투자 수요가 몰린 곳이라면 다른 지역을 알아보거나 되도록 피하는 것이 좋다.

수지구 상현동 H아파트 ————

입지 조건

주요 일자리 접근성 신분당선 초역세권으로 판교 테크노밸리 20분, 강남 30분

학군 지역 내 선호 초등학교를 품고 있으며, 인접 중학교 학업성취도가 94퍼센트로 높음. 지역 내 수지구청 학원가가 있으며, 신분당선으로 분당 정자동 학원가까지 이용 가능

편의시설 신규 롯데몰 상권(슬세권), 도보 10분 거리 만현마을 상권

특징 대형 평형이 많은 지역에 20평대가 희소하고 주변 단지 대비 연식이 낮아 선호도 높음

현 시세

매입가 3억 / **전세** 2억 9천
투자금 1천 / **현 시세** 5억

서울이 부럽지 않은 대전, 둔산동

몇 개월 전부터 째려보고 있던 투자 지역이 있었으니, 바로 대전 둔산동이었다.

서울과 웬만한 경기도 지역에서 적은 투자금으로 가능한 물건들이 많이 사라져가고 있었고, 나의 투자금으로 살 수 있을 만한 지역들은 매입을 해났던 터라 지방 쪽으로 눈을 돌렸다. 그중에서도 대전이 가장 눈에 들어왔다. 2014년부터 본격적으로 시작하여 오랫동안 세종의 입주물량에 눌려서 지방에서도 꽤 좋은 지역임에도 불구하고 둔산동의 시세가 상당히 저렴하다는 생각이 들었다. 특히 30평대가 2억대라니 믿기지 않을 정도였다.

시세를 확인한 시점은 둔산동에서도 A급지는 어느 정도 상승이 일어난 상태였지만, 그 주변으로는 아직 상당히 저렴한 시세를 유지하고 있었다. 그래서 가지고 있던 물건 중 가장 아쉬웠던 물건을 매도하기로 했다. 매도한 물건은 해당 지역 내에서는 좋은 입지였지만, 서울이 지속적으로 치고 올라도 흐름이 크게 넘어가질 못했다. 2년 반 동안 약 4천만 원 정도 올랐고, 전세가는 보합이거나 살짝 오른 정도였다. 2천만 원을 투자해서 4천만 원을 벌었으니 200퍼센트의 수익을 올렸지만, 서울과 경기도 좋은 급지에 비해 절반도 안 오른 상태였다.

매도 시 매매와 전세가를 딱 5천만 원으로 맞춰서 내놓으니, 투자자가 와서 매수하기로 했다. 해당 단지는 30평대가 주류인데 내 물건은 20평대였다. 20평대 세대 수가 적어 희소성이 높은 데다 매매 전세 가격까지 투자 물건으로 접근하기 쉽게 맞춰놓으니 매도가 쉽게 되었다.

설레는 마음으로 투자 가능한 후보 단지를 선별한 후 수서역 SRT에 몸을 실었다. 대전역에서 내려 가장 중심인 서구의 둔산동으로 전철을 타고 이동했다. 대전은 마치 분당, 평촌처럼 상권과 아파트단지가 분리되어 구획이 잘 정리되어 있었고, 학원가나 편의시설 등도 잘 갖춰져 있다.

대전은 인구 147만의 광역도시로 인구가 많은 편이다. 상품성이 좋은 새 아파트는 사람들의 선택을 가장 먼저 받지만, 상품성은 시간이 지나면 감가상각이 생긴다. 그러면 결국 땅값만 남는데, 땅값에서는 일자리와 학원가와 우수한 인프라가 갖춰진 대전이 세종의 입주가 채워지고 나면 반드시 입지의 위상을 찾아올 것이라고 생각했다.

지방을 보려면 그중에서 가장 핵심인 지역을 먼저 찾는 것이 중요한데, 대전의 경우 둔산동이 서울 강남의 역할을 하고 있다. 강남 3구처럼 가장 중심이라는 얘기다. 대전시청, 교육청, 검찰청, 법원 등등 공공기관이 밀집되어 있고 대치동처럼 학원가 등이 몰려 있다. 큰 공원, 병원, 금융기관, 문화시설 등이 집중적으로 몰려 있다. 즉, 일자리, 학군, 환경 모든 부분에서 가장 뛰어난 곳이 둔산동 택지지구였다.

아파트 단지로 보자면 그중에서도 시청역 인근 가장 위쪽에 있는 샘머리부터 크로바, 목련, 한가람까지의 라인이 가장 핵심 지역이다. 대전에서 입주한 지 5년 내외인 유성의 도안신도시나 노은지구 등도 둔산동의 25년 된 오래된 아파트보다는 연식이 더 낮긴 하지만 입지가 좋은 곳을 먼저 보는 나에게는 둔산동이 1순위였다.

하루 열세 시간, 30개의 부동산을 돌다

대전에 SRT를 타고 아침 7시 30분에 도착. 9시에 중개소를 열기 전까지 시간이 있기에 그동안 주변 지역을 다시 한번 임장하면서 '꼭 오늘 물건을 찾아내고 말리라'며 몇 번이나 소리내며 되뇌었다. 일단 둔산동 택지지구에 있는 모든 중개소를 들어가려는 계획을 잡고 동선을 짰다. 가장 위 샘머리 쪽 중개소부터 털기로 마음먹고 9시가 되자 중개소로 향했다. 당시 대전은 나오는 물건마다 족족 나가는 상황이었기 때문에 부동산 공동망에 물건을 잘 올리지 않았다. 올리지 않아도 절로 물건이 팔리니 올릴 이유가 없는 것이다.

중개소를 일일이 쥐 잡듯이 뒤져야 했다. 두근두근하며 첫 번째 중개소부터 문을 열었다.

"사장님 안녕하세요. 물건 좀 보러 왔어요."

"아, 네.(떨떠름함)"

어째 사장님과 실장님 표정이 좋지 않다.

"물건이 다 나가고 없어. 딱 일주일만 빨리 오지 그랬어. 지난주에 한 명이 너댓 개씩 다 사가고 지금은 싼 게 없어. 그냥 나오는 것 사야 해. 어젯밤에도 9시에 전화 와서 하나 팔았어. 요즘엔 물건도 안 보고 계약해."

"아, 네, 그럼 어떡하나."

왜 이제 왔냐는 듯이 한심하게 쳐다보는 사장님과 실장님을 뒤로하고 첫 번째 중개소를 떨떠름하게 나올 수밖에 없었다. 하지만 이제 시작이고 아직 나에겐 29개의 중개소가 남아 있으니 희망을 다시 갖기로 했다. 그렇게 두 번째, 세 번째, 네 번째 중개소를 들어가도 하나같이 사장님들은 나를 반기는 것이 아니라 어디서 교육이라도 받은 듯 똑같이 떨떠름한 표정을 지으며 뒤늦게 웬일이냐는 한마디 말을 툭 던졌다.

희망을 갖고 중개소에 들어갔다가 희망을 접고 나오는 게 반복되자 감정의 롤러코스터로 인해 몇 개 되지 않은 부동산을 돌았음에도 이미 지치기 시작했다. 하지만 아직도 20곳이 남아 있으니 희망을 가져야만 했다. 터벅터벅 발이 점점 무거워질 때쯤 장사가 잘 안 될 것 같은 허름한 중개소 앞에 도착했다. 여기서 뭘 얻어낼까 싶었지만 하나의 중개소라도 지나칠 수 없는 상황이었기에 문을 열고 들어갔다. 위아래로 역시나 새초롬하게 나를 쳐다보는 사장님에게 밝게 웃으며 인사했다.

"사장님, 안녕하세요?"

"네, 무슨 일로 오셨어요?"

"무슨 일은요, 집 사러 왔죠. 물건 좀 있나요?"

"음, 하나 정도? 2억 8천짜리."

"오, 2억 8천이요?"

오! 이거다. 동일 평형, 향, 층 기준으로 현재 3억으로 거래가 되고 있던 차에 2억 8천은 좋은 가격이었다. 여기서 천만 원을 더 협상하면 딱 내가 원하는 매수가에 맞출 수 있는 가격이었기 때문이다. 몇 번 협상을 시도해봤지만 사장님의 까칠한 표정은 바뀌지 않았고, 연신 안 된다고만 했다. 어쩔 수 없었다. 내 이야기를 해야만 했다.

"휴, 사장님 너무 힘이 빠지네요… 여기 둔산동 물건을 너무 사고 싶어서 오늘 아침 새벽 4시 반에 일어나 대전에 7시 반에 도착했어요. 잠도 못 자고, 저 얼굴 푸석한 거 보이세요? 돈 없는 사람은 부동산 투자하기 참 힘들어요. 이렇게 몸이 힘들잖아요. 그런데 물건마저 없네요. 에휴, 이대로 집에 들어가면 너무 허무할 것 같은데…."

그러자 사장님이 나를 보는 눈망울이 촉촉해지면서 갑자기 태도가 반전되었다.

"집이 어디예요? 어디서 왔어요? 커피 한잔 타줄게요."

내가 애잔해 보였던지 이런 저런 얘기를 하다가 갑자기 가격을 조정해보겠다고 하시는 것이었다. 사장님의 표정에서 가능성을 읽었다. 하지만 아직 남은 중개소를 다 돌아보지 못했기에 여기서 바로 결정을 지을 순 없었다. 가격 협상만 해달라고, 2억 7천으로 맞춰달라고 한 후 인사를 드리고 나왔다.

"사장님, 저랑 앞으로 계속 보실 거니까 제 편에서 물건 가격 잘 좀 부탁드립니다."

두 달 만에 7천이 오르다

부동산은 사람과 사람의 관계다. 여자와 여자끼리는 감성이 잘 맞고 공감능력이 통한다. 설득이 조금 힘들다고 생각하면 나는 내 얘기에 조금 더 감정을 덧씌워서 사장님께 호소하는 방법을 가끔씩 쓰기도 한다. 이 방법이 다 통하는 것은 아니다. 어쩌다 한 분씩 못 이기는 척 들어주시는 경우가 생기는데, 바로 이 경우가 그랬다. 그리고 나는 계획한 대로 나머지 중개소를 다 들어가 현재 살아 있는 모든 물건들의 가격을 파악했고, 그 물건이 현재 살아 있는 것 중 가장 좋은 물건이라는 것을 확신할 수 있었다.

결국 가격은 2억 7천으로 조정되었다. 천만 원을 깎아서 산 것이다. 동일한 조건의 다른 물건보다 3천만 원 싸게 산 물건이었다. 그 때문에 물건이 빠지기 시작하자 실거주 수요자도 조금씩 붙고 있던 상황이었던지라 물건은 동이 났다. 매도하려고 내놓은 물건들도 다 다시 거둔 상태라 그야말로 호가가 막 뛰고 있었다.

그때, 이른 아침 도착해서 밤까지 열세 시간을 머무르며 약 서른 군데의 중개소를 뒤졌다. 열세 시간에 놀라지 말라. 월급쟁이가 그 시간에 3천만 원을 번다는 것이 흔한 일은 아니지 않던가. 이것이 부동산의 짜릿한 매력이다. 처음 투자를 시작할 때는 중개소 문을 여는 것도 두려워했던 나였지만 이젠 일상이 되어버렸다.

저평가된 지역의 상승폭은 실로 대단했다. 그동안 세종시 입주로 눌려 있던 가격이 튀어오르는 걸 보니 놀라울 정도였다. 실수요가 두

터운 곳에 투자 수요까지 붙으니 순식간에 엄청난 상승을 가져왔다. 아마 2015~16년 서울의 상승장이 이런 느낌이었을지도. 지방이라도 타이밍과 입지가 만나면 시세 상승은 서울이나 수도권이 부럽지 않다.

대전 둔산동 S아파트 ───

입지 조건

주요일자리 접근성 직주근접, 대전시청, 교육청, 경찰청, 법원 등 질 좋은 일자리까지 도보 가능

학군 초등학교를 품고 있으며, 대전에서 학군이 가장 좋은 지역, 최고의 학원가 위치

편의시설 근린 상권 및 둔산시청 상권 발달

특징 지방이지만 학군이 좋은 지역이라 소형보다는 30평대 이상 중대형 선호도가 더 높음

현 시세

매입가 2억 7천 / **전세** 2억 4천 5백
투자금 3천 5백 / **현 시세** 4억 5천

임대는 전략이다
'부동산 임대 놓기'

노력한 만큼 빛을 발하는 '임대 전략'

집을 사는 기본적인 순서는 매매계약 → 중도금 → 잔금 순으로 진행된다. 매매 후 잔금일까지 임대를 맞추지 못한다면 집 담보 대출+개인자금으로 잔금을 치러야 한다. 이럴 경우, 세입자를 구하기까지 다달이 나가는 대출이자와 대출을 갚을 때 나가는 중도상환수수료까지 지불해야 하는데, 이것만으로도 3억 아파트 기준 250~300백만 원까지 나갈 수 있다. 웬만한 월급쟁이 한 달 월급이 나갈 수 있는 만큼 투자의 핵심은 '임대를 잘 놓는 것'이라고 할 수 있다. 물건을 싸게 사서 임대를 잘 놓아야 최소한의 투자금으로 레버리지를 제대로 활용하는 셈이다.

공급이 부족하고 전세 수요가 많다면 어려운 것은 아니지만,

2018~19년처럼 수도권 주변으로 엄청난 공급이 쏟아지면 새 아파트로 빠져나가려는 사람들이 많기 때문에 기존 아파트에 임대를 맞추는 것은 쉽지 않다.

또한 공급물량을 체크했다 하더라도 한 단지에 동시에 여러 명의 투자자가 몰리면 순식간에 임대 물량이 쌓일 수도 있다. 많은 임대 물건 중 내 것을 제대로 돋보이게 해 선택받을 수 있도록 하는 노하우가 필요하다. "내가 알아서 빼줄게"라는 부동산 중개소의 말 한마디에 손 놓고 있다가는 인간에 대한 배신감과 함께 금전적 손해까지 고스란히 감당해야 한다는 것을 반드시 기억하자.

임대 놓는 방법의 일반적 순서는 다음과 같다.

단지 내 전세 물건 파악 → 전세가, 인테리어 수준, 입주 날짜를 유연하게 맞춘 후 중개소에 내놓기 → 기존 거주 세입자에게 집을 잘 보여주도록 협조 요청 → 기간 내 안 나갈 경우 타 중개소에 내놓기 → 더 비싼 지역에도 내놓기 → 만약 못할 시 잔금 최소 2주 전에 대출처 알아보기

Step 1. 단지 내 전세 물건 파악하고 임대 놓기

중개소에 임대를 내놓기 이전에 먼저 단지에 나와 있는 모든 임대 물량을 파악해야 한다. 매입한 중개소 사장님에게 부탁해서 확인할 수도 있고, 거꾸로 임대를 구하는 것처럼 해서 다른 중개소를 통해서 보기도 한다. 중개소에서는 매매 물건이든 전세 물건이든 그것이 몇

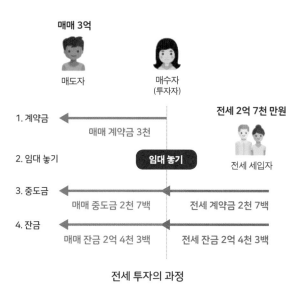

매매 3억

매도자

매수자
(투자자)

전세 2억 7천 만원

전세 세입자

1. 계약금

매매 계약금 3천

2. 임대 놓기

임대 놓기

3. 중도금

매매 중도금 2천 7백

전세 계약금 2천 7백

4. 잔금

매매 잔금 2억 4천 3백

전세 잔금 2억 4천 3백

전세 투자의 과정

번째로 나갈 것인지 대부분 알고 있다. 그 순서에서 내 것이 가장 빼기 쉬운 물건이 되어야만 적극적으로 작업을 해준다.

경쟁 물건이 많은데 그중에서 내 물건이 눈에 들어오게 하려면 어떻게 해야 할까? 내가 전세를 구하는 임차인이라고 했을 때, 어떤 집에 들어가 살고 싶을까를 생각해보면 쉽다. 우리가 여행을 갈 때 호텔을 예약한다고 생각해보자. 가격이 맞으면서도 호텔 컨디션이 좋고 여행 날짜에 들어갈 빈방이 있어야 할 것이다. 임대 역시 세입자 마음에 쏙 들게 하려면 3박자가 맞아야 한다. 1) 전세가는 저렴하면서, 2) 수리가 잘되어 새 집처럼 깨끗하고, 3) 세입자가 원하는 날짜에 입주할 수 있어야 한다.

이 세 가지 중 하나라도 부족하다면, 보완하는 작업을 처음으로 해야 한다. 전세가가 비싸면 다른 임대 물건에 비해 매력적인 가격이 되도록 내리고, 일반적인 인테리어로 경쟁력이 약하면 새시까지 넣어서 올수리를 하고, 그것으로 부족하다면 입주청소를 해준다거나 추가 옵션을 넣어서 세입자 마음을 사로잡을 수 있도록 해야 한다. 입주 날짜는 최대한 유연하게 협의한다.

한번은 내가 투자한 지역에 임대 물량이 엄청나게 쌓여 있었는데, 커뮤니티에 올라오는 투자자들의 글을 보니 할 말을 잃었다. 단지 내에 임대 물건이 몇 개인지조차 파악이 안 되어 있었다. 그것을 어떻게 알았느냐. 보통 네이버 중개소에 올라온 전세 개수는 정확하지 않다. 한 개의 물건을 열 개의 중개소에 내놓았다면 열 개로 올라가 있는데, 초보들은 이것을 모르고 100개의 전세가 있으면 진짜로 100개의 전세가 있다고 생각한다. 자신이 매입한 중개소에 전세가 몇 개고 현황이 어떠한지 최소한의 상황 파악도 못했다는 증거다. 그러면서 '중개소 믿고 한 군데만 내놓았는데 어떻게 해야 할까요'라며 울먹거리는 글을 본 것이 한두 번이 아니다. 상황이 안 좋을수록 파악을 빠르게 하고 전략적으로 움직여야 한다.

Step 2. 세입자 협조 구하기

전세의 특성상 돈을 받아야 나갈 수 있는 구조이기에, 대부분 공실이 아니라 매도자가 살고 있거나 세입자가 거주하고 있는 상태다. 새로운 세입자가 집을 보러 오면 매도자는 자신의 집을 판 것이니 잘 보여주지만, 세입자는 경우가 다르다. 주인이 바뀐 것도 영 심적으로 불편한 데다가, 새로 들어올 세입자에게 자신의 집을 계속 보여준다는 것이 결코 쉬운 일이 아니기 때문이다. 때문에 거주하는 세입자가 있다면 임대를 내놓기 전에 문자를 보내거나 혹은 직접 찾아가 양해를 구하고 마음을 얻는 과정이 필요하다.

직접 찾아가는 경우는 임대가 매우 어려운 상황일 때다. 보통은 최소한 문자 한 통이라도 보내고, 감사하다고 카카오톡 선물로 커피라도 한 잔 보낸다. 이러한 과정을 거치지 않는 투자자들도 많지만 이를 우습게 보면 안 된다.

임대 물량이 많이 쌓이고 상황이 어려울 때는 문자보다는 꼭 손에 작은 롤케이크라도 들고 간다. 그리고 정중하게 말한다. "집을 보여주는 게 쉬운 일이 아닌 줄 압니다. 저도 전세를 오래 살아봐서(공감대 형성) 남에게 집을 보여주는 게 참 쉽지 않더라구요. 죄송한 마음에 이렇게 찾아왔습니다. 어려우시겠지만 잘 좀 부탁드리겠습니다."

이때는 나의 목적도 있지만 괴로움을 알기에 진심을 담아 전달한다. 추가적인 액션을 취해 간혹 일어날 수도 있는 작은 리스크를 제거하는 것이 좋다.

Step 3. 매수한 중개소에 양해 구하기

임대를 맞추기에 안정적인 기간은 세 달 전이다. 그런데 두 달이 남았는데도 아직 임차인을 못 구했다면, 매수한 중개소에만 전세를 내놓는 것이 아니라 단지 주변 여러 중개소에 뿌려야 한다. 그 이전에 매수한 중개소 사장님께 먼저 양해를 구한다. "사장님, 아무래도 다른 중개소에도 내놔야 할 것 같아요. 잔금을 할 여유가 안 되다 보니… 양해 부탁드립니다."

꼭 그래야만 한다는 법은 없지만, 이는 관례 같은 것이다. 말 없이 다른 중개소에 먼저 임대를 내놓는다는 것은 사장님과의 관계를 먼저 깨버리는 것과 같다.

잘잘못을 떠나서 내가 급하다고 관계를 서운하게 만들어서 좋을 것은 하나도 없다. 처음 매수한 중개소에서는 매매와 전세 복비를 더블로 받기 원하기 때문에 타 중개소에 내놓는 것을 그리 달가워하지 않는다. 그래서 보통 자기만 믿고 기다리라고 한다. 하지만 이럴 때 합리적으로 생각해야 한다. 사장님의 마음을 이해 못하는 것은 아니지만, 그 마음 때문에 손해는 누가 보는지 생각해보면 답이 나온다.

Step 4. 다른 중개소에 내놓기

나는 보통 매입을 하기 전에 단지 내 모든 부동산 중개소를 방문하며 사장님의 실력을 파악해둔다. 일 잘하는 사장님, 혹은 친절해서 임대를 잘 구할 것 같은 중개소는 따로 체크를 해놓는데, 미리 알아두면 이렇게 전세를 여러 군데 내놔야 하는 경우에 큰 도움이 된다. 아무 부동산 중개소에 무작정 내놓는 것이 아니라 먼저 잘하는 중개소에 내놓는다. 나는 보통 다섯 개 정도부터 시작한다.

임대가 계속 안 나가는 상황이 벌어지면, 그때는 점차 중개소 개수를 늘린다. 이때도 상황이 안 좋으면 하루 날을 잡아서 몇 십 곳의 중개소에 직접 찾아가서 인사를 드리고 임대를 요청한다. 한번 쫙 돌고 사장님들과 얘기하면 구체적으로 다시 한번 현재 상황이 파악된다. 내 물건이 나갈 순서가 몇 번째인지도 확인할 수 있다. 그 과정을 통해 내 것이 후순위라면 가격을 더 내리거나, 추가 조건을 제시하면서 더 적극적으로 어필해야 한다.

보통 임대를 구하는 경우 토요일에 중개소에 많이 방문하므로 금요일이나 토요일 오전에 다시 전화를 한 번씩 돌리면서 내 물건을 어필하는데, 그래야만 사장님들의 머릿속에 각인되기 때문이다.

Step 5. 전세가가 더 비싼 지역에도 내놓기

그럼에도 임대가 안 맞춰지면 점점 중개소를 확대해야 하고, 지역을 넓혀서 내놔야 하는 경우도 생긴다. 투자한 지역의 생활권을 파악해서 사람들의 이동경로를 먼저 확인해서 더 비싼 지역에도 내놓는다. 해당 단지보다 더 비싼 단지에 내놓는다거나 해당 지역보다 더 비싼 지역에 내놓는다.

임대를 구할 때 사람들은 자금여력에 따라 움직인다. 이왕이면 더 좋고 비싼 아파트에 살고 싶지만, 여건이 안 맞으면 저렴한 지역이나 단지로 밀려올 수밖에 없다. 동일한 생활권인데 더 비싼 지역에 내놓는다면 내 전세가 상대적으로 저렴해 보이기 때문에 종종 넘어오는 경우도 생긴다. 부동산 시세를 보고 1차적으로 판단하기도 하지만, 부동산에서 추가적으로 확인하기도 한다.

"사장님, 여기로 전세 구하러 오는 사람들은 어느 지역에서 살다가 많이 오나요?"

"사장님, 여기 단지보다 더 선호도가 높은 단지가 어디인가요?"

예를 들어 분당 구미동 무지개마을에 임대를 내놓았을 때 빠지지 않으면 구미동보다 더 비싸고 선호도가 높은 지역인 신분당선역 근처 중개소까지 뿌린다. 이때 비싼 가격만 보다가 중개소에서 상대적으로 저렴한 물건을 슥 보여주면 마음이 동하게 되고, 입지가 조금 나쁘더라도 결국은 가격이 맞는 곳을 선택해서 계약으로 이어질 확률이 높다. 저렴한 지역에서 저렴한 물건을 보는 것과 비싼 지역에서 저렴한 물건을 보는 것은 상대적으로 격차가 크게 느껴지는 심리를 이용한 것이다.

임대는 운에 따라 빨리 맞춰지기도 하지만, 운만 믿고 기다릴 수는 없다. 또 하나의 중개소만 무턱대고 믿고 기다린다고 이뤄지는 것도 아니다. 임대가 잘 나가는 3박자를 고루 갖추고, 내 물건을 잘 어필해주는 일 잘하는 중개소를 선택해서 매 단계마다 정성을 들여야 한다.

Step 6. 그래도 안 나간다면, '대출 알아보기'

잔금 15일 전, 즉 2주 정도 남았다면 마음의 준비를 해야 한다. 2

주 전에 집을 알아보는 세입자는 거의 없기 때문이다. 잔금을 치를 때는 통상 집담보 대출+그 외 자금 3총사(신용대출, 마이너스 통장, 약관대출)로 잔금을 메꾼다. 담보대출은 그곳이 투기지역, 과열지역, 조정지역, 비규제지역이냐에 따라 40~70퍼센트까지 받을 수 있다.

다만 다주택자의 경우, 담보대출을 아예 받을 수 없는 경우도 있다. 대출 조건은 상황에 따라 달라지기 때문에 반드시 자신이 투자하고자 하는 지역이라면 미리 가능한 자금 계획을 세워놓고, 무리가 없도록 사전에 준비해야 한다. 보통 잔금을 처리하기 위해 투자한 집의 담보대출을 받는 경우는 중도상환수수료가 발생하는데, 금리보다 중도상환수수료가 싼 은행에서 대출을 받는 것이 유리하다.

이때 대출상담사를 먼저 알아봐야 하는데 중개소에 얘기하면 알아봐주기도 하므로 몇 군데 연락처를 받은 후 전화를 돌려보고 중도상환수수료가 저렴한 곳을 잘 알아보도록 한다. 나머지 부족한 금액은 마이너스 통장과 약관대출을 이용해서 충당한다.

마이너스 통장은 미리 만들어놓아야 하고 최대한 많은 대출을 받을 수 있는 은행을 알아본 후 개설하는 것이 좋다. 주거래은행이라고 해서 대출을 많이 받을 수 있는 것은 아니다.

이렇게 혹시나 잔금을 치를 때를 대비해서 자신의 자금력에 맞는 곳에 투자를 해야 한다. 비싼 지역, 좋은 지역에 투자하고 싶은 마음은 누구나 같지만, 감당할 수 없는 가격대라면 얻는 것보다 리스크가 훨씬 크다. 따라서 수요가 있지만 아직은 저렴한 지역을 잘 찾아가면서 투자를 하나씩 늘린 후 돈을 불려 좋은 지역에 진입하는 것을 목표로 해야 한다.

투자자의 대출

2주택 이상을 가진 사람이 규제지역 내에 새로운 집을 사려고 할 때에는 어떤 경우에도 주택담보대출은 불가능하다. 전세대출의 경우에도 2주택 이상 소유한 사람(부부 합산, 조정대상 지역 외 포함)은 전세자금 대출에 대한 공적보증이 금지되었다.(기존 1주택을 2년 이내에 처분한다는 약정을 하면 1회에 한하여 전세대출 연장을 해준다.)

규제지역에서는 은행 대출이 예전보다 훨씬 힘들어졌지만 규제지역 외에서 집을 사는 것은 상대적으로 쉬워졌다. 분당이나 안양시 동안구, 수지구 등 같은 경기도지만 조정대상 지역이 아닌 김포, 수원(팔달구 제외), 인천, 부천 등에서는 무주택자의 경우 LTV(주택담보대출비율)가 70퍼센트, 2주택자 이상의 경우에도 60퍼센트까지 대출이 가능하다. 집을 장만할 때나 부동산 투자를 할 때는 대출 실행 여부와 대출 가능액을 잘 알아보아야 한다.

싱글녀의 리스크 관리법

투자를 해오면서 가장 어려웠던 점은 돈, 바로 자금력이었다. 아이가 없는 부부들에 비하면 절반뿐인 월급이고, 대출을 받을 때도 나 한 명의 명의로만 받아야 한다. 난 화려한 골드싱글이 아니라, 어디까지나 모아놓은 돈이 거의 없는 도금싱글이었기에 투자금 자체가 적었다. 큰돈 없이 투자를 시작하는 사람들은 가장 먼저 다른 사람들과 비교하며 투자하려는 욕심을 자제하고 자신의 자금여력과 상황을 살피면서 투자를 하는 것이 좋다.

투자에서 리스크는 당연한 것이지만, 특히 싱글녀에겐 리스크 관리가 더욱 중요하다. 위기가 왔을 때 부족한 자금을 혼자 해결해야 하기 때문이다. 투자를 하면서 생기는 리스크는 다음 세 가지를 지키는 것만으로도 많이 줄일 수 있다.

무리하게 대출해서 사지 말자

아무리 마음이 급하더라도 종잣돈을 모아서 투자를 시작할 것을 추천한다. 물론 실거주 한 채를 마련할 때는 할 수 있는 모든 노력을 다해 대출을 받는다 치더라도 한 채기 때문에 위험이 덜하다. 하지만 다주택 전략으로 나갈 때에는 비상용 자금이 있어야 하는데 이때를 위해서 리스크 대응용으로 사용할 대출은 남겨두어야 한다. 특히나 처음 시작하는 투자자들은 쌓인 경험이 적기 때문에 앞으로 어떤 일이 일어날지 미리 예측하기 쉽지 않다.

투자 시 발생할 수 있는 리스크는 세 가지 정도다. 첫 번째는 집을 사고 임대를 놓아야 하는데, 한 번에 투자자가 몰려서 단지 내에 전세가 많이 쌓일 경우 임차인을 구하지 못해 잔금을 치러야 하는 경우다. 만약 3억에 집을 매입해서 2억 7천에 임대를 놓으려고 계획을 세웠는데, 계획이 어긋나면 2억 7천을 마련해야 하는 것이다. 그런데 대출을 이미 써버려서 자금을 구하지 못하면 난감한 상황이 된다.

이때 투자 경험이 많다면 중개소를 통해서 자금을 단기로 끌어모을 수도 있고, 기혼자라면 두 명의 명의로 대출을 끌어올 수도 있다. 여러 부동산에 전세를 뿌려서라도 임대를 맞출 수 있다. 하지만 초보라면 대응력이 떨어지므로 자금 마련 문제와 맞닥뜨릴 수 있다. 이럴 때 추가로 받을 수 있는 대출이 없다면 그토록 안 빠지던 살이 한 달 새에 쑥쑥 빠지는 놀라운 경험을 하게 될 것이다.

두 번째는 임대만기가 도래해서 세입자가 나간다고 할 때 새로운 임대를 맞추지 못해 역시나 보증금을 내줘야 하는 경우다. 첫 번째와 비슷한 상황에 처하는 것이다.

마지막 세 번째는 '역전세'의 경우다. 역전세는 전세가가 떨어져서 일부를 돌려줘야 하는 것을 말한다. 전세 투자의 가장 큰 리스크는 바로 이 역전세다.

　이렇듯 위기에 대응할 수 있는 여유자금이 있어야 무리 없이 투자할 수 있는데, 대출로 미리 돈을 당겨쓰고 시작한다면 정작 위험할 때 추가 대출을 받기 어려워진다. 처음부터 큰 리스크를 등에 얹고 시작하는 것과 같다. 늘 쫓기는 마음으로 투자를 해야 하는데, 이렇게 마음이 불안한 투자는 오래 지속할 수 없다. 가끔 마이너스 통장으로 대출을 시작했다는 글도 보고, 돈이 한 푼도 없어 모든 것을 대출로 시작한 사람들의 경험담도 보곤 하는데, 이들의 성공은 부동산 상승기에 시작해 운이 좋은 점도 많이 작용했기 때문이다.

　그래서 늘 내가 가용할 수 있는 대출이 어느 정도인지, 평소에 신용대출, 마이너스 통장 등 대출금액을 파악해놓고 위험에 대비할 수 있도록 관리하는 것이 좋다.

무리하게 빠른 속도로 집 챗수를 늘리지 말 것

　가끔 투자하는 재미에 빠져 순식간에 집 챗수를 늘리는 경우를 보게 되는데, 초보자에게 집 챗수는 돈이 아니라 그만큼의 리스크라고 생각하면 된다.

　2014~15년 부동산 상승기에 투자를 시작한 사람들이 많았다. 역대로 대출을 받아서 한 단지에 다섯 채씩, 한 지역에 여러 채씩 산 사람들이 많아서 총 열 채 정도를 1년도 안 되어 단숨에 불린 사람들도 꽤 있었다.

그런데 지난 2018~19년에는 수도권 지역에 공급이 많아 역전세가 일어났다. 한 채당 적게는 1천만 원에서 서울 주요지의 경우 수천만 원을 임대 보증금으로 돌려줘야 했다. 처음에 천천히 투자를 했다면 2년 뒤에 혹여나 역전세가 생겼더라도 돌려줘야 할 자금이 해결되었을 테지만, 비슷한 시기에 여러 채를 매수했기에 2년 뒤 전세만기도 동시에 돌아온 것이 가장 큰 문제였다.

동탄에서 50채를 투자한 사람의 물건이 모두 경매로 넘어간 사건이나, 갭투자자가 세입자에게 전세보증금을 돌려주지 못해 시비가 붙은 기사들이 심심찮게 올라오는 것도 다 그로 인한 결과였다. 적은 돈으로 투자 가능하다는 말만 믿고 눈앞에 보이는 것만 생각했지 뒷일을 생각하지 않고 덤벼든 결과다.

초보자에게 집 챗수는 곧 리스크 수와 같다. 사는 것뿐만 아니라 운용하는 것도 숙련도가 필요하다. 그러므로 초반에는 천천히 시작하고 노하우를 익히면서 점점 속도를 늘려가는 것이 좋다.

회사를 가능한 오래 다닐 것

누군가는 회사에 다니기 싫어서 투자하는데, 회사를 오래 다니라니 무슨 소린가 싶을지도 모르겠다. 하지만 투자를 하다 보면 회사가 더 좋아진다. 월급이 있어 현금 흐름이 원활하다는 것이 감사해진다. 부동산 시세는 주식과 달리 긴 호흡으로 움직인다. 모든 집값이 바로바로 올라줄 수는 없다. 오를 때가 있으면 떨어질 때도 있다. 부동산 투자는 최소한 2년에서 10년까지도 기다려야 하는 장기전이다.

이럴 때 정기적으로 들어오는 월급이라는 현금 흐름은 투자 생활을 버티게 만들어주는 고마운 존재다. 월급으로 충분히 버텨낼 수 있기에 심리적으로 쫓기지 않는다.

그리고 회사의 신용으로 대출을 받을 수 있다는 사실에도 매우 감사해진다. 잔금을 치러야 할 때, 갑자기 큰돈이 필요할 때 자영업자보다 직장인은 대출받기가 훨씬 쉽다. 마이너스 통장 금액부터 다르지 않은가. 그래서 투자를 하면 오히려 즐거운 마음으로 다닐 수 있게 된다. 게다가 회사 하나에 종속된 삶이 아니라 스트레스는 덜하다.

투자에서 가장 큰 리스크는 내가 모르는 부동산 종목에 공부 없이 바로 투자하는 것이다. 이것은 돈을 벌겠다는 게 아니라, 아무도 모르는 이에게 내 돈을 주겠다는 것과도 같다. 운을 기대하고 덤비는 것은 '로또' 하나면 충분하다. 투자에는 운도 필요하지만 운을 만들어내고 지속하는 것은 내가 투자할 대상에 대한 철저한 예습이다.

기본적인 사항만 잘 지켜도 부동산 투자는 잘 해나갈 수 있다. 리스크는 무시해서도 안 되지만 리스크에만 생각이 집중되어 불안과 근심으로 시간을 보낼 필요도 없다. 결론적으로 빨리 한탕 해보자라는 조급한 마음을 내려놓고, 내가 잘 아는 것에 투자하는 것만으로도 대부분의 리스크는 떨쳐낼 수 있다. 대응할 수 있는 리스크는 리스크가 아니라 다른 이름의 '기회'일 뿐이라는 사실을 명심하자.

4장

혼자서도
투자 물건을 찾는 5단계

초보 투자자가 확신을 갖고 부동산 투자를 한다는 것은 쉽지 않다.
따라서 좋은 물건을 보더라도 부동산에서 바로 판단하지 말고,
집에 돌아와 다시 한 번 냉정하게 본 물건들을 정리해보고,
정말로 괜찮은 물건인지 여러 조건을 따져본다.
부동산 상승장이라면 분위기상 심리적으로 쫓길 수 있는데,
물건을 뺏길까 봐 섣부르게 판단하는 일이 없도록 하자.
정말 좋은 가격에 살 확률보다 비싸게 살 확률이 훨씬 높다.

하나, 어디를 살까
'지역 선정'

지역 선정부터 계약하기 5단계

투자의 경력이 있는 사람들은 여러 번의 경험으로 쉽고 빠르게 투자처를 찾아낼 수 있지만, 이제 시작하는 투자자들은 어떠한 지역에 들어가야 할지, 또 어떤 단지를 선택해야 할지조차 알 수 없다. 아래와 같은 과정을 따라해보면서 어떻게 투자처를 찾아내는지 익혀보자.

투자의 대상은 대부분 일정한 패턴으로 선정되므로 방법을 공부해둔다면 스스로 투자처를 찾아낼 수 있을 것이다. 이제 시작하는 초보들을 위한 매뉴얼이므로 구체적인 내용보다는 흐름을 이해할 수 있는 정도로만 정리했다. 보다 자세한 내용들은 추가적으로 내용을 깊이 다룬 책이나 강의를 통해서 채워나가면 될 것이다.

| 1 지역 선정하기 공급 부족 빨간불 지역 찾기 | 2 단지 선정하기 선호도 높은 단지를 찾기 | 3 임장하기 손·입·발로 임장하기 |
| 4 부동산 비즈니스 파트너 중개소 찾기 | 5 계약하기 계약부터 잔금 치루기 | |

지역 선정부터 계약하기 5단계

투자 시 이용 사이트

- **부동산지인** https://aptgin.com/
지역 선정, 수요와 공급, 미분양 체크, 인구 이동, 실거래가, 과거 시세, 거래량 확인

- **호갱노노** https://hogangnono.com/
인구 이동, 개발 호재, 로열동 확인, 거주자 이야기

- **네이버부동산** https://land.naver.com/
매물 확인, 중개소 확인, 우리동네 뉴스

하나, 지역 선정하기

투자의 시작은 지역을 선정하는 것이다. 지역을 선정할 때는 오른쪽 세 가지를 확인해본다.

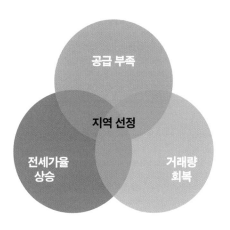

지역 선정 시 확인할 세 가지

1) 공급 확인하기

부동산의 기본은 수요와 공급이다. 따라서 먼저 공급이 부족해지는 지역을 찾는다. 공급이란 '새 아파트 입주 물량'을 의미한다. 시세가 속도라면 공급은 교통체증과 같다고 생각하면 쉽다. 자동차가 달리고 싶어도(시세) 앞에 밀린 자동차(공급물량)가 있다면 속도가 느려지거나 정체된다.

반대로 공급이 부족해진다는 것은 앞을 가로막은 차들이 사라져 길을 열어준 것과 같다. 신나게 자동차가 달릴 수 있는 여건이 1차적으로 만들어지는 것이다.

구분(지역)	인구수	2020 아파트			2021 아파트			2022 아파트		
		수요량	입주량	범례	수요량	입주량	범례	수요량	입주량	범례
전국	51,849,861	263,205	320,933	초과	263,942	233,834	적정	264,629	180,287	부족
서울	9,729,107	49,028	41,992	적정	48,925	21,416	부족	48,833	12,516	부족
부산	3,413,841	17,219	27,080	과잉	17,164	16,762	적정	17,109	22,851	초과
대구	2,438,031	12,303	15,958	초과	12,268	15,533	초과	12,230	17,879	과잉
인천	2,957,026	15,054	17,438	적정	15,015	15,923	적정	15,272	24,576	과잉
광주	1,456,468	7,361	11,099	과잉	7,360	4,540	부족	7,356	13,015	과잉
대전	1,474,870	7,452	6,263	적정	7,473	5,633	부족	7,492	6,098	적정
울산	1,148,019	5,819	2,941	부족	5,835	1,418	부족	5,849	793	부족
세종	340,575	1,842	5,632	과잉	1,893	7,668	과잉	1,943	2,157	적정
경기	13,239,666	67,644	108,111	과잉	68,145	91,152	초과	68,608	53,287	부족
천안시	652,258	3,329	4,339	초과	3,357	1,558	부족	3,384	2,851	과잉
청주시	839,566	4,270	9,837	과잉	4,294	4,716	적정	4,317	2,586	부족
전주시	654,394	3,308	6,920	과잉	3,305	2,447	부족	3,301	2,567	부족

출처 : 부동산지인

2020~2022 3년간 아파트 공급물량

위에 표는 인구 50만 명 이상 도시의 2~3년 뒤 공급 물량표다. 과잉, 초과, 적정, 부족은 수요 대비 공급물량 상태를 나타낸다. 이중에서 2021~2022년도 공급이 줄어드는 지역 중 하나인 천안을 샘플로 보자. 2020년 이후로 수요량 대비 공급이 부족해짐을 알 수 있다.

공급물량이 너무 많은 지역이라면 시세가 떨어지거나, 공실이 날 우려가 있으니 다음 기회를 노리는 것이 좋다.

공급물량은 해당지역뿐 아니라 주변 생활권까지 서로 영향을 주므로 인구 이동이 잦은 지역의 물량까지 함께 체크한다. 1차적으로 공급물량이 부족해진다면, 투자 지역의 후보 순위에 넣는다.

추가로 미분양을 확인하는데, 미분양이 줄어들고 있다는 것은 공급부족이 현실화되고 있음을 의미한다. 반대로 미분양이 늘어나는 것

나는 차라리 부동산과 연애한다

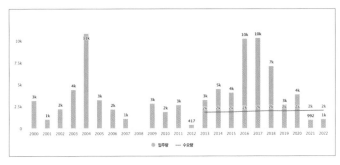

출처 : 부동산지인

천안시 서북구의 아파트 수요와 공급 그래프

은 공급물량이 넘쳐나고 장기적으로 시세가 하락할 수 있는 요인이 기에 확인을 해본다면 더 정확한 판단을 할 수 있을 것이다. 미분양은 부동산지인 사이트에 누구나 쉽게 볼 수 있도록 나와 있다. 천안시는 2018년 이후 미분양이 많이 줄었음을 알 수 있다.

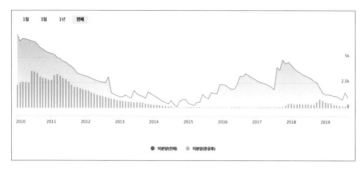

출처 : 부동산지인

천안시의 기간별 미분양 현황

2) 상승의 알림지표 '전세가율' 오르는 지역 찾기

투자에서 중요한 지표는 바로 전세가율이다. 만약 매매가가 3억인 집을 산다고 했을 때 전세가 2억 7천이면 전세가율이 90퍼센트다. 공급이 부족해지면 전세가가 오르기 시작한다. 전세가가 매매가 가까이 오르면 집값을 끌어올리는 역할을 하게 된다. 그렇기에 상승 초기의 특징은 바로 '전세가가 오른다는 것'이다.

천안에서는 서북구가 가장 선호도가 높은 지역이다. 전세가율을 확인해보자. 아래 그래프는 부동산지인 → 지역분석 메뉴 → 천안시 서북구를 검색했을 때 나오는 매매전세 시황이다. 천안 서북구의 전세가 2018년 하반기부터 점점 올라가고 있는 것을 알 수 있다.

나는 차라리 부동산과 연애한다

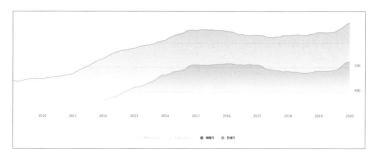

출처 : 부동산지인

천안시 서북구 매매, 전세 그래프

* *

전세가율이 높아도 피해야 하는 지역

아무리 전세가율이 높고 가격이 싸더라도 다음 조건을 가진 지역이면
투자하지 않는다. 리스크가 상대적으로 크기 때문이다.

서울 및 수도권
(1) 일자리로 가는 교통이 불편한 곳. 강남, 여의도, 시청 등 업무 지역에서
1시간 이상 소요되는 곳
(2) 거주환경, 학군 등 수요가 몰릴 만한 매력이 없는 곳
이런 곳은 피한다. 즉, 나도 살기 싫은 곳이다. 내가 좋아 보이는 곳이어
야 다른 사람들도 좋아한다는 사실을 기억하자.

지방의 경우

(1) 인구의 수가 50만 명 이하인 곳

인구수는 매우 중요하다. 인구수는 곧 주택의 수요이기 때문이다. 지방이라면 인구 100만 이상인 대전, 대구, 광주, 부산, 울산 등 광역시급이 안정적인 수요가 있는 곳이다. 50만 이하는 절대적인 인구의 수가 적고, 수요 또한 얕기 때문에 시세 상승이 약하고 매도가 어려울 수 있다. 초보 투자자가 제때 매도를 하지 못한다면 수년 동안 못 팔 수도 있으므로 이런 지역도 투자의 고수에게 양보하자! 인구수가 적은 지역을 굳이 선택해가면서 투자하기에 월급쟁이 싱글의 여력은 크지 않다.

(2) 제조산업으로 일자리 리스크가 있는 곳

일자리 트렌드가 바뀐 지 오래다. 일자리는 주택 수요의 핵심이기 때문에 변동이 일어나면 아파트 시세에 영향을 미친다. 글로벌 산업화가 되면서 경쟁력을 잃은 구미, 거제 등 제조업 중심 지역은 리스크가 크다. 산업이 죽으면 일자리 수요가 흩어지면서 힘을 잃기 때문이다.

(3) 원래부터 전세가가 높았던 곳

지방 중에 원래부터 전세가율이 80퍼센트 정도로 높은 곳이 있다. 이곳은 집값은 오르지 않고, 전세로만 머무는 사람이 많아 상승을 기대하기 어렵다. 수요와 공급에 따른 일시적인 현상이 아니라 지속적으로 전세가율이 높은 지역은 앞으로도 매매가가 오르지 않을 확률이 높다.

3)거래량이 회복된 곳

거래량이 회복됐다는 것은 바닥을 다지고 시세가 점점 상승하고 있다는 것을 말한다. 아직 바닥인 곳은 언제 올라올지 모르니 조금씩 상승하고 있는 것을 보고 들어가는 것이 경험이 적은 투자자에게는 더 안전하다.

이러한 순서로 공급이 부족해지고 전세가율이 상승하는 지역을 선택해 1차적으로 예비 투자 지역을 찜해둔다. 이런 지역은 한 개가 아니라 여러 지역이기 때문이다.

처음 공부하는 동안에는 이러한 지역들을 선정하면서 실제로 현장에 나가 확인하는 과정을 반복해보자! 여러 지역을 돌아봐야 비교를 할 수 있고, 같은 투자금으로 가장 좋은 것에 투자할 수 있다. 거래량이 늘어나고 상승 분위기를 확인하는 것은 '시장 강도'를 통해 간단하게 확인 가능한데, 아래 표는 천안의 매매, 전세 가격과 '시장강도'(시장이 현재 하락세인지, 회복 중인지, 폭등하는지, 폭등 후 유지하는지, 다시 내려가는지 등 추세를 표현한 것)를 통해 현재 추세를 확인할 수 있는 그래프다. 부동산지인에서 빅데이터 메뉴로 들어가 시군구별, 동별로 클릭하면 확인이 가능하다.

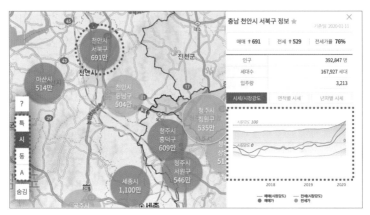

출처 : 부동산지인

천안 서북구 시장강도로 보는 분위기

시장강도가 0을 넘고 100 근처로 갈수록 거래량이 늘어나고 상승 추세에 접어드는 것으로 생각하면 된다. 천안 서북구는 2018년 이후 매매, 전세 모두 상승이 일어나고 있음을 알 수 있다.

각 동별로도 확인 가능하다. 그래프는 현황을 빠르게 파악하는 데 참고가 되므로 적절하게 잘 이용하도록 하자. 다만 후행지표이므로 늘 현장 확인이 가장 중요하다는 것도 기억하자.

둘, 어떤 것을 살까?
'단지 선정'하기

1) 지역 내 '강남' 찾기

지역을 골랐으면 이제 좀 더 상세하게 들어가 보자.

투자 단지를 선정할 때는 싼 지역부터가 아니라 가장 좋은 지역부터 순위를 매겨야 한다. 예를 들어 20만 원짜리 가방을 산다고 생각해보자. 현재 세일 중인 브랜드 가방과 비브랜드 가방이 똑같은 가격이라면 어떤 것을 사겠는가. 일반적으로 브랜드 가방을 선택할 것이다. 부동산도 이와 같다. 같은 투자금으로 더 좋은 곳을 사는 것이 중요하기 때문에 더 좋은 지역이 아직 싸다면, 그것부터 사는 것이 훨씬 더 수익이 좋을 것이다.

가방은 브랜드로 레벨을 알 수 있지만 부동산은 어떻게 알아볼까? 입지(일자리, 교통, 학군, 거주환경)와 시세를 통해서 판단한다.

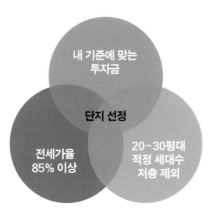

단지 선정 시 확인할 세 가지

입지를 확인하기 위해서는 가장 먼저 지도를 열어본다. (네이버맵, 카카오맵도 좋지만 시세까지 확인 가능한 부동산지인 추천) 동시에 시세를 확인해 '강남' 같은 곳을 찾는다. 이런 곳은 강남처럼 지역 내 선호도가 가장 높은 지역을 말하며, 지역의 상징인 랜드마크 아파트가 있다. 보통 시세가 가장 비싸다.

지역 내 '강남'과 같은 지역을 찾았다면 A급지로 하고 선호도가 약해지는 순으로 B와 C급지로 나눈다.

천안에서 A급지는 불당동이며 랜드마크 아파트는 가장 비싼 '지웰더샵'이다. 여성들이 가장 선호하는 에르메스급이라고 생각하면 된다. 가장 열망하지만, 가장 비싸다.

B급은 일반 브랜드급이다. 랜드마크 단지와 비슷한 생활 인프라, 학군, 교통 등을 누릴 수 있는 단지들이다. 보통 수요층도 두텁고 전

세가율도 높은 편이다.

C급은 저렴이 가방처럼, 투자로 꺼려지는 지역이다. 핵심 지역에서 멀리 떨어져 있으며 교통도, 학군도, 상권 형성도 약해서 보통 평균 평당가보다 낮다. 투자금이 부족하다면 타이밍을 잘 보다가, B급지의 급매를 노리거나, 차라리 다른 지역으로 넘어가자.

지방이라면 지역에 따라 B-C급지도 수요층이 매우 얕다는 리스크가 있기 때문에 더욱 안전한 곳에 투자를 해야 한다. 처음부터 구분하는 것은 쉽지 않지만, 손품을 팔고 중개소에 들러서 단지 선호도를 파악한다면 알 수 있다. 처음엔 어렵더라도 내가 사는 지역을 생각해보면서 한번 구분해보는 연습도 미리 해보자.

다음 페이지의 지도를 보면, 천안의 불당동은 평당가(1평당 시세) 1,244만 원으로 가장 높은 시세가 형성되어 있다. 불당동은 불당 신도시라고 불리는데 천안아산역, 시청, 갤러리아 백화점 등 상권과 편의시설이 발달했고, 브랜드 새 아파트가 밀집되어 있다. 천안의 '강남' 같은 곳이다. 다음으로 성성동 〉백석동 〉차암동 〉두정동 순이다.

지도에서 상단 우측의 '지적편집도'를 눌러보면 지역이 어떻게 구성되어 있는지 대략 확인이 가능하다. 핑크색은 상업지역, 노란색은 주거지역, 보라색은 공업지역이다. 지역을 선택할 때는 이왕이면 평균 이상인 지역에서 먼저 투자처를 찾는 것이 좋다. 더 좋은 곳이 시세가 더 많이 오르고, 하방경직도 강하기 때문이다.

시세는 성성동과 차암동이 높지만 단지수가 매우 적다. 인프라보다

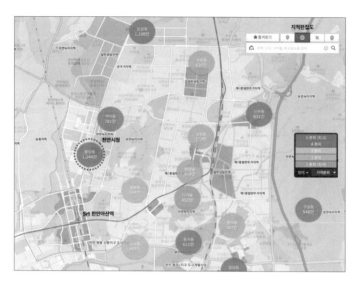

천안 서북구 지적편집도와 시세확인 동시에 확인하기

새 아파트 입주로 시세가 높다. 불당동, 백석동, 두정동, 쌍용동이 입지, 시세, 전세가율을 보았을 때 안정적 수요가 받쳐줄 것으로 보인다.

2) 아파트 전수 조사하기

다음으로 위에서 추린 네 동의 모든 아파트 시세를 조사한다.

네이버부동산을 열고, 아파트명, 세대수, 연식, 평형, 매매가, 전세가, 전세가율, 매매가에서 전세가를 뺀 매매와 전세 차이 금액을 쭉 정리한다. 그중에서 전세가율 85퍼센트 이상, 자신의 기준에 맞는 투자 금액, 선호도가 높은 300세대 이상 대단지, 20~30평대 위주로 구성된 단지를 골라 최종 단지를 선정한다.

투자자의 기준에 따라 선정 단지는 달라질 수 있다. A급지의 랜드마크만 사는 사람도 있고 B급지에서 전세가율이 높은 단지를 소액으로 투자하는 사람도 있다. 시세의 흐름에 따라서 A-B급지까지 모두 하는 투자자도 있다. A급 단지는 선호도가 높아 수요가 많은 만큼 시세가 가장 먼저 많이 오른다. 다만 투자 규모가 큰 편이기 때문에 큰돈이 묶일 수 있어 초보자라면 수요가 두터우면서도 소액으로 할 수 있는 B급 단지에 투자를 하고 안정적으로 수익을 내면서 투자의 경험을 체화시키는 것을 추천한다. 물론 같은 투자금이 들어간다면 A급지에서 먼저 찾는 것이 순서다.

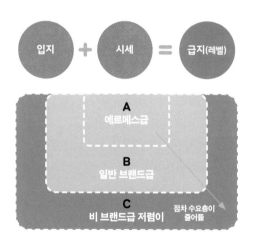

A, B, C 급지 구분하기

셋, 손·입·발로 하는
3단계 '임장하기'

1) 손으로 사전임장

'임장'의 뜻은 '내가 관심 있는 지역의 현장에 나가서 조사를 한다'는 의미다. '손으로 사전임장'은 현장에 나가기 전에 미리 사전조사를 하는 개념으로 이해하면 된다.

현장에 나가면 중개소 사장님들이 항상 하는 말이 있다. "급매입니다. 이거 나가면 이제 없어요." 사전에 준비하지 않으면 사실을 확인할 요령이 없기에, 감언이설에 넘어가기 쉽다. 따라서 제대로 된 투자 물건을 싸게 사기 위해서는 반드시 살펴볼 것이 있다.

바로 아파트 시세, 아파트 거래량, 매매와 전세 현황이다. 이 세 가지를 보면 선호도가 높은 단지와 히스토리 그리고 투자하기에 적절한 타이밍을 알 수 있다. 또한 사전에 최소가격, 최대가격을 미리 확인해서 내가 사려는 가격에 대한 '기준점'을 잡는 것이 중요하다.

① 아파트 시세 3종 확인하기

시세에는 세 가지가 있다. 과거 시세, 현재 거래되는 실거래가, 그리고 매도인이 팔고 싶은 '호가'다. 이 세 가지를 미리 확인해서 적정한 시세를 판단해야 한다. 요즘은 '부동산지인', '호갱노노', '네이버부동산'에서 과거 시세와 실거래가를 바로 확인할 수 있다. 다만, 호가는 네이버부동산이 가장 믿을 만하고, 실거래가는 '국토교통부 실거래가'가 가장 빠르게 올라온다.

과거 시세는 단지의 역사다. 과거부터 현재까지의 시세 흐름을 확인할 수 있고, 전고점(과거의 가장 높은 시세) 대비 얼마나 가격이 떨어진 상태인지, 혹은 과거 대비 시세가 얼마나 많이 올랐는지 확인해보고 투자 여부를 결정할 수 있다.

특히 짧은 시간 내에 폭등한 단지는 아무리 좋은 단지라고 하더라도 신중하게 생각해야 한다. 전세 그래프가 지속적으로 상승하는데 매매 그래프가 아직 안 올랐거나 살짝 오르는 조짐을 보인다면 관심을 가지고 지켜봐야 한다.

다음으로 현재 거래되는 시세인 실거래가를 확인한다. 실거래가를 보고 매수할 가격의 기준점을 잡을 수 있다. 실거래가는 매도자가 원하는 가격인 호가가 아니라 실제로 거래된 가격이기 때문에 중요하다. 실거래가를 볼 때는 뭉뚱거리지 말고 첫째, 로열동/층의 실거래가, 둘째, 준로얄동/층의 실거래가, 셋째, 비선호동/층의 실거래가를 확인해야 한다. 실거래가는 집의 수리 상태나 매도자의 사정에 따라 차이날 수 있다. 따라서 전화를 하거나 반드시 현장에서 확인한 후 아파트 상태에 따른 시세를 정확히 파악한다.

나는 1~3층의 저층은 사지 않는다. 환금성이 떨어지는 부동산의 특성상 수요가 떨어지기 때문이다. 수요가 있다는 게 중요한 게 아니라 수요가 얼마나 많은지가 중요하다.

현 시장의 분위기는 실거래가와 네이버 호가를 보고 알 수 있다. 호가는 매도인이 팔고 싶은 가격이지 실제 거래되는 가격은 아니다. 이 가격이 진짜 매매가라고 생각하고 부르는 대로 사면 곤란하다. 반드시 실거래가와 호가를 확인한 뒤 차이가 크면 협상을 통해서 가격을 조정하는 것이 좋다.

상승장이면 실거래가보다 호가가 높게 형성되어 있을 가능성이 높다. 현재 폭등한 인기 단지들이 그런 모양새다.

② 아파트 거래량 확인하기

현재의 몸값인 시세를 확인하는 것도 중요하지만 거래량도 반드시 확인한다. 네이버에서 해당 단지를 클릭하면 바로 확인이 가능하다.

과거 거래량이 많다는 것은 이 아파트에 대한 선호도가 높다는 뜻이다. 즉, 나중에 매도할 때도 수월하다는 뜻이다. 불황이나 호황이나 상관없이 꾸준하게 거래되는 단지는 부동산의 아쉬운 환금성을 보완

184
나는 차라리 부동산과 연애한다

해줄 수 있는 좋은 아파트다. 그러니 꼭 과거 거래량을 확인하자.

아래 표를 보면 상단의 '거래량이 많은 단지'는 시세 상승이 크지만 하단의 '거래량이 적은 곳'은 시세 상승이 더딤을 알 수 있다.

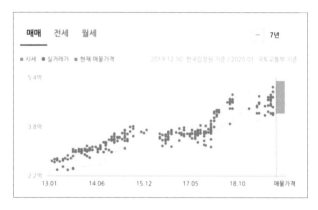

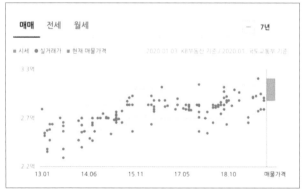

출처 : 네이버부동산

아파트 거래량 확인

2) 입으로 전화임장

조사한 내용을 바탕으로 현장의 내용을 생생하게 전달받을 수 있는 것이 바로 전화임장이다. 데이터로 볼 수 있는 자료는 모두 지나간 과거에 대한 결과치다. 따라서 참고하는 정도로 하고 실제 분위기는 전화임장과 현장임장을 통해서 확인해야 가장 정확하다.

1차 전화임장에서는 실제로 매수 가능한 물건의 시세가 어떻게 형성되어 있는지, 거래 가능한 매물이 몇 개인지, 전세는 몇 개 정도 있는지 확인해 투자하기에 적정한 상황인지를 실시간으로 봐야 한다. 중요한 것은 전세 물량이 부족해 투자하기 적합한 상황인지를 파악하는 것이다.

그렇다면 똑똑하게 현 시세와 상황을 알아보는 방법은 무엇일까? 집을 팔 것처럼 가장한 매도자 모드, 집을 살 것처럼 가장한 매수자 모드로 확인하면 된다. 매도자 모드로 전화해서 알려주는 매도 가격은 실제로 내가 살 수 있는 가격이 되고, 매수자 모드로 전화해서 알려주는 가격은 내가 팔 수 있는 가격이 된다. 부동산 몇 군데에 두 가지 태도로 전화를 해보고 가격을 판단해보자. 이것저것 다 귀찮다면 투자자임을 밝히고 단도직입적으로 물어봐도 된다.

모드를 바꾸려면 투넘버 서비스를 이용하거나, 지인 핸드폰을 이용해도 좋다.

현장 분위기 파악하는 전화 방법

매도자 모드

복 : 106동 7층 팔려고 하는데요, 시세가 얼마나 될까요? 인테리어는 기본 상태입니다.

부동산 : 요즘엔 3억~3억 2천 정도에 거래됩니다.

복 : 최근에 거래된 매물 시세는 어떻나요?

부동산 : 로얄동 남향이 3억 2천에 거래됐어요.

복 : 아, 그렇군요. 제가 급하게 팔아야 해서 그러는데 저층이나 탑층 빼고 나온 매물 중에 가장 싸게 나온 게 얼마인가요?

부동산 : 102동 8층, 2억 9천에 나온 집이 있네요. 상태는 기본입니다.

복 : 네, 다시 전화하겠습니다. 감사합니다.

이렇게 질문을 던지면서 현재 거래되는 매물의 시세를 확인해본다. 간혹 몇 동 몇 호인지 집요하게 물어보는 사장님이 있다. 절대 당황하지 말고 (없는) 남편과 상의한 후 다시 전화한다고 하거나 거주하는 세입자에게 매도 의향을 얘기하지 않아서 결정되면 전화하겠다고 하면 된다.

매수자 모드

복 : 안녕하세요. 집을 사려고 좀 알아보고 있어요.

부동산 : 언제 입주할 예정이신가요?

복 : 부모님과 함께 살고 있어서 급하진 않지만, 두세 달 후에 가능할 것 같아요.

부동산 : 가능한 집이 다섯 개 정도 있네요. 시세는 3억 2~3천에 나와 있어요.

복 : 더 싼 집은 없나요?

부동산 : 2층 2억 8천에 나온 게 하나 있네요.

복 : 네, 생각보다 시세가 높네요. 전세도 생각해봐야겠어요. 전세 시세는 어떻게 되나요?

부동산 : 2억 4천~6천에 나와 있습니다.

복 : 좀 더 싼 물건은 없나요?

부동산 : 1층 기본 상태 집이 있는데 2억 2천입니다. 아무 때나 입주 가능합니다.

복 : 전세 물건이 많이 있나요?

부동산 : 아뇨, 이 동네 전세가 부족해서 거의 다 나가고 두 개밖에 없어요. 이것도 금방 나갈 것 같아요.

복 : 감사합니다. (없는) 남편과 얘기해보고 다시 전화하겠습니다.

투자할 때 전세 시세와 나와 있는 매물 개수는 관리에 큰 영향을 미친다. 아무리 좋은 투자 물건일지라도 전세 물건이 많거나 시세가 약하다면 투자비용이 많이 들고, 공실 우려가 크기 때문이다. 매물이 많다는 것은 전세로 전환될 소지도 많기에 참고로 확인해야 한다.

가끔 시세는 알려주지 않고 무조건 와보라고 하는 중개소도 있다. 그렇다면 다음에 전화하겠다고 하고 다른 곳에 전화하면 된다. 이런 식으로 최소 5~10개 중개소에는 전화해서 크로스로 체크해본다.

3) 발로 현장임장

손으로 사전조사하고, 전화로 현황을 확인하고, 드디어 실제 현장에 나가는 발로 하는 임장이다.

1) 가장 먼저 크게 돌면서 지역의 분위기를 보고, 2) 밤길 투어도 해보고, 3) 투자하고자 하는 단지를 체크하면서 사전에 조사한 것이 맞는지, 내가 분류한 A, B, C 급지가 맞는지도 중개소에 들러 확인해본다.

현장에 나가기 전에 미리 동선을 계획해야 한다. 계획 없이 나가면 체계적으로 둘러보기 어렵고, 시간만 보낼 수도 있다. 미리 동선을 계획한 후 움직여보자. 먼저 지도를 펼쳐놓고 어떠한 순서로 둘러볼 것인지 생각해본다. 이때는 경로와 시간 두 가지 계획이 필요하다.

먼저 크게 몇 개의 동과 단지를 돌 것인지 범위를 정하고 확인해야 할 아파트 단지 순서에 따라 구체적으로 동선을 짠다. 평일에는 짬짬

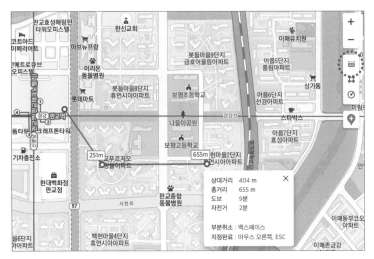

온라인 지도에서 미리 동선을 짤 수 있다

이 퇴근 후에 돌고 주말은 아침 일찍부터 밤까지 하루 종일 돌아볼 수 있도록 계획을 세운다. 온라인 지도에서 시간도 체크한다.

실제로 현장에 나갈 때는 자동차보다는 대중교통을 이용한다. 거주하는 사람들이 많이 이용하는 전철을 같이 타보면서 교통 환경을 체크해야 하기 때문이다. 출근길이나 퇴근길에 차가 얼마나 막히는지, 네이버에서 나온 시간과 실제 시간이 얼마나 차이가 나는지도 확인할 수 있다.

사람도 첫인상이 있듯이 지역에도 첫인상이 있다. 어떤 지역은

'와, 이런 곳에서 살고 싶다'는 생각이 들 만큼 쾌적하고 정돈도 잘된 반면, 어떤 지역은 여기저기 널린 쓰레기에 지저분하고 정비가 덜 된 모습도 있다. 사람과 마찬가지로 호감, 비호감이 있는 것이다.

내가 실거주를 구한다고 생각하고 한번 둘러보라. 내 눈에 보기 좋은 곳이 남들 눈에도 좋다. 집의 결정권은 보통 여자에게 있는데, 그런 여자의 마음을 아는 것은 같은 여자다. 나 같은 싱글녀라도 혼자 거주하기에 안전한 곳이 좋은 곳이다. 그래서 늘 임장을 갈 때마다 '만약 내가 여기서 산다면?' 이런 질문을 던지면서 돌아본다.

· ·

거주환경 체크리스트

- 전철역에서 아파트 단지까지의 환경이 좋아서 밤에도 안전하고 가까운지(교통).
- 거리는 깨끗하고 공원도 적절하게 있어서 여유롭게 쉴 만한 공간들이 있는지(자연환경).
- 상권이 형성되어 있고 병원, 도서관, 학원, 중대형 마트가 있는지. 백화점도 있다면 매우 좋다(편의 시설).
- 애견 미용실이나 유기농 마트들이 있는지(소비 수준). 삶의 질이 어느 정도 되어야만 유지가 되는 가게들이다 보니 이런 곳이라면 점수를 더 후하게 준다.

- 유해한 시설들은 없는지, 밤에도 안전한지.
- 주로 다니는 사람들의 연령대는 어떠한지. 돌아다니는 사람들의 연령대와 차림새도 보는데 30~40대 젊은 사람들이 주로 거주하는 곳은 대부분 유모차를 끌고 다니는 엄마들이 많고, 중·고등학생들이 삼삼오오 모여 다닌다. 이런 곳은 분위기가 활기찬 만큼 지역의 호감도가 높다. 이렇게 확인을 하고 지도에 표시를 한다.

① '낮이밤져' 지역은 곤란해

낮의 모습도 중요하지만 밤의 모습도 중요하다. 예전 TV 프로그램 중에 '마녀사냥'이라는 프로가 있었는데 출연자들이 '낮이밤이', '낮이밤져'와 같은 표현을 썼던 게 매우 인상적이었다. 지역도 마찬가지다. 밤과 낮의 모습이 같기도 하고 다르기도 하다. 낮도 이기고 밤도 이겨야 좋은 곳임은 두말할 필요가 없다. 그런데 의외로 낮이밤져가 되는 곳도 많다.

한번은 1기 신도시 중 한 곳을 돌아보는데 낮에는 쾌적하고 상권도 커서 정말 마음에 들었다. 그리고 밤에 다시 그 근처를 가게 되었는데, 낮의 모습은 온데간데없고 온통 유흥상권으로 변신해 있었다. 화려한 색의 조명을 켠 술집들이 즐비하고, 술에 취해 고성방가를 하는 사람들이 꽤 많았다. 아파트 단지 근처였기에 낮에만 봤을 때는 상상도 못한 상황이었다. 그래서 온종일 임장할 수 있는 토요일이나 일요일에는 막차가 끊기기 전까지 밤에도 내내 돌아다니면서 안전한 동네인지 살펴봐야 한다.

아이를 키우는 3040세대 입장에서 밤길이 흉흉해서 마음 놓고 돌아다니기 어려운 지역에 오래 살고 싶을까? 퇴근하고 집에 오는 시간은 주로 밤이라는 사실도 기억하자. 나라면 밤길이 무서운 지역은 선택하지 않을 것이다. '낮이밤이' 지역인지 꼭 확인해봐야 한다.

② 단지별 파악도 빼놓지 말 것

다음으로 실제 아파트 단지별로 좀 더 자세히 살펴보자. 임장하기 전 짜놓은 동선대로 이동하면서 단지 주변과 내부를 살펴본다. 사전에 둘러보는 단지들의 시세를 미리 준비해와서 같이 본다면 그 자리에서 곧바로 왜 이 단지는 비싼지 싼지 확인해볼 수 있을 것이다. 같은 행정동 내에서도 아파트 선호도의 차이는 크다. 지하철과 핵심 상권과의 거리에 따라 선호도가 달라지는 것도 있지만, 단지마다 가진 장단점에 의해 선호도가 갈리기도 한다. 그런 것들을 체크하는 목적이 크다.

모든 아파트는 동 배치도 다르고 단지마다 관리하는 양상도 다르다. 이런 사항들은 아파트 시세에 최소한 1~2천만 원이라도 영향을 미치게 되고, 임대를 줄 때도 세입자가 더 빨리 들어오느냐 아니냐를 결정짓는다. 큰길가에 가까운 동은 어디인지, 버스 정류장이나 전철로 빨리 가는 지름길과 가까운 동은 어디인지 살핀다. 간혹 ㅁ자로 동이 배치되어 아침마다 이웃과 의도치 않게 인사를 해야 한다거나, 남향이지만 앞이 막혀서 일조량이 부족해 아침부터 밤까지 해를 못 보는 경우도 있다.

ㄱ, ㄴ처럼 꺾인 배치라면 라인을 미리 파악해두어야 한다. 꺾인 라인은 주로 해가 안 들어오기에 싸게 나오는데, 이런 집을 싸다고 사면 세입자를 구하기도 힘들거니와 항상 급매로 나오다 보니 단지 전체 시세의 발목을 잡는 애물단지가 되기도 한다. 특히 구축이라면 주차 차단기는 설치가 되어 있는지, 지하주차장은 있는지, 없다면 주차 상태는 어떤지 살펴본다.

요즘 나오는 새 아파트와 달리 1기 신도시나 20년이 넘은 아파트들은 주차시설이 열악해서 아파트마다 주차 상태 차이가 크다. 한번은 친구 집에 놀러갔는데 3중 주차에 입구부터 개구리주차가 되어 있는 것을 보고 놀랐던 기억이 있다.

"도대체 안에 있는 차는 어떻게 빼야 하니?"라고 묻자 친구는 "그래서 이사를 할까 생각 중이야"라고 했다. 차가 있어도 차라리 지옥철을 타는 게 나을 만큼 주차 상태가 심각했다. 작은 차이 같지만 이런 소소한 이유들이 세입자가 오래 못 살고 이동하는 이유가 되기 때문에 단지 체크리스트를 미리 준비해서 하나씩 체크를 해야 한다.

단지 내부 체크리스트

- 동 배치는 사생활 침해가 안 되게 적정한지.
- 동 간격은 답답하지 않고 넉넉한지.
- 주차공간은 넉넉한지.
- 주차 차단기가 설치되어 외부차량 관리가 되는지.
- 엘리베이터와 주차장은 연결되었는지.
- 단지 관리 상태는 쾌적한지.
- 단지 내 어린이 놀이터는 갖추어졌는지.
- 주변 대로로 인해 소음이 심하진 않은지, 어느 동이 심한지.
- 단지 내 경사가 심하진 않은지.
- 바로 주변에 유해환경은 없는지.

분위기 임장과 단지까지 둘러보면 지역을 다 돌아보게 된다. 경험의 누적이 커지면 보다 빠르게 진행할 수 있고, 어떠한 요소들이 시세에 영향을 주는지 알 수 있게 된다. 호갱노노에서 관심 단지를 클릭하면 거주민의 이야기도 볼 수 있다. 참고하도록 하자.

넷, 금맥을 찾는 마음으로 '물건 찾기'

1) 중개소 선정하기

물건 보기는 1) 물건을 볼 중개소 선정, 2) 집 안 둘러보기, 3) 매도 사유, 이사날짜 조정 가능 여부 확인하기의 순서로 이루어진다.

단지 선정을 끝냈다면 물건을 보기 위해서 중개소에 미리 예약을 해야 한다. 그래야 중개소에서도 그날 볼 수 있는 물건들을 정리해놓을 수 있다. 물건을 볼 때는 중개소 선정이 중요하다. 사장님들도 실력이 가지각색이라 볼 물건들을 미리 잘 뽑아두고 대기하는 곳도 있고, 준비 없이 투자자가 도착할 때까지 기다리다가 손님이 도착한 후에야 전화해서 가도 되냐고 묻는 사장님도 있다. 이런 사장님을 만나면 물건도 못 보고 시간은 시간대로 버리지만, 그렇다고 그 사장님을 탓할 수도 없다. 미리 내가 준비한다는 마음으로 좋은 사장님을 찾는 게 중요하다.

이제 중개소를 골라볼 차례다. 중개소를 선정할 때 중요한 포인트는, 매물을 많이 가지고 있고 사장님이 친절한 곳이어야 한다는 것이다. 중개소가 익숙하고 경험이 많은 투자자라면 본인이 상황을 조절하기 때문에 사장님의 친절도가 상대적으로 중요하지 않지만, 경험이 없을수록 친절하고 편한 사장님을 만나야 한다. 그래야 대화도 잘 되고 궁금한 내용을 자연스럽게 확인할 수 있다.

중개소는 크게 두 가지로 나누어볼 수 있다. 바로 물건지 부동산과 손님 부동산이다. 네이버부동산 중개소를 클릭해서 보자.

'물건지 부동산'은 보통 단지 정문이나 후문 쪽에 있어 실거주자들이 물건을 많이 내놓는 부동산이다. 물건지에서도 일을 잘하거나 손님과 관계가 좋은 중개소가 많은 물건을 보유하고 있다. 그렇기 때문에 매물을 볼 중개소를 선정할 때는 물건지 부동산이면서 사장님이 친절한 곳이 1순위가 된다. 투자자에게 우호적인 분이시라면 더할 나위가 없다.

'손님 부동산'은 물건지 부동산과 다르게 전철역 근처나 아파트 주변 상가 쪽에 있다. 거주하는 사람보다는 외부에서 이 지역으로 집을 구하러 올 때 들르기 쉬운 위치에 있는 것이다. 단지 매물은 물건지에 비해서 덜 가지고 있지만 외부에서 오는 손님들이 먼저 들르기 때문에 장점을 잘 살리면 임대를 놓을 때 유용하다는 것도 기억해두자.

중개소 선정 순서

네이버부동산 접속 ⇒ 관심 단지로 들어가 단지 주변 부동산 하나씩 클릭해서 엑셀 또는 노트에 리스트업(중개소명, 물건 수, 전화번호, 평가란) ⇒ 전화 임장하면서 질문하기 ⇒ 친절도와 질문 대응이 좋은 중개소 선택 ⇒ 예약하기

	물건 개수	전화번호	평가
나잘해 중개소	매30/전20/월0	00-000-0000	질문에 답을 잘하고 편함
나보통 중개소	매30/전20/월0	00-000-0000	대화가 안 통하심. 불친절

임장용 중개소 리스트 정리 예시

2) 집 안 둘러보기

이제 집을 들어가보자. 집을 볼 때는 다음 세 가지를 체크한다. 첫 번째로 내부 환경, 두 번째는 인테리어 상태, 세 번째로는 특별한 하자가 없는지 여부다. 혹시라도 화려한 인테리어에 정신이 팔리면 안 된다. 먼저 집을 보는 순서를 정하고 돌아보는 게 머릿속에서 정리가 잘되기 때문에 자기만의 규칙을 세우면 좋다. 나는 현관문을 열고 들어가서 주로 왼쪽부터(작은방) 돌아보면서 세 가지를 확인한다.

① 투자금의 변수, 인테리어

먼저 인테리어를 큰돈이 들어가는 수리 항목 위주로 체크한다. 초보자들은 미리 인테리어 체크리스트를 구체적으로 작성해서 어떤 부분을 보아야 하는지, 비용은 얼마가 들어가는지 알아두면 좋다. 보통 화장실이 수리되어 있는지, 싱크대 상태는 어떤지를 가장 먼저 보는데 이는 가장 비용이 많이 들어가는 곳이라 수리된 만큼 인테리어 비용을 절약할 수 있기 때문이다.

인테리어는 실질적인 투자금과 연결된다. 전체 수리를 해야 하는지, 부분 수리를 해야 하는지, 부분 수리를 해야 한다면 견적이 얼마나 나올지 파악해야 하기 때문에 화장실과 싱크대를 가장 중요하게 살핀다. 이 두 곳은 임대를 놓을 때 세입자가 가장 중요하게 보는 부분이기도 하다.

또한 인테리어 비용이 각각 150~250만 원(평형에 따른 차이 있음) 정도로 비교적 비싼 견적이 나오는 곳들이라 수리가 잘되어 교체할 필요가 없다면 500만 원 가까이 아낄 수도 있다. 화장실 → 싱크대 → 도배장판 → 기타 순으로 확인한다.

② 누수나 결로 등 하자사항 체크

그리고 하자사항(누수 또는 결로)을 본다. 누수나 결로가 있다면 반드시 사진을 찍어두고 가격을 협상해야 한다. 한번은 누수의 원인을 찾지 못해 4개월간 고생하면서 200만 원 정도 돈이 들어간 적이 있다. 시간도 시간이지만, 원인이 밝혀지지 않아서 골머리를 썩었다. 분명히 화장실 바닥에서 물이 새는 것 같아 바닥 방수작업을 하려고 했는데, 정확한 원인이 밝혀지지 않은 상태였던지라 보고 간 모든 업체에서 작업을 못하겠다고 거부하면서 4개월이나 지난 것이다.

이처럼 누수는 원인을 찾기 어려운 경우 피곤한 상황이 연출된다. 그러니 집을 살 때는 누수 자국은 없는지 살펴보고, 있다면 잔금 전에 반드시 매도자에게 알려야 한다. 누수를 발견하면, 매도자 측에서 잔금 후 6개월까지 변상해주게 되어 있으나 그 이전에 미리 꼼꼼히 살펴 잔금을 치르기 전에 찾는 것이 좋다. 누수는 보통 욕실 천장, 베란다 배수관에서 쉽게 일어나고, 오래된 아파트의 경우 새시 코팅이 낡아 빗물이 새어 들어오기도 한다.

그다음으로는 결로나 곰팡이 등을 살핀다. 결로는 사이드 집이나, 앞쪽 베란다, 남향집의 경우 뒤쪽인 북쪽 베란다에 주로 생긴다. 뿐만 아니라 어린아이를 키우는 집에서도 겨울에 환기를 잘 하지 않으면 결로가 생긴다.

한 번 결로가 생긴 곳은 다시 발생할 확률이 높다. 이 점을 참고하도록 하자. 인테리어나 하자사항을 꼼꼼히 살피는 것은 단점이니 피하자는 뜻이 아니다. 투자 시 필요한 구체적인 비용을 선정하고 매가 협상 시 잘 활용하기 위해서다.

③ 일조량? 사생활 보호? 내부 환경 살피기

그리고 생활에 불편한 점은 없는지, 구조, 일조권, 소음 등을 살핀다. 똑같이 방 두 개, 방 세 개라도 집마다 구조가 다르다. 요즘은 거실을 넓게 쓰는 추세인데 오래된 구축 중에 거실이 좁고 안방이 넓게 나온 경우도 많다. 거실이 넓게 나오면 집이 더 크고 시원해 보이기 때문에 더 넓어 보이는 효과가 있다. 거실이 좁게 나온 집보다 선호도가 높고 전세가나 매가에서도 차이가 난다.

베이도 확인한다. '베이'란 기둥과 기둥 사이의 공간으로 이 공간 중에서도 전면 발코니 기준으로 햇볕이 들어오는 공간을 말한다. 베이가 많을수록 햇볕이 들어오는 공간이 많아 채광이 우수하다. 통풍과 환기도 좋고, 난방비도 절감된다. 따라서 2베이보다는 3베이가, 3베이보다는 4베이가 좋다. 4베이의 단점은 거실과 방이 길게 늘어진 구조라 방 크기가 작을 수 있다는 것인데 그럼에도 베이가 많은 집의 선호도가 높다.

새 아파트는 타입이 많은데 나는 모든 타입을 다 보여달라고 한다. 동향이나 서향이라면 보통 조명을 매우 밝게 해두므로 전등을 끈 후 채광을 확인한다. 그리고 길가 동이거나 상가가 있을 경우 소음을 확인하기 위해 양해를 구하고 베란다 문을 살짝 열어놓는다. 또 앞 동과의 간격이 좁아서 사생활이 노출될 우려가 있는지도 확인해본다.

집을 보면서 확인해야 할 체크리스트

• 동, 층, 향, 라인, 구조 등의 기본정보.

• 누수나 결로 등 하자가 있는지 여부. 문제가 있다면 매도인이 처리하는 것으로 특약 조건 걸기.

• 내부 상태를 통해 인테리어 비용이 얼마나 나올지, 비용이 크게 들어가는 순으로 확인.

• 이사 날짜가 정해져 있는지, 정해져 있다면 언제인지. 이사 날짜가 정해지면 나에게 불리하다. 임대를 놓을 때 날짜가 정해져 있지 않아야 훨씬 더 쉽게 구할 수 있기 때문이다. 그러나 반대로 이것을 근거로 가격을 협상할 수 있는 조건을 만들 수도 있다. 원하는 날짜에 맞춰주는 대신 가격을 더 깎아달라고 말이다.

• 거주자가 매도자라면 집을 파는 이유, 투자자인지 여부. 매도 사유를 파악하면 가격 협상 시 내가 유리한 조건으로 끌고 갈 수 있다.

• 거주자가 세입자라면 세입자의 상태가 중요. 내가 집을 매수하고 임대 놓을 시 기존 세입자가 집을 안 보여주는 경우, 임대에 문제가 생길 수 있으므로 이는 매우 중요한 사안이다.

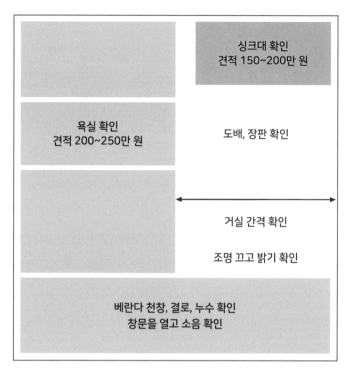

싱크대 확인
견적 150~200만 원

욕실 확인
견적 200~250만 원

도배, 장판 확인

거실 간격 확인

조명 끄고 밝기 확인

베란다 천창, 결로, 누수 확인
창문을 열고 소음 확인

집 구조별 확인할 사항들

3) 매수 시 관련 사항 체크하기

집을 보고 나오면 부동산에 다시 들러서 매물을 본 순서대로 적어 달라 요청한다. 매물 동·호수 옆에 매도 사유를 적고, 조정 가능한 가격대를 표시하고, 둘러봤을 때 특징적인 내용이 있었으면 추가로 적는다. 마지막으로 투자할 의향이 있다면 본 물건 중에서 자신이 원하는 물건을 정확히 이야기하고 구체적인 조건을 다시 확인한 후(체크리스트 여섯 가지), 그 물건들 중에서 원하는 가격대로 협상 가능한 것이 있는지 물어본 후 가격이 맞으면 계약하겠다고 말하고 집으로 돌아온다.

다만 초보에게는 확신을 갖는다는 것이 무리고, 판단이 어려울 수도 있으므로 중개소에서 바로 판단하지는 말자. 집에서 다시 한번 본 물건들을 정리해보고 정말로 합리적인 가격대에 사는 것인지, 만약에 잔금을 치러야 한다면 가능한 수준의 금액대인지, 전세를 빼기에 원만한 수준의 상황인지, 다시 한 번 확인해보고, 정말로 괜찮다면 부동산에 전화해서 본격적인 협상을 시도하면 된다.

부동산 상승장에서 분위기상 심리적으로 쫓길 수가 있는데, 물건을 뺏길까 봐 섣부르게 판단하는 일이 없도록 하길 바란다. 정말 좋은 가격에 살 확률보다 비싸게 살 확률이 훨씬 높으니까 말이다.

다섯, 드디어 찾았다 '계약하기'

1) 사전 준비는 꼼꼼하게

부동산 계약을 자주 해보지 않은 싱글녀들에겐 집을 사서 계약하는 일이 매우 떨리는 일일 것이다. 처음으로 집을 매수하고 계약하던 날 나는 얼마나 떨었던지, 티를 내지 않으려고 애를 썼지만 이미 무릎은 정중하게 모아져 있었고 양팔은 무릎 위에 깍듯이 올라가 있었다. 계약을 끝내고 나오는데 당시 함께했던 지인이 "왜 그렇게 로봇처럼 긴장했냐"고 묻기에 당황했던 기억이 있다. 지금도 계약을 할 때는 미리미리 준비하고 신중하게 하는 편이다.

부동산 사장님도 매번 하는 일이라곤 하지만 가끔 실수도 한다. 한 번은 사장님이 금액을 잘못 계산하는 바람에 천만 원 정도가 매도인에게 더 입금되었는데, 아무래도 이상한 것 같아 내가 적어온 종이와 비교해보니 역시나 잘못된 게 맞아 다시 되돌려 받았던 기억이 있다. 자주 일어나는 일은 아니지만, 그래도 계약 시에는 늘 꼼꼼하게 챙기는 것이 좋다.

집을 매매할 때는 세 단계를 거친다. 매매금의 약 10퍼센트에 해당하는 계약금을 넘기는 첫 번째 단계, 중도금을 지급하는 두 번째 단계, 집값을 마지막으로 전부 지급하는 잔금 치르기 단계다. 매매 후 입차인을 구했다면 소유권이 완전히 넘어오기 전이라 세입자와 매도자가 먼저 전세 계약서를 쓰고 잔금일에 매수자와 다시 쓰기도 하지만, 요즘은 전세 계약을 처음부터 매수자와 진행하기도 한다.

계약 시 필요한 것은 다음과 같다.

- 매도인 : 신분증, 도장, 매도인 명의의 통장 또는 계좌, 임대차계약서(임차인 거주 시)

- 매수인 : 신분증, 도장, 계약금(매매금의 10퍼센트)

계약금을 내기 전 보통 '가계약금'이라고 불리는 계약금 일부를 미리 입금하게 된다. 계약금은 10퍼센트를 내지만 법적으로 정해진 것은 없다. 서로 협의 하에 진행 가능하다.

2) 서류 확인 절차

등기부등본은 계약금 일부를 보내기 전에도 확인하지만, 본 계약 시에도 반드시 확인한다. 등기부등본은 복잡해 보이지만 각 부분별 주요한 사항만 잘 살피면 된다.

① 표제부 : 주소 및 건물 내역 등 부동산의 기본 사항이 기재된 부분

매매계약서에 표기된 물건지 주소와 등기부등본에 표기된 주소가
일치하는지 확인한다.

등기사항전부증명서 (말소사항포함)-집합건물

고유번호 1111-1234-567899

[집합건물] 서울시 서초구 서초대로 싱글캐슬 아파트 10층 1004호

[표제부] (1동이 건물의 표시)

표시번호	접수	소재지번 및 건물번호	건물내역	등기원인 및 기타사항
1	2020년 1월10일	서울시 서초구 서초대로 싱글캐슬 아파트 10층 1004호	철근콘트리트구조 슬라브지붕 20층아파트	

[갑구] (소유권에 관한 사항)

순위번호	등기목적	접수	등기원인	권리자 및 기타사항
1	소유권보존	2001년 2월 9일		소유자 김싱글 800801-*******
2	소유권이전	2002년 3월9일	2002 2월 10일 매매	소유자이싱글 821001-*******
3	2번 박싱글 가압류	2020년 1월 01일 제 6817호	2019년 12월 12일 00법원 가압류	청구금액 43,000,000 채권자 고독금융센터

[을구] (소유권 이외의 권리에 관한 사항)

순위번호	등기목적	접수	등기원인	권리자 및 기타사항
1	근저당설정	2002년 3월9일 제1234호	2002년 3월9일 설정계약	채권최고액 금 120,000,000원 채무자 이싱글 근저당권자 주식회사 고독은행 서울시 서초구 서초대로

등기부등본 예시

② 갑구 : 소유권에 관한 상세 내역

가장 마지막에 쓰인 현재 소유자, (공동일 경우) 공유자 지분, 가압
류 · 가등기 · 가처분 여부 등을 확인한다.

해당 영역에서 리스트의 마지막에 나온 사람이 실제 부동산의 소유자다. 먼저 한 명이 소유자인지, 공동으로 지분을 나누어 가진 것인지 체크한다. 만약 공동등기라면 반드시 둘 다 해당 계약에 동의하는지 확인이 필요하다. 마지막으로 가압류, 가등기, 가처분을 확인한다. 일반적으로 문제가 되는 부분이 이 영역에서 나오는데, 문제가 있다면 상세히 확인해야 한다. 채권자가 채무자 재산을 가압류한 경우에는 거래가 완료되기 전에 경매에 넘어갈 수 있기 때문에 가급적 피하는 것이 좋다.

③ 을구 : 소유권 이외 권리 확인 가능

해당 집을 담보로 빚이 있는지, 얼마의 빚이 있는지 확인한다. 근저당권은 이 집을 담보로 대출을 받았다는 의미다. 계약서 작성 시 '소유권 이전 시 말소한다'는 조건을 특약으로 넣고 진행하는데, 이런 경우는 흔하므로 특약만 잘 달아놓으면 문제가 되지 않는다.

그리고 부동산 매매계약서도 꼼꼼히 살핀다. 먼저 부동산 표시에서 확인해야 할 내용은 계약서에 쓰인 물건 주소와 등기부상의 주소가 일치하는지 여부다. 지목, 구조, 용도도 정확히 기재되어 있는지 확인한다. 그리고 그 외에 다음과 같은 사항을 확인한다.

부 동 산 매 매 계 약 서

매도인과 매수인 쌍방은 아래 표시 부동산에 관하여 다음 계약 내용과 같이 매매계약을 체결한다.

1.부동산의 표시

소 재 지							
토 지	지　목		대지권		면 적		㎡
건 물	구조용도		면 적				㎡

2. 계약내용

제 1 조 (목적) 위 부동산의 매매에 대하여 매도인과 매수인은 합의에 의하여 매매대금을 아래와 같이 지불하기로 한다.

①	매매대금	금			원정(₩			)
	계약금	금		원정은 계약시에 지불하고 영수함.	영수자(			☒)
	융자금	금	원정(은행)을 승계키로 한다.	임대보증금	총	원정 을 승계키로 한다.		
	중도금	금		원정은	년	월	일에 지불하며	
		금		원정은	년	월	일에 지불한다.	
	잔 금	금		원정은	년	월	일에 지불한다.	

② 제 2 조 (소유권 이전 등) 매도인은 매매대금의 잔금 수령과 동시에 매수인에게 소유권이전등기에 필요한 모든 서류를 교부하고 등기
절차에 협력하며, 위 부동산의 인도일은　　년　　월　　일로 한다.
제 3 조 (제한물권 등의 소멸) 매도인은 위의 부동산에 설정된 저당권, 지상권, 임차권 등 소유권의 행사를 제한하는 사유가 있거나,
제세공과 기타 부담금의 미납금 등이 있을 때에는 잔금 수수일까지 그 권리의 하자 및 부담 등을 제거하여 완전한 소유권을 매수
인에게 이전한다. 다만, 승계하기로 합의하는 권리 및 금액은 그러하지 아니하다.
제 4 조 (지방세 등) 위 부동산에 관하여 발생한 수익의 귀속과 제세공과금 등의 부담은 위 부동산의 인도일을 기준으로 하되, 지방세의
납부의무 및 납부책임은 지방세법의 규정에 의한다.
제 5 조 (계약의 해제) 매수인이 매도인에게 중도금(중도금이 없을때에는 잔금)을 지불하기 전까지 매도인은 계약금의 배액을 상환하고,
매수인은 계약금을 포기하고 본 계약을 해제할 수 있다.
제 6 조 (채무불이행과 손해배상) 매도자 또는 매수자가 본 계약상의 내용에 대하여 불이행이 있을 경우 그 상대방은 불이행한자에 대
하여 서면으로 최고하고 계약을 해제할 수 있다. 그리고 계약당사자는 계약해제에 따른 손해배상을 각각 상대방에게 청구할 수
있으며, 손해배상에 대하여 별도의 약정이 없는 한 계약금을 손해배상의 기준으로 본다.
제 7 조 (중개수수료) 부동산중개업자는 매도인 또는 매수인의 본 계약 불이행에 대하여 책임을 지지 않는다. 또한, 중개수수료는 본 계
약체결과 동시에 계약 당사자 쌍방이 각각 지불하며, 중개업자의 고의나 과실없이 본 계약이 무효취소 또는 해제되어도 중개수수료
는 지급한다. 공동 중개인 경우에 매도인과 매수인은 자신이 중개 의뢰한 중개업자에게 각각 중개수수료를 지급한다. (중개수수료는
거래가액의　　　　　　% 로 한다.)
제 8 조 (중개대상물확인설명서 교부등) 중개업자는 중개대상물 확인설명서를 작성하고 업무보증관계증서(공제증서등) 사본을
첨부하여　　년　　월　　일 거래당사자 쌍방에게 교부한다.

특약사항

_____
_____
_____
_____
_____

본 계약을 증명하기 위하여 계약 당사자가 이의 없음을 확인하고 각각 서명 날인 후 매도인, 매수인 및 중개업자는 매장마다 간인하여
야 하며, 각각 1통씩 보관한다.　　　　　　　　　　　　　　　　　　　　　년　　　월　　　일

③	매 도 인	주　　　소						
		주민등록번호			전　화		성 명	☒
		대 리 인	주 소		주민등록번호		성 명	
	매 수 인	주　　　소						
		주민등록번호			전　화		성 명	☒
		대 리 인	주 소		주민등록번호		성 명	
	중 개 업 자	사무소소재지			사무소소재지			
		사 무 소 명 칭			사 무 소 명 칭			
		대　　표	서명및날인	☒	대　　표	서명및날인		☒
		등 록 번 호		전화	등 록 번 호		전화	
		소속공인중개사	서명및날인	☒	소속공인중개사	서명및날인.		☒

KAR 한국공인중개사협회

부동산 매매계약서 예시

① 매매대금, 계약금, 중도금, 잔금의 액수와 지급일 확인

매도자가 매수자에 집을 넘겨주는 날짜를 확인한다. 만약 잔금 전에 계약을 해지하면 계약금의 두 배를 보상해야 한다. 그러나 중도금 입금 후에는 계약을 해지할 수 없다. 투자 시에 보통 중도금은 새로 구하는 세입자의 전세금으로 대신한다.

② 공과금 납부, 계약해제, 거래법에 관한 기본적인 내용

매수인과 매도인의 협의하에 넣는 특약사항에서는 혹여나 자신에게 불리한 사항은 없는지, 애매모호한 표현은 없는지 확인한다. 궁금한 사항이 있다면 그냥 넘기지 말고 사장님에게 반드시 문의한다.

③ 매도인 매수인 중개업자 정보

계약서상의 정보와 등기부등본상의 정보가 맞는지 확인한다. 또한 매도인의 주소와 주민등록초본의 마지막 주소가 동일한지 살핀다.

순서	내용	상세내용
가계약금	계좌이체, 계약 날짜, 시간 협의	잔금 날짜 협의, 중도금 여부 확인 전세입자 집 보는 것 협조 요청
계약금 (통상 매가의 10%)	계약서 작성 및 계약금 전달	특약사항 있을 시 미리 체크
중도금 (통상 매가의 40%)	중도금 지급	협의에 의해 중도금 지급 안해도 됨 투자 시 통상 전세입자 계약금으로 지급
잔금	잔금 지급	사전 준비사항 미리 체크

꼭 알아둬야 할 부동산 계약 단계

3) 소유의 기쁨, 마무리까지 깔끔하게 하기

매매계약 시 특약사항은 다음과 같다.

- 매도인은 매수인이 전세 임대 시 협조한다.(전세계약서 작성, 전세 대출 실행 시 협조 등)
- 중도금은 전세계약금으로 한다.
- 매매 잔금일은 매수인이 새롭게 체결하는 전세계약의 잔금일로 한다.

- 근저당이 있을 경우 잔금 시 전부 상환해 말소하기로 한다.
- 기타 사항은 민법 및 관례에 준한다.

그리고 잔금 전 준비사항은 이렇다. 매수자는 잔금일에 부동산 명의이전 작업을 처리하는데, 직접 등기를 하거나 법무사를 부르면 된다. 법무사는 통상 일주일 전에 미리 예약하며, 법무통이라는 앱을 이용해 여러 군데에서 견적을 받아볼 수 있다. 보통 3억 아파트 기준 15만 원(부가세별도)에 처리한다. 법무사 비용은 15만~수십만 원까지 차이가 나므로 많이 알아보고 저렴한 곳에서 하는 것이 좋다. 단순 업무이므로 크게 문제될 것은 없으며, 현금영수증 처리도 가능하다.

순서	내용	상세 내용
법무사 알아보기 (잔금 전)	소유권 이전 대출 있을 시 근저당권 설정	1-2주 전 미리 알아보기 법무통 앱에서 견적받기 비용 차이가 크므로 비교해보기
대출받을 시 미리 알아보기 (잔금 전)	매매 계약서 들고 은행, 잔금 일자 전달	
법무사비, 복비 (잔금 당일)	취등록세 및 법무사 비용 지급 부동산 복비 지급(매매 영수증 반드시 챙기기)	채권 비용 법무사에게 확인 및 영수증 요청

나머지 비용 지급 (잔금 당일)	매수자가 매도자에게 관리비 정산 지급 매수자가 매도자에게 선수 관리비 지급 매도자가 임차인에게 장기수선 충당금 지급	부동산 사장님이 알려주는 대로 하면 된다
집 점검 및 세입자에게 아파트 키 전달 (잔금 당일)	열쇠 세입자에게 전달 집 상태 미리 사진 촬영 (추후 세입자 나갈 시 확인용)	매도자가 짐 빼면 잔금 지급 전에 집 상태 확인하기

한눈에 보는 잔금 전 준비사항

＊ 잔금일 등기 절차 시 필요한 비용

법무사에게 맡길 경우 법무사비 + 세금 + 복비 세 가지 비용
이 필요하다.

세금

- 취·등록세(매입물건에 따른 가변비용)
- 국민채원매입(날마다 시세가 달라지므로 잔금일 기준으로 한다. 가변
  비용)
- 인지, 증지대 : 16만 5천 원(고정비용)

부동산
플러스
4

2020 부동산 대책,
뭐가 달라질까?

정부가 '부동산 투기와의 전쟁'을 선포했다. 말도 안 되게 높은 집값을 잡겠다며, 이번 정부가 내놓은 부동산 대책만 해도 벌써 열여덟 번째다. 참여정부 시절에 5년간 30번 내놓은 대책에 비하면 덜한 수준이지만, 그 동안 센 약을(정책)을 계속 처방했으니 이제 앞으로 더 나올 것도 없다고 생각했다. 그런데 결국 지난 12·16 고강도 대책을 내놓은 것이다. 집을 소유한 사람에게 부과하는 보유세(재산세+종합부동산세) 등 세금은 높이고, 대출은 더 받을 수 없도록 조이고, 분양가 상한제 대상 지역은 확대했다.

2018년 9·13대책으로 지난해 상반기 무렵까지 부동산 시장이 안정되기는 했다. 하지만 민간택지 분양가상한제(새 아파트 분양가격을 평형대별로 특정 가격 이상 받지 못하도록 규제) 시행 등으로 앞으로 새 아파트를 공급하기 어렵다는 우려가 커지며 연말로 갈수록 집값이 상승한 것이다. 집값이 계속 오르는 근본적인 이유는 새 아파트의 공급을 지속적으로 막아버리는 데 이유가 있지만, 바뀐 부동산 대책을 보면 원인을 다주택자의 투기 수요 때문이라고 보는 듯하다.

그래서 어떻게 바뀌는 건가요?

이번 12·16 대책의 핵심은 '진짜로 살 집 한 채만 대출받지 말고 자기 돈으로 사라'다. 고가 주택으로 수요가 쏠리는 것을 분산하고, 여러 채의 집을 갖는 것을 막겠다는 의도다.

처방전 1) 진짜로 살 집 하나만 남기세요

1. 보유세(재산세+종합부동산세)를 더 강화했으니 집 늘릴 생각하지 마세요.

2. 비규제 지역도 양도세 일반세율을 1년에서 2년으로 늘릴 것이 니 1년 단타로 투기하지 마세요.

3. 한 세대가 3주택을 넘게 사면 취득세를 4퍼센트로 적용합니 다.(기존 6억 이하 85제곱 이하 1퍼센트)

4. 무주택자라도 전세대출을 받으면, 9억 이상인 집은 한 채라도 사지 마세요! 전세대출금 회수합니다. 집이 두 채 이상인 사람도 당연 히 전세대출 안됩니다.

5. 1주택자는 갈아타기 할 때 전세를 주고 가지 말고(투·과열지구 조정지역) 기존 주택을 판 다음 매입한 집으로 이사를 가고 매도와 매 입을 동시에 해야 종전 주택에 비과세를 해주겠습니다.

처방전 2) 비싼 집 대출로 사지 말고, 자금력에 맞는 집 사세요!

1. 15억 넘는 주택은 담보대출이 아예 안 됩니다! 대출받아서 비

싼 집 살 생각 마세요.

2. 9억을 기준으로 원래는 주택담보대출 40퍼센트까지 해줬는데, 이제는 9억 초과는 20퍼센트로 줄이겠습니다.

3. 조정대상지역 '3억 이상', 비규제지역 '6억 이상' 집을 구입하면 자금조달계획서 제출하세요. 돈이 어디서 났는지 확인하겠습니다.

처방전이 세네요. 그럼 약발 좀 받을까요?

어쨌든 약발은 있다. 고강도 규제로 거래량이 줄어드는 것이다. 다만 지금은 관망세이다 보니 급매가 나오긴 해도 가격이 쭉쭉 빠지지는 않는다. 이전에 나왔던 대책보다는 강력해서 효과가 있을 것 같다면서도 좀 더 지켜봐야 한다는 의견이 많다. 지난 9·13대책처럼 처음에만 놀랐다가 다시 원상태로 돌아올지도 모른다는 의견도 있다. 대출을 안 받아도 될 정도로 현금을 많이 가진 사람만 집을 살 수 있냐는 반응도 나오는 중이다.

단기적으로는 투자 감소로 인해 매매가격은 조정될 수 있지만 근본적인 문제는 공급 부족과 유동성이다. 정부가 기대한 만큼 집값이 안정화가 될지는 지켜봐야 할 것이다.

대신 다른 데가 좀 오르네요

집값이 덜 오르는 대신 전세가가 오르는 중이다. 대출이 막혀서 집을 사려던 사람들이 전세를 구하고, 집을 팔려던 사람들은 전세를 비싸게 받으면서 집값이 다시 오를 때까지 기다리는 것이다. 현재 서울 아파트 중위값이 9억 원 정도인데, 대출을 막아 정말로 집을 마련해야 할 30~40대가 오히려 집을 사기 어려워졌다는 의견도 나온다. 이래나 저래나 실수요자들이 가장 억울하다.

12·16 대책은 한마디로 9~15억 비싼 집 사지 말고, 한 채만 가지라는 얘기다. 그 이하의 가격대로 내 집을 마련하려는 사람이라면 해당사항이 거의 없다. 대신 조정지역 내 3억 이상의 집을 살 때는 '자금조달계획서'를 제출해야 한다. 그냥 제출하면 된다. 대출받는 것도 문제가 없다. 집 챗수에 대한 규제로 하나씩 급매물이 나올 것이다. 오히려 싱글들에게는 저렴하게 집을 마련할 기회가 될 수 있다. 투자를 시작하려고 마음먹은 사람이라면 놀랄 수도 있겠다. 3주택 이상부터는 4퍼센트의 취득세를 내라니 말이다.

하지만 고민을 하기 전에 일단 한 채라도 투자를 시작해보면 어떨까? 세 채가 넘어간다면 취득세만큼 싸게 급매를 잡아 사면 되고 필요에 따라 법인을 설립할 수도 있다. 미리 걱정 마시길.

5장
내 집 마련도 투자다

처음부터 외모, 능력, 성격 3박자가 딱 떨어지는
완벽한 남자를 만나야겠다는 태도로 집을 고르지 말자.
그렇게 해서는 절대 집을 살 수 없다. 100퍼센트 맘에 들지 않더라도
내가 감당할 정도의 조건이라면 가격으로 타협하는 것이
부동산을 대하는 합리적인 자세다.

집은 못 사는 것이 아니라
안 사는 것이다

돈은 언제나 없었다

하늘을 뚫고 올라가는 것만 같은 집값. 내린다 내린다 하지만 도무지 내릴 기미는 보이지 않고, 이 넓은 땅덩이에 어떻게 나 하나 들어갈 집이 없단 말인가. 참 신기하기도 하다. 나는 복도식 아파트에 거주하는데, 퇴근 후 현관문을 열기 전 늘 파노라마처럼 수천 세대가 펼쳐진 아파트를 내려다보았다. 어렸을 때 TV에서 나오던 그 흔한 대사인 "이 많은 집 중에 왜 내 집 하나는 없나"라는 말이 그땐 와닿지 않았는데 어느 시점이 되니 내 입에서 절로 흘러 나왔다.

어렴풋하게나마 '내 집은 있으면 좋겠다' 마음먹지만 어느 순간 보면 당장 밀린 카드값에, 친구들과의 술값에 손에 쥔 돈은 얼마 없다. 신혼부부처럼 둘이 모아도 집 한 채 사기 힘든데 싱글이 무슨 집이냐며 신세한탄을 하고는 돈이 없어서 집 살 생각은 '그 언젠가'로 미뤄두었다.

하지만 투자를 시작하고 보니 집을 산다는 것은 그렇게 어려운 일도 아니었고, 돈을 벌고 있는 월급쟁이에게도 충분히 가능한 일이었다. 사실상 돈 많은 남편을 만나는 것보다 내 집을 사는 것이 훨씬 쉬운 일이다. 종잣돈을 모은 뒤 은행과 손잡고 집을 사면 되는 것이니 말이다. 돈이 없다고 하지만 전세나 월세 보증금으로 5천~1억 정도의 순자산을 가지고 있는 싱글들도 은근히 많다. 그들도 대출을 받으면 소형 평형대의 집을 충분히 살 수 있다. 그런데 왜 애초에 시도조차 하지 않는 걸까?

대출에 대한 두려움이 하나의 이유일 것이고, 또 하나는 거주하는 지역의 수준을 내가 전·월세로 살고 있는 곳보다 낮추고 싶지 않은 마음 때문일 것이다.

뉴스 기사나 투자 이야기에서 항상 단골로 나오는 멘트가 대출을 잘 이용하라는 것이지만, 나 역시 그 말을 곧이듣기는 쉽지 않았다. 지금껏 나에게 '빚=대출'은 두려움의 대상이었다. 대출금을 못 갚아 집안이 풍비박산 나고 좋은 집에서 쫓겨나 빨간딱지가 붙고 빚쟁이들이 찾아오고 신용불량자가 돼서 거리에 나앉는 상상, 드라마를 많이 본 나만 하는 상상은 아닐 것이다.

하지만 이것 하나만 알고 가자. 우리 관념 속에 박힌 나쁜 대출과 부동산 투자에서 말하는 대출, 융자, 레버리지는 근본적으로 성격이

다르다. 내 집 마련을 위해 받는 대출은 '보톡스'와 같다. 보톡스는 원래 독이지만 잘만 사용하면 주름을 없애주는 마술봉이 된다. 대출을 마음고생의 주름을 깨끗하게 없애주는 보톡스로 사용하자. 덕분에 우리는 전세에서 내 집으로, 낡은 집에서 새 집으로 이사를 갈 수 있다. 물론 이자가 발생하지만 매달 나가는 이자보다 더 큰 효용을 누리는 것이다. 그래서 대출은 '레버리지(지렛대)'다. 대출이 지렛대가 되어 더 큰 이익을 불러오는 것이다. 전세를 살면 최악의 경우 2년마다 집을 옮겨야 할 수도 있고, 이사비와 중개수수료를 따져보면 이자보다 더 많을 수도 있다.

'그 많은 돈을 대출받으면 언제 다 갚지?' 하는 부담감이 있을 수 있다. 대출 원금은 대출받은 집을 팔고 다른 곳으로 이사 갈 때나 가능하다. 이사를 가면 또 새로운 집에 대한 담보 대출을 받는 것이 일반적이다.

능력을 벗어나는 대출을 권유하는 것은 좋지 않지만, 자신의 재산을 담보로 레버리지를 활용하는 것은 자본주의 사회에서 기본 중의 기본이다. 지금 이 시대에 필요한 것은 나에게 주어진 것을 어떻게 잘 활용할지를 긍정적으로 생각하는 사고방식이다. 가용한 범위의 빚은 오히려 지출을 줄여주고, 반드시 필요한 것만 소비하도록 도와주는 강제저축 효과도 강력하다.

살고 싶은 집과 살 수 있는 집, 그 사이에서

오히려 가장 큰 문제는 내가 원하는 집과 실제 매입할 수 있는 집의 간극이 너무 크다는 것이다. 오랜 기간 월세나 전세에서 산 싱글들은 집에 대한 기대치가 높다. 인서울, 이름만 대면 으쓱할 만한 위치에 있는 좋은 집이 아니라면 굳이 살 생각을 하지 않는다. 5천만 원 미만의 보증금만 있어도 강남이나 그럴듯한 동네에 전세나 월세로 거주할 수 있다. 월세로 꽤 많은 비용을 내면 어느 지역이든 내가 원하는 곳에서 살아갈 수 있으니 말이다.

그런데 그곳을 포기하고 자산 수준에 맞추어 현실적으로 가능한 지역으로 옮기려니 간극이 메워지지가 않는다. 사는 동안 월세는 가심비가 될지 모르나, 그것은 갖고 싶은 명품을 빌려서 쓰는 것과 같다. 내 것이 아니다. 남들은 돈을 굴려서 진짜 명품을 사는데, 언젠가 돌려줘야 할 명품을 쥐고 있으면 뭐하겠는가. 한 친구는 사람은 '서울을 떠나면 안 된다'고 부르짖으며 잠실 빌라의 반전세에 엄청난 비용을 지불하며 살고 있다. 그 친구는 도무지 집을 살 생각을 하지 않는다. 돈을 더 모아서 나중에 반드시 서울에 보란 듯이 집을 사겠다는 것이다. 하지만 최근 집값이 오르는 것을 보면서 누구보다 슬퍼했고, 왜 자신에게 집 사란 얘기를 안 했냐면서 나를 탓했다.

처음부터 서울에서 시작할 자금력이 된다면 애초에 문제가 되지 않겠지만, 금수저를 갖고 태어나지 않은 이상, 일반적인 싱글의 자금력만으로 서울에서 집을 사기는 쉽지 않은 일이다. 서울에서 살고자

한다면 오히려 당장 가능한 지역에서 시작한 뒤 몇 번의 점프를 통해 서울로 들어가는 것이 현실적이지, 돈을 모아서 바로 내가 원하는 핵심지에 집을 산다는 것은 이제 태어난 신생아가 바로 걷겠다는 소리와도 같다. 당장 내 성에는 안 찰지라도 처음 매매한 집에서 평생 살 것도 아니지 않은가.

첫 집은 어디까지나 출발점으로 삼아 더 좋은 곳으로 이동하기 위한 첫걸음일 뿐이다. 아파트는 언제든 사고팔 수 있다. 그리고 집을 사고파는 경험은 상당히 중요하다. 결국은 내 돈이 들어가야 아파트에 더욱 관심을 갖게 되고, 여러 번 옮기는 동안 안목도 넓어지는 것이다. 어차피 우리의 최종 목적지는 나의 월급 생활이 끝나는 시점에 제대로 된 집을 한 채 갖는 것이다.

그러니 처음부터 외모, 능력, 성격 3박자가 딱 떨어지는 완벽한 남자를 만나야겠다는 태도로 집을 고르지 말자. 그렇게 해서는 절대 집을 살 수 없다. 100퍼센트 맘에 들지 않더라도 내가 감당할 정도의 조건이라면 가격으로 타협하는 것이 부동산을 대하는 합리적인 자세다.

대출이자와 월세는 다르다

가끔 사람들이 이런 말을 하곤 한다. 월세를 내는 것이나 집을 구입하고 은행에 대출이자를 내는 것이나 마찬가지 아니냐고 말이다.

하지만 이는 엄연히 다른 문제다. 월세보다 대출이자가 더 저렴할 뿐더러 월세는 집주인에게 고스란히 주고 남지 않지만, 내 집은 내게 남는 것이다. 부동산이 상승하면 훨씬 더 이득이다. 설사 크게 오르지 않는다 하더라도 인플레이션에 대비할 수 있으니 돈 가치의 하락을 막을 뿐만 아니라 돈을 지키는 결과를 낳는다. 월세를 내는 것과 비교할 것이 못 된다. 어차피 나갈 주거비라면 집이라도 남길 수 있도록 쓰는 게 좋지 않을까?

내 집이 없다면 자의든 타의든 이사하는 상황이 자주 발생한다. 이사 비용만 계산해보면 몇 달치 대출이자가 될 수도 있다. 내 집이 있다면 하다못해 월급 외 부수익을 올릴 수도 있다. 사람 성향에 따라 죽어도 한 집에서 다른 사람과 못 사는 사람도 있겠지만, 만약 나이가 들고 적적해지면 생각이 바뀔 수도 있지 않을까? 내 집을 에어비앤비처럼 혹은 셰어하우스로 이용하면서 사람들과 대화도 하고 즐거운 노년을 보낼 수도 있지 않을까 생각한다.

싱글의 집,
하나로도 충분하다

만약 근로소득으로 월급만 모았다면?

나의 친구 K의 이야기다. 그의 회사는 강남이었다. 하지만 강남에서 거주하는 비용은 전세든 월세든 말도 안 되게 비쌌기 때문에 부모님 집과 가까우면서 대출을 받아 매입이 가능한 부천에 소형 평형의 아파트를 매입했다. 출퇴근이 다소 불편했지만 자금력이 되지 않은데다 당시에는 20대 체력이었기에 그나마 가능한 일이었다.

그러다 부동산이 상승하기 시작하면서 매입한 집값이 오르기 시작해 약 7천만 원의 차익을 얻었다. 얻은 차익으로 강남으로의 출퇴근이 훨씬 좋은 분당의 소형 평형 아파트를 알아보기 시작했다. 분당에서도 입지가 좋은 곳은 가격이 비쌌기 때문에 핵심 입지보다 살짝 떨어지는 분당동에 소형 평형을 매입해서 이사했다. 일단 지역을 상향 이동한 셈이다.

연봉도 조금씩 오르고, 인센티브가 생기면 그 돈으로 대출을 갚아 나가기 시작했다. 그러면서도 부동산에 대한 관심의 끈은 놓지 않았다. 지속적으로 집을 업그레이드해나갈 생각이었기 때문이다. 시간만 나면 부동산 중개소에 자주 들르고 가끔씩은 간식도 사들고 가서 사장님과 친분을 쌓았다. 그러다 보니 중개소 사장님이 집을 보러 가면 같이 따라가기도 할 정도로 가까워졌다.

그러자 저렴한 매물이 나오면 중개소에서 그 친구에게 연락이 오기 시작했다. 시세보다 몇 천이 싸게 나오는 급매물을 먼저 이 친구에게 소개해주기 시작한 것이다. 중개소에 자주 들르니 지역 부동산이 어떻게 돌아가는지도 알게 되고, 평소에도 뉴스를 보면서 시황을 파악했다. 그러다 사는 곳보다 입지가 더 좋은 분당 수내동의 20평대 매물이 저렴하게 나오자 기존 집을 매도하고 갈아탔다.

결혼을 하면서 현재는 수내동의 50평형대에 살고 있다. 그 집을 살 때도 분당 시세가 오르기 전에 매입했기 때문에 로열동, 로열층으로 골라서 들어갈 수 있었다. 대출을 크게 받아 걱정이 많았지만, 그 친구는 마지막 집으로 자산을 엄청나게 불릴 수 있었다. 매입 시 7억대의 집이 지금은 15억까지 올랐기 때문이다.

부천의 소형 아파트에서 시작해서 현재는 15억의 자산가가 된 것이다. 워낙 좋은 입지인 데다 재건축 이슈까지 있어서 상당한 시세상승이 일어났다. 그런데 만약 그 친구가 월급만 모았다면 어땠을까?

'안정'과 '자산' 두 마리 토끼를 잡는 실거주 전략

실거주 전략은 집 한 채로 자산을 천천히 불려가는 것이기 때문에 다주택보다 대출을 적극적으로 이용하면 좋다. 실거주에 대한 자금 리스크는 다주택에 비해서 훨씬 덜하기 때문이다. 나는 아래와 같은 맥락으로 실거주 전략을 취할 것을 추천한다.

하나, 내가 할 수 있는 최대치의 자금을 모은다.
둘, 현실보다 40~50퍼센트 상향된 목표치를 세운다.
셋, 그 간극을 '대출'이라는 레버리지로 메워 자금을 관리한다.
넷, 지속적으로 내 집을 업그레이드해나간다.

샤넬백 없으면 에코백 들고, 해외여행 못 가면 호캉스라도 가면 된다. 강남에 집 없어도 사는 데 문제없다. 하지만 2년마다 불안해하지 않고 편안하게 살 수 있는 내 집은 삶에 안정을 주는 큰 가치다.
돈의 가치가 하루가 다르게 떨어지는 자본주의 시장에서 최소한 마이너스가 되지 않으려면 집 한 채는 가지고 있어야 한다는 말이다. 실거주로 담보대출이 가능하므로 필요에 따라 이를 투자에 활용할 수도 있다. 안 모이던 돈도 대출을 갚는 상황이 되면 더 빠르게 잘 모인다. 실거주 전략을 택하는 것은 '안정'과 '자산' 두 마리 토끼를 잡을 수 있는 좋은 투자법이라고 생각한다.
다만 사놓고 마냥 넋 놓고 있기보다 부동산에 대한 관심을 놓지 않고, 업그레이드할 수 있는 지역과 시기를 잘 보고 있어야 좋은 기회를 잡을 수 있다.

똑똑한 한 채에 살며 몸집 불리기

내 집을 마련하는 방법에는 두 가지가 있다. 먼저 한 가지는 내 자금과 대출을 이용해서 실거주 집을 매입한 뒤 얻은 시세차익으로 지역과 평형을 업그레이드해나가는 것이다. 그리고 다른 하나는 전세를 끼고 미리 실거주 집을 매입해두고 거주비가 저렴한 곳에서 거주하면서 자산을 늘려가는 방법이다.

첫 번째 방법은, 일단 자신의 자금력에 맞는 곳으로 지역을 선정하고 감당할 수 있는 정도의 영끌(영혼까지 끌어 모으기) 대출을 이용해 내 집을 마련한다. 누가 봐도 좋은 A급지, 새 아파트를 살 수 있다면 좋겠지만, 아마도 대부분의 싱글은 구축을 매입하는 것도 쉽지는 않을 것이다.

새 집이 아니라도 인테리어로 얼마든지 깨끗한 집으로 재탄생시킬 수 있다. 또한 구축 중에서도 새 아파트가 될 수 있는 기회를 가질 수 있는 리모델링과 재건축 호재가 있는 단지를 선택하는 것도 구축의 단점을 장점으로 전환할 수 있는 전략이다.

자금이 부족한 싱글녀라면 새 아파트냐 아니냐보다는, 수요가 많은 '좋은 입지'를 사야 한다는 생각으로 첫 집을 계획하는 것이 좋다.

구축이라도 수요가 있는 지역이라면 얼마든지 시세 상승이 일어날 수 있다.

실거주를 업그레이드해나가기 위해서는 실거주 지역을 시작으로 주변 지역, 혹은 나중에 이동하고 싶은 상향 지역에 대해서 미리 공부하고, 원하는 단지가 있다면 지속적으로 관심을 가지고 있어야 한다. 예를 들어 만약 용인시 수지구에 첫 집을 샀다면, 내가 상향 이동하고 싶은 지역인 분당을 시간이 날 때마다 발품을 팔아 다녀본다. 그리고 옮기고 싶은 아파트 단지를 선정하고 미리 '찜'해둔다. 기회가 언제 올지 정확히는 모르나, 이러한 현상이 나타난다면 더 관심 있게 지켜보면 좋다. 바로 아파트 단지 내의 소형과 중형 평형대의 가격이 비슷해지는 시점, 더 좋은 지역과 덜 좋은 지역의 시세가 비슷해지는 시점이다. 이때가 바로 살고 있는 집을 팔고 점핑할 시점이다.

모든 지역과 평형대는 동일한 시간에 오르고 내리는 것이 아니다. 단지 내에서도 평형대의 시세가 다르게 움직인다. 기본적으로 소형이 먼저 오르고 중형 그리고 대형의 순으로 넘어간다. 소형이 많이 올랐는데 중형이 아직 많이 오르지 않았다면 소형을 오른 가격에 팔고, 내가 모은 자금과 추가 대출로 덜 오른 중형으로 갈아탈 수 있다.

지역을 갈아타는 것도 마찬가지다. 모든 지역에는 흐름이 존재하고 그 안에서 시세가 영향을 주고받으며 오른다. 보통 큰 생활권역 내에서 가장 일자리에 가깝고 선호되는 지역이 먼저 오르고 순차적으로 주변 지역으로 이동한다. 예를 들어 동남권을 보자면, 강남이 오르면 아래 판교, 분당으로 이어진다. 그리고 분당에서 수지로, 수지에서 광교, 기흥, 동탄 이런 식으로 말이다.

물론 새 아파트가 들어선다면 순서가 바뀔 수도 있다. 하지만 어느 정도 일정하게 이러한 흐름이 있는 것이다. 그런데 언제나 일정한 간격을 유지하고 있는 것도 아니다. 부동산 시황, 호재에 따른 입지 변화에 따라 A급 지역과 B급 지역의 간격이 매우 좁아지는 시점이 오기도 한다.

2017년 분당의 아파트 시세가 본격적으로 오르기 전에 수지구 신정7단지 24평 가격이 3억 8천, 분당 구미동의 선경아파트 21평의 가격은 3억 7천에서 4억 2천대였다. 분당 구미동의 입지가 훨씬 좋음에도 거의 비슷한 가격대였다. 당시 부동산 커뮤니티에는 '추가로 5천~1억을 대출받아서 분당으로 옮겨야 할까요?'라는 질문이 상당히 많이 나오기도 했었다.

만약 당시 신정7단지를 매도하고 분당 구미동 선경으로 갈아탔다면 현재 어떠한 상황일까? 신정7단지는 4억 2천에서 4억 8천, 분당 구미동 선경은 5억 3천에서 5억 9천(최고가 6억 3천)이다.(2019.11.4. 기준) 같은 단지 내에서 평형 갈아타기 전법으로 더 큰 평형으로 옮겼어도 1억의 시세차익은 냈을 것이다. 그런데 그 시기 분당으로 갈아탔다면 2억 가까이 시세차익을 냈을 것이다. 시세차익을 얻었을 뿐 아니라 상급지로 지역까지 업그레이드되었을 것이다.

미래의 집을 지금 내 것으로

내 집 마련의 두 번째 방법은, 내가 직장과의 거리로 현재 사는 곳을 옮기지 못할 경우, 또는 대출까지 사용해도 집 한 채를 마련하기 어려울 경우, 투자가치가 높은 지역 혹은 내가 거주하는 것보다 더 상향 지역에 전세를 끼고 미리 사놓는 것이다.

내가 현재는 경기도에 거주하고 있지만, 서울의 A지역에 내 집을 마련하고 싶은데 그곳 아파트가 5억이라고 해보자. 지금 당장 어떤 방법을 동원해도 도무지 들어갈 수가 없다면, 아파트 매매가 5억에서 전세가 4억을 뺀 나머지 금액이 1억이라면, 1억으로 미리 서울 A지역 아파트를 사놓는 것이다. 또한 새 아파트에 너무 살고 싶은데 청약은 힘들다면, 신축 분양권을 사서 임대를 놓은 뒤 돈이 모이면 추후에 그 집에 들어가는 방법도 사용할 수 있다. 대신 욕심이 지나쳐 감당하기 어려운 너무 비싼 아파트를 사는 것은 매우 위험하다.

내가 입주하기 전까지 세입자를 끼고 있는 것인데, 비싼 아파트일수록 역전세가 나면 추가로 돌려줘야 하는 보증금 액수도 클 뿐더러, 전세계약 기간이 만료되고 새로운 세입자를 구하지 못할 경우 감당할 수 없는 보증금은 그야말로 큰 리스크가 될 수 있다. 이런 점을 조심해서 내 집을 마련해놓은 뒤 나는 거주비가 저렴한 지역에서 전세 혹은 월세로 거주하는 것이다.

현재 전세로 거주하고 있는 싱글녀라면 두 가지 방법으로 돈을 만들면 된다.

1) 전세를 반전세나 월세로 돌리고 보증금을 추가해서 비용을 만든다. 만약 전세보증금이 1억이라면, 약 8천으로 전세를 끼고 집을 사둔 뒤, 나머지 2천으로 내가 살 곳을 반전세나 월세로 돌리는 것이다.(금액은 예시이므로 자신의 상황에 맞게 돈을 나누면 된다.)

2) 전세금 일부를 매매 비용에 추가하고 나머지 자금은 전세대출을 받아서 만들 수 있다. 만약 가진 전세보증금이 1억이라면, 약 8천으로 전세를 끼고 집을 사둔 뒤, 나머지 2천에 추가로 전세자금 대출을 받아 주거비가 저렴한 곳에 전세로 거주한다. 대신 집이 두 채가 될 경우 전세대출은 받을 수 없다.

집 하나로 노후를 어떻게 대비할까?

싱글은 이러한 '실거주 이동'에서 매우 큰 장점이 있다. 아이가 없기 때문에 굳이 학군이 좋은 비싼 지역에 거주할 필요가 없다. 남편의 직장과 내 직장 거리를 맞춰 최적의 위치를 찾느라 고심할 필요도 없다. 가족과 상관 없이 아무 때나 원하는 타이밍에 이동이 가능하다는 장점이 있는 것이다.

그렇다면 집 하나로 과연 노후 대비가 가능할까? 집 한 채로는 우선 은퇴 시 주택연금으로 전환해 생활비로 사용할 수 있다. 주택연금은 집을 소유하고 있는 고령자가 집을 담보로 맡기고 대신 일정 기간 또는 평생 일정한 금액을 수령하는 상품이다. 게다가 담보로 맡겼다고 하더라도 그 집에서 평생 거주할 수 있는 권리가 보장된다. 아니면 마련한 집을 매도한 후 소형 평형으로 집을 옮기면서 생긴 시세차익을 노후자금으로 사용할 수도 있다.

상속해줄 자녀가 없는 싱글녀에게 주택연금은 좋은 방법이다. 물론 늦게라도 배우자를 만나고 아이가 생긴다면 '증여'를 해주면 된다.

주택연금은 만 60세 이상이고 9억 원 이하의 주택 소유자라면 누구나 가입할 수 있다. 주택연금의 가장 큰 매력은 바로 거주권을 평생 보장받는 동시에 죽을 때까지 돈을 받을 수 있다는 것이다. 지급 방식에는 평생 동안 일정 금액을 지급받는 종신 지급 방식과 일정기간 동안 지급받는 확정기간 방식이 있다. 주택연금을 받기 위해서는 반드시 그 집에 본인이 거주해야 한다.

그런데 만약 부동산 가격이 크게 올라서 주택연금을 굳이 유지할 필요가 없다면? 해지하면 그만이다. 반대로 주택 가격이 크게 내려가도 처음에 약정한 연금 지급액은 줄어들지 않는다. 주택연금 월 지급금은 한국금융공사 주택연금 홈페이지에서 유형별로 확인이 가능한데, 60세 이상만 확인 가능하므로 참고하자.

내 집 마련, 어디서부터
시작할까?

처음부터 서울, 새 아파트에 살겠다고?

강남, 서초, 송파, 마용성? 하다못해 인서울의 나 홀로 아파트라도 마치 서울이, 그리고 새 아파트가 바이블인 것처럼 외치고 있지만, 당장 회사 가까운 원룸 전세보증금 하나도 감당하기 어려운 싱글에게 그게 어디 쉬운 일인가. 서울 아파트 중위값은 9억이 되었고, 5~6억을 들고 있어도 맘에 드는 24평 하나 들어가기 쉽지 않다.

샤넬백이 고급인 것을 몰라서 안 사는 게 아니고, 벤츠의 승차감을 몰라서 안 타는 게 아니다. 머리로는 알지만 진입장벽이 높다는 것을 인정하고 시작할 수밖에 없다. 내 눈에 좋아 보이는 곳은 누구에게나 좋아 보인다. 그래서 가고 싶은 마음 하나로 바로 들어갈 수가 없다. 그렇다고 수도권 어디 외곽 끝자락에 살며 날마다 왕복 네 시간을 들여 기차 여행하듯 출퇴근을 할 수는 없다.

따라서 처음엔 입지 대비 가격이 저렴한 가성비가 뛰어난 지역을 시작으로, 스텝 바이 스텝으로 좀 더 나은 지역으로 점프해가야 하는 것이다. 객관적으로 더 나은 지역, 더 오를 지역으로 이동하기 위해서는 가장 먼저 지역에 대한 편견을 버리고 시작하는 것이 좋다.

흔히 싱글녀들은 내가 오랫동안 거주해온 지역을 못 벗어나는 경향이 있다. 한 지역에 오래 살다 보면 익숙해지고, 편해진다. 언제든 편하게 만날 수 있는 친구들도 있고 무엇보다 안전하다고 느낀다. 하지만 가장 먼저 버려야 할 것이 바로 익숙함과 지역에 대한 편견이다.

여러 지역에 살아봐야 지역의 장점과 단점이 객관적으로 보이면서 자연스레 부동산에 대한 안목이 생긴다. 안목이 생긴다면 집을 선택하는 데 유리할 수밖에 없다. 한 곳에서만 붙박이처럼 살아간다면 자산을 늘려갈 수 있는 많은 기회를 잃어버리는 것과도 같다.

만약 종잣돈을 끌어모아서 1억 원 정도가 준비되었다면 최대 3억에서 3억 중반 가격대까지 생각해볼 수 있다. 그 이상은 개인 상황에 따른 차이는 있겠지만 원리금을 갚아나가는 데 무리한 수준은 아닌지 생각해봐야 한다.

서울에서 최소 3억대의 집을 구할 경우 교통과 거주환경 수준까지 고려한다면 좋은 집을 찾기란 쉽지 않다. 그러나 경기도라면 서울보다 주업무지구 접근성이 뛰어나고 인프라가 잘 갖춰진 곳임에도 아직 저렴한 곳이 많다. 서울 강남권을 필두로 2013년부터 상승해 6년을 지나온 지금에도 경기도의 일부는 뒤늦게 상승을 시작한 곳도 있고, 구축일 경우 제값을 못 받는 지역도 많다.

모두 핵심 지역의 새 아파트에 거주할 수는 없고, 결국은 순차적으로 입지가 좋은 지역을 중심으로 자연스레 가격들이 형성될 것이다. 그러니 현실적으로 가능한 곳으로 시선을 돌리고 그중에서 가장 좋은 곳은 어디인지 유연하게 생각해보는 것이 좋다.

이곳들은 실거주로 양호한 곳들임에도 가치에 비해 아직은 저평가된 곳들이다. 그렇기에 종잣돈이 부족한 싱글에게 충분한 지역이 될 것이다. 가장 중요한 것은 실거주 점프를 통해 가장 마지막에 제대로 된 아파트 한 채를 갖는 것이다.

. . . .

구축을 살 때 유의할 점

1) 구축이라면 신축이 줄 수 없는 확실한 장점이 있어야 한다. 역세권 프리미엄이 가장 좋고, 아이는 없어도 학군 프리미엄을 가진 지역도 수요가 꾸준하다. 역세권과 학군은 새 아파트로 대체가 쉽지 않다.

2) 새 아파트가 될 가능성이 높은 아파트가 좋다. 이왕이면 리모델링이나 재건축 이슈가 있는 단지를 사면 좋다. 이것은 아파트 자체에 대한 호재라고 볼 수 있는데, 비록 리모델링이나 재건축이 현실화되지 않더라도 이슈가 있다는 것만으로도 호가가 높아진다.

3) 주변 새 아파트와 비교해서 전세가율은 높은데 매매가가 그에 비해 매우 저렴해야 한다. 즉, 덜 오른 단지다. 이를 위해 랜드마크를 찾은 다음 랜드마크와 동일한 생활권을 공유하는 단지인지 확인한다.(같은 학군, 상권, 일자리를 공유하는 생활권) 랜드마크와 가격을 비교해보고 동일한 평형대임에도 매우 저렴하다면 아직 덜 오른 단지일 가능성이 높다. 반대로 구축임에도 랜드마크와 거의 비슷한 시세라면 많이 오른 가격이라고 볼 수 있다.

구축에서 확인해야 할 세 가지

싱글녀에게 중요한 '가성비'와 '거주 안정성'

내 집 마련에서 싱글녀에게 가장 중요한 두 가지는 '가성비'와 '거주 안정성'이다. 이는 다음 네 가지 항목으로 확인해볼 수 있다.

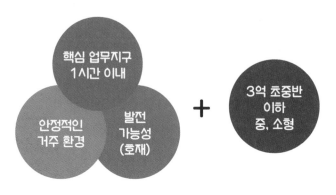

실거주 투자 시 고려해야 할 사항

1) 주요 업무지구에서 출퇴근 1시간 이내 & 역세권 도보 10분 이내

내 집 마련의 가장 기본이 되는 첫 번째 사항은 주요 업무지구와의 교통 접근성이 1시간 이내인 곳이어야 한다는 것이다. 이러한 지역은 장기적으로도 충분한 수요가 있다. 집은 한 번 사고 끝이 아니다. 언제라도 팔 수 있고 또 살 수 있다. 다만 잘 팔리기 위해서는 수요가 풍부한 지역과 단지여야 한다는 점이 매우 중요하다. 강남, 광화문, 여의도 등 전통적인 3대 업무지구, 또 일자리 수요가 지속적으로 늘어나고 있는 가산/구로 디지털단지, 떠오르는 질 좋은 신상 업무지 판교와 마곡 등이 포함된다.

가장 많은 일자리와 종사자 수를 가진 강남 업무지구 하나만 빠르게 도착할 수 있는 지역도 추천한다. 그래서 이런 업무지구를 지나가는 지하철 1호선, 2호선, 3호선, 5호선, 7호선, 9호선, 신분당선역이 있는 지역들이라면 관심 대상에 넣어야 한다. 자동차가 아니라 대중교통을 기준으로 해야 하고, 그중에서도 사람들이 가장 많이 이용하는 전철을 기준으로 해야 한다.

2) 소형 아파트(10평대~24평 미만)

싱글이기 때문에 소형 아파트에 거주할 수 있다는 것은 정말 매력적이다. 일반적으로 분양 물량들은 전용면적 59~84제곱미터 등 3, 4인 가족이 살 만한 규모의 크기로 많이 나오기 때문에 59제곱미터 이하로 공급되는 소형 평형대 물량은 희소가치가 있다.

학군 프리미엄이 있는 지역이 아니라면, 기본적으로 소형에 대한 니즈가 크다. 단순한 투자를 목적으로 한다면 지금 덜 오른 평형대를 사는 것이 맞지만, 실거주라면 자금력에 우선하여 사는 것을 추천한다. 소형 평형은 1인 가구가 증가함에 따라 실수요자뿐 아니라 임대를 위한 투자까지 수요가 많다. 평당가는 낮지 않더라도 절대가가 낮기 때문에 접근이 가능하다. 다만 주변에 임대아파트가 많다면 사람들의 선호도가 많이 떨어지므로 시세가 잘 오르지 않는다. 이것은 투자 측면에서 객관적인 사실이다.

소형을 살 때 유의해야 할 점은 다음과 같다.

중대형 평형대와 섞인 단지여야 한다. 소형으로만 이루어진 단지보다는 중대형 평형대와 함께 있는 곳이 시세가 잘 오른다. 소형보다 비싼 중대형들이 있다면 상대적으로 저렴해 보이는 효과가 있기 때문이다. 똑같은 키라도, 옆에 키 큰 친구가 있으면 상대적으로 작아 보이는 것과 같은 이치다. 게다가 중대형에 거주하는 사람들의 소득수준이 상대적으로 높기 때문에 그들과 같은 인프라를 공유할 수 있다는 것도 장점이다. 소형 아파트라 할지라도 이왕이면 소득수준이 더 높은 동네, 근처에 초등학교가 있는 곳이 수요가 더 많고 불황에도 버틸 수 있다.

또한 역세권이어야 한다. 소형 평수라면 수요의 성격이 싱글, 혹은 신혼부부이기 때문에 이들에게 가장 중요한 것은 무조건 일자리로 빨리 들어가는 초역세권이어야 한다는 점을 기억하자. 다만 역세권 근처의 10평대는 수도권에만 해당하는 내용이지 지방이라면 매력이 없다.

소형보다 입지가 더 좋은 역세권에 오피스텔이 많다면 경쟁에서 밀릴 수도 있으니 이런 부분도 같이 체크해서 보자.

3) 싱글이 살기에 좋은 거주환경(택지 & 생활 인프라)

싱글녀에게 중요한 것은 무조건 '안전'이다. 택지 지역은 주로 아파트들로 구성되어 있어 쾌적하기도 하지만 밤시간에 퇴근해도 위험이 덜하다. 한번은 회사에서 파견을 가 거주환경이 열악한 지역에서 지낸 적이 있었는데 매일 밤마다 긴장하면서 퇴근했던 기억이 있다. 실제로 술에 취해 쫓아오는 남성 때문에 혼비백산한 적도 있다. 주변환경이 열악하다 보니 운동은 깜깜한 야밤에 초등학교 운동장을 도는 것으로 해결했고 쉴 만한 공원조차도 없어서 주로 방 안에서 혼자 지내다 보니 우울감도 커졌다.

열악한 빌라촌이 섞이지 않은 택지 지역인지, 주변에 백화점과 큰 상권, 그리고 쾌적한 헬스센터 등이 갖추어져 있는지, 병원, 여가생활을 즐길 만한 영화관, 도서관 등 기본 인프라가 잘 갖춰진 곳인지 꼭 살펴봐야 한다. 즉, 아파트 단지와 상권이 멀지 않아 혼자서도 잘 지낼 수 있는 곳이어야 한다. 키우는 반려동물을 위한 병원이나 시설도 갖춰진 곳이라면 좋다.

내 아이는 없어도 학군까지 좋아 아이들 키우기 좋은 곳이라면 더 탄탄한 수요를 보증하는 곳이다. 위험한 곳에는 학부모들이 이사 오지 않는다. 싱글녀들이 살기 좋은 곳은 대부분의 사람들에게도 살기 좋은 곳임은 분명하다.

'택지'란 쉽게 설명하자면, 지도를 봤을 때 바둑판처럼 다듬어진 주거지를 말한다. 판교 신도시 같은 1~2기 신도시들, 상업지역과 주거지역 등이 적절히 들어가서 거주하기에 안전하고 편리하게 만들어진 곳이다. 보통 서울은 대부분이 구도심이라 택지 지역이 많지 않아도 물리적 입지가 뛰어나기에 어느 정도 보완이 되지만, 서울 외 지역이라면 반드시 살기에 편리한 택지 지역을 선택해야 한다.

4) 지역발전 가능성(호재)

호재는 곧 미래에 대한 가치다. 현재 비슷한 지역이라도 플러스알

파로 호재가 있는 지역이라면 상승기에 더 많은 시세차익을 기대할
수 있다. 다만, 좋지 않은 지역에 호재 하나만 보고 들어가는 것은 위
험하다. 불황이 오면 호재 거품은 가장 먼저 빠진다.

호재는 아래 세 가지에 해당하는지만 보면 된다.

- 일자리가 늘어나는 곳(ex. 마곡, 판교)

- 주요 일자리로 들어가는 교통이 좋아지는 곳(ex. 자체 일자리 수
  요는 없지만 신분당선을 통해 일자리로 빨리 가는 수지구)

- 거주환경이 좋아지는 곳(쓰레기 매립지나 공장 등의 유해시설이 없
  어지고 대형몰이 들어서거나 자연환경이 개선되는 곳)

지역 호재를 보는 세 가지 방법

1) 네이버부동산 - 뉴스 - 우리동네 뉴스 - 지역 선택

2) 호갱노노 개발호재

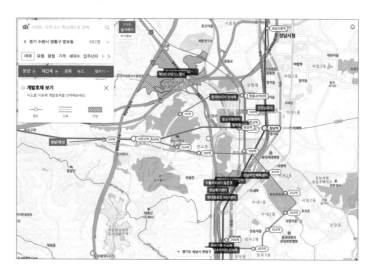

3) 온라인 맘카페

지역 맘카페는 엄마들의 놀이터다. 지역 내 소식이 매우 빠르게 올라온다. 또한 단지에 대해 궁금한 것을 물어보면 대답도 친절하게 잘해준다. 실제로 살고 있는 지역민들이고 아이를 키우는 엄마들이라면 지역 소식에 민감할 수밖에 없다. 다만 광고가 많기 때문에 선별해서 볼 필요가 있다.

실거주 점핑 로드맵

결론적으로 정리하자면 실거주 투자는 다음과 같은 단계로 자산을 불리게 된다.

step 1 주요 업무지구 1시간 이내 소형 3억~3억 5천 미만 아파트를 매입한다.

step 2 집을 팔고 새로운 집을 구할 때는 첫 지역보다 무조건 일자리가 가까운 곳으로 한다. 현 거주지보다 절대 밖으로 나가지 않는

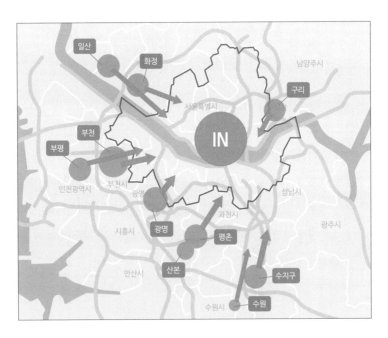

점프할 때는 반드시 안쪽으로 들어온다

다.(왜냐하면 시간이 흐름에 따라 중심지와 외곽의 가격 차가 벌어지기 때문이다. 중심지 가까운 곳이 시세 오름폭이 크기 때문에 자산 상승폭이 커진다.)

step 3 다음 목적지 깃발을 꽂고 '눈바디' 하기 + 부동산 시황 살피기(뉴스, 카페, 블로그) + 일하면서 열심히 돈 모으기

내 집 마련,
액션 플랜

서울 최대의 오피스이자, 상업지구 강남

이제 지역별 전략이다. 먼저 강남권(동남). 강남은 우리나라 최대 업무지구다. 서울시 직장인의 직장 소재지를 보면 동남권이 압도적이다. 이 말인즉 서울과 수도권에 사는 직장인들은 아침마다 다른 어떤 일자리보다 '강남' 업무지구에 출퇴근하기 위해 고군분투하고 있다는 말이다.

그래서 우리나라 집값은 핵심 일자리 접근성에 따라서 서열화되어 있다. '강남에 얼마나 빨리 들어가는 곳인가' 체크하는 것이 쉽게 주택의 가치를 판단하는 방법이 되기도 한다. 적어도 강남을 1시간 이내로 들어갈 수 있는 지역이라면 최소한의 가격 방어는 된다고 볼 수 있다.

과거에는 종로, 중구 등 도심권이 업무 중심이었다면 지금은 동남권으로 그 중심축이 이동하고 있다. 송파구 문정업무지구가 확대되고, 삼성동 글로벌비즈니스 센터인 GBC가 착공되면 강남의 업무지구는 더욱 확장될 것이다. 또한 강남 아래 판교는 새롭게 떠오르는 주요 업무지구로서 커나가고 있기 때문에 강남을 필두로 한 동남권 일자리는 지속적으로 확장될 것으로 예상된다. 그에 따라 경부라인을 중심으로 형성되어 있는 분당, 판교, 수지, 수원 등의 시세에 이미 많은 영향을 주었지만 장기적으로도 많은 아파트 수요를 불러올 것이므로 안정적인 주거지역이 될 수 있을 것이다.

강남권 업무지구를 지나는 전철 노선은 2호선, 3호선, 9호선, 신분당선, 분당선인데 이 중에서 싱글녀가 접근해볼 수 있는 곳은 신분당선, 분당선 또는 2호선을 통해 빠르게 접근이 가능한 지역 중 입지에 비해 저렴한 시세를 형성하고 있는 용인시 수지구, 수원시, 평촌, 산본 등이다.

출근 지역구	도심권	동북권	서북권	서남권	동남권
1위	강남 (13.8%)	강남 (15.1%)	강남 (14.4%)	강남 (15.8%)	강남 (19.9%)
2위	마포 (11.8%)	종로 (10.2%)	종로 (12.2%)	영등포 (13.4%)	서초 (10.6%)
3위	중 (9.4%)	동대문 (7.1%)	중 (8.8%)	구로 (8.6%)	송파 (8.6%)

4위	서초 (8.4%)	중 (7.1%)	서대문 (7.8%)	서초 (6.6%)	종로 (7.9%)
5위	서대문 (6.1%)	서초 (5.8%)	마포 (7.8%)	금천 (6.2%)	강동 (6.4%)
6위	용산 (6.0%)	노원 (5.7%)	영등포 (6.6%)	마포 (5.9%)	광진 (6.4%)
7위	영등포 (5.8%)	성동 (5.7%)	서초 (6.1%)	강서 (5.9%)	중 (4.9%)
8위	동작 (4.7%)	성북 (4.3%)	용산 (5.7%)	양천 (5.6%)	영등포 (4.1%)
9위	동대문 (4.5%)	마포 (4.0%)	강서 (3.4%)	종로 (5.5%)	성동 (4.1%)
10위	성동 (4.2%)	광진 (4.0%)	구로 (3.1%)	용산 (4.7%)	마포 (3.1%)

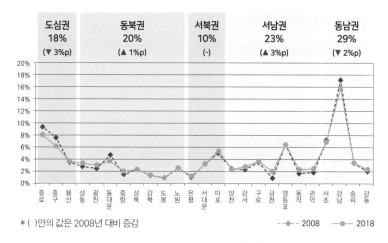

* ( )안의 값은 2008년 대비 증감

2018년 기준 서울시 직장인의 직장 소재지 및 동남권 출근 비중

동남권 주요 지역

1. 강남권을 뚫으려면 신분당선 라인부터! '수지구'(조정 지역)

- 교통 : 신분당선(강남 25분 – 판교 11분)
- 생활 인프라 : 수지구청 상권, 성복 롯데몰 상권, 죽전역 상권
- 호재 : 판교 테크노밸리 확장에 따른 수요가 지속적으로 유입

동남부 쪽 라인의 핵심적인 교통 노선은 바로 돈분당선이라 불리는 '신분당선' 라인을 따라 이어진다. 때문에 신분당선역 접근성에 따라서 집값이 형성되고 있다. 신분당선에 관심을 가져야 하는 첫 번째 이유는 바로 3대 업무지구 중에서도 톱클래스에 해당하는 강남을 관통하며, 떠오르는 업무지구인 판교 테크노밸리까지 두 개의 핵심 업무지구를 하나로 연결해주기 때문이다.

뿐만 아니라 신분당선의 확장으로 용산까지 한 번에 갈 수 있게 되어 그동안 아쉬웠던 서울 중심부 접근성이 해결된다. 수지구청역에 상권이 크게 형성되어 있고, 얼마 전에는 성복 롯데몰이 들어서면서 기존의 노후화된 수지구청 상권을 해결해주었다. 인접한 분당으로 인해 학군에서 빛을 덜 보고 있지만, 수지구에도 학원가가 있어 학군이 뛰어난 지역이다. 학군은 싱글이 살면서 중요한 요소는 아니나, 큰 수요를 불러일으키는 중요한 요소이므로 저렴한 가격대로 학군까지 좋다면 더할 나위 없다.

자체 환경도 좋은 편이지만, 위쪽으로 분당, 아래쪽으로 광교의 생활 인프라를 누릴 수 있다는 점도 생활의 편리함을 주는 장점이 된다.

수지구의 풍덕천동은 1지구와 2지구로 나뉘는데 1지구는 1990년식으로 노후화되어 있어 상대적으로 가격이 저렴하지만 거주환경이 좋은 편이다. 다만 평촌이나 산본과 달리 10평대가 거의 전무하다. 최소한 20평대부터 시작된다.

풍덕천동과 함께 죽전동도 20평대가 많은 편으로 신분당선이 들어서기 전 풍덕천동보다 더 선호되는 지역이었으나 지금은 서열이 바뀌었다. 하지만 죽전역에는 백화점 및 이마트와 아울렛 등의 상권이 매우 발달되어 있고 탄천이 지나고 있어 자연환경도 쾌적하다. 긴 시간 동탄 신도시 및 지역 자체의 많은 입주물량으로 현재까지는 시세가 매력적이다. 2020년 상반기를 마지막으로 시세에 영향을 끼칠 만한 입주가 없어진다. 풍덕천동, 죽전동 두 개의 동을 둘러보면 되는데, 나머지 동은 주로 중대형 평형으로 포진되어 있다.

완전한 베드타운인 수지구에서 집을 고르는 포인트는 반드시 신분당선으로 도보 가능한 역세권일 것, 대형 평형대가 많은 지역인 만큼 소형 평형대에서 기회를 찾을 것, 두 가지다. 수지구는 사실 20평대보다 중대형 평형대가 가격적인 메리트가 있으나, 아직도 소형의 가격이 매력적이라고 본다.

2. 삼성전자 본사를 품고 있는 '수원 영통구'

- 교통 : 분당선 : 분당선 1회 환승(판교 40분, 강남 1시간 이내)
- 생활 인프라 : 롯데마트, 홈플러스, 영통역 대형 상권

수원 영통구는 우리나라 최고의 기업인 삼성전자 본사를 품고 있다. 삼성전자의 수요뿐만 아니라 판교 테크노밸리까지 출퇴근이 가능한 지역으로 청명역–영통역에서 망포역에 이르기까지 택지로 형성되어 있는데 1기 신도시처럼 구획이 잘 정리 되어 있을 뿐 아니라 상권과 공원 등이 적재적소에 배치되어 살기에 쾌적한 도시다. 한때 삼성을 다니던 직장인들의 주요 거주지였으나 현재는 광교로 많이 이동하기도 했다. 하지만 1인 가족이나 자금력이 아직은 부족한 신혼부부들에게는 가성비가 뛰어난 주거지다.

영통역 주변으로 상권이 크게 형성되어 있고 롯데마트나 홈플러스 등 대형마트 등도 자리하고 있다. 삼성맨들의 주거지였던 만큼 부모들의 교육수준, 자식에 대학 학구열이 높아 학군도 좋으니 싱글녀가 거주하기에도 안정적인 곳이다.

청명역이나 영통역보다는 망포역을 더 추천하고 싶은데, 이유는 망포역 주변으로 20평대 아파트가 3억 이하의 저렴한 가격으로 도보 가능한 좋은 곳에 자리하고 있기 때문이다. 또한 망포역은 급행이 선다. 망포–기흥–죽전–정자역까지 네 정거장을 온 후 정자에서 신분당선으로 갈아타면 강남 접근성도 나쁘지 않은 수준이다. 수원의 광교

를 비롯해 주변의 새 아파트 입주로 오랫동안 영통구의 구축 아파트
는 시세가 많이 오르지는 않은 상태다.

3. 동쪽과 서쪽 중앙에 위치한 '평촌'(조정지역)

- 교통 : 4호선 1회 환승(강남 31분, 여의도 45분, 시청 45분)
- 생활 인프라 : 롯데백화점, 뉴코아 아울렛, 이마트, 홈플러스 등의 생
  활편의시설, 시청, 구청, 보건소, 우체국 등 공공기관, 한림대학교, 성
  심병원 등 대형병원 위치
- 호재 : 월곶–판교선으로 판교 접근성이 좋아질 것으로 예상, 과천지
  식산업센터로 양질의 일자리 형성이 예상

   평촌은 안양시 동안구로, 1기 신도시로 계획되어 만들어진 도시
다. 장점이라면 비교적 동쪽과 서쪽의 중앙에 위치해서 어느 업무지
구를 가든지 1시간 이내로 갈 수 있다는 점이다. 평촌은 4호선을 기
준으로 위로는 평북, 아래로는 평남이라 불린다.
   평남은 비교적 대형 아파트들이 많고 아래로는 평촌의 유명한 학
원가가 있어서 학군으로도 유명한 지역 중 하나다. 4호선 라인이 동
서를 가르고 지나가며 평촌역과 범계역 두 개의 역이 자리하고 있는
데, 평촌역보다는 범계역 상권이 더 선호도가 높다. 이유는 평촌역 주
변은 조금 유흥적인 성격의 상권이 형성되어 있기 때문이다. 한림대

학교와 성심병원 등 큰 병원까지 위치하고 있어 아플 때 멀리 갈 수 없는 싱글녀들에겐 환경이 비교적 우수한 편이다.

싱글녀라면 평남보다는 소형이 많은 평북에서 실거주 집을 찾아보는 것이 좋다. 오래된 아파트들이긴 하나 리모델링을 할 가능성이 높은 단지들도 많기에 장기적으로 보면 새 집을 가질 기회가 될 수도 있다.

2021년에는 평촌 집값에 영향을 주는 과천에 약 4천 세대 이상이 입주하고, 평촌이 속한 동안구에 8700세대 등 입주물량이 폭탄으로 쏟아진다. 과한 공급물량으로 집값이 빠질 수 있는 이때를 오히려 집을 저렴하게 살 수 있는 기회로 활용할 수 있을 것이다. 과천 재건축이 완료되어 새 아파트로 변신하면서 시세가 높아지면 장기적으로 평촌 시세도 따라오르며 영향을 받을 수밖에 없을 것이다.

4. 평촌 아래에 위치한 1기 신도시 '산본'

- 교통 : 4호선 1회 환승(강남 42분, 여의도 48분, 시청 52분)
- 생활 인프라 : 산본 역세권 상권, 이마트, 롯데마트, 산본 중앙공원
- 호재 : GTX-C노선 금정역

산본은 평촌 아래에 위치한 1기 신도시다. 주변이 수리산으로 둘러싸여 있어 다른 도시들과 다르게 안락한 느낌이 든다. 교통, 편의시

설, 자연환경이 골고루 잘 갖춰져 있다. 역 앞은 산본 로데오 거리로 이마트 등 큰 상권이 형성되어 있는데 역에서 나오자마자 많은 사람이 보이며 꽤나 유명할 정도로 이용률이 높다. 2016년 롯데몰이 입점하면서 더욱 편리해졌다.

소, 중, 대형 평형의 비율이 고른 편이며, 소형의 비율도 꽤 된다. 신혼부부들과 1인 가구들이 많이 사는 도시이기도 하다. 메리트는 초역세권 소형이 몰려 있다는 것이다. 산본 역시 서울 접근성이나 거주 환경에 비해서 가격이 좋다. 1베이 소형 평형은 1억 원대에, 20평대 방 두 개짜리 아파트를 다른 지역 10평대 가격인 2억 원대에 매입할 수 있다는 것이 산본의 장점이다.

산본의 아파트 시세는 평촌 시세를 따르기 때문에 늘 평촌의 시세와 비교해보고 가격 메리트가 확실한지 살펴야 한다. 평촌의 소형보다 확실히 저렴한 가격대로 사야 한다는 것인데, 비슷한 가격이라면 평촌에 사는 것을 추천한다.

대기업 본사, 공공기관이 모여 있는 도심권 (도심, 서북)

우리나라의 전통적인 업무지구이며, 화학, 석유 계열의 대기업이 가장 많고 외국계기업도 많이 포진되어 있는 곳이다. 소득수준이 높은 고급 일자리들이 중구, 종로구 2구에 걸쳐서 다수 분포되어 있다.

특징이라면 전형적인 구도심으로 도심권 업무지구 주변에 아파트가 적은 편이라는 것. 따라서 마포구가 이전과 다르게 개발되어 1순위 거주지로 인기가 높아지면서 높은 시세를 자랑하고 있다. 도심권 주변 일자리로는 대기업, 언론사, 금융기관 본사들 및 법원, 검찰, 경찰 등 주요 관공서들이 몰려 있는 마포 공덕역을 중심으로 한 공덕 업무지구와 하늘공원 위쪽에 위치한 방송콘텐츠 및 IT기업, 문화엔터테인먼트 기업체 등이 입주한 디지털미디어시티(DMC) 등이 있다. 도심권 업무지구를 지나는 전철노선은 1호선, 2호선, 3호선, 5호선, 6호선, 경의중앙선 등이다.

이 중에서 싱글녀가 접근해볼 수 있는 곳은 3호선과 경의중앙선으로 거주환경도 좋고 가격대가 저렴한 지역들이다. 다만 서북쪽은 김포 신도시, 향동, 원흥, 지축 등 주변의 많은 입주물량으로 새 아파트로 빠져나가는 수요가 많다는 점, 앞으로 창릉 신도시로 수요를 뺏길 수 있다는 점이 다소 아쉬운 요소로 작용하긴 하지만, 서북쪽 업무지구로 날마다 출퇴근해야 하는 싱글들에게는 적절한 가격대의 주변 대체지가 없다는 점에서 추천할 만하다.

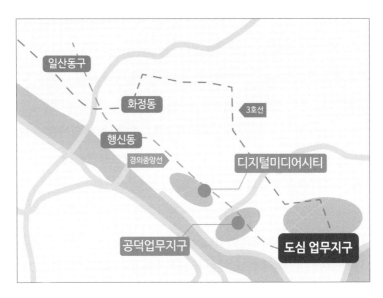

도심권 주요 업무지구

1. 일산보다 서울에 더 가까운 '덕양구 화정동'

- 교통 : 3호선(시청역 47분, 을지로역 37분)

- 생활 인프라 : 화정역 상권, 롯데마트, 이마트, 세이브존, CGV

- 호재 : GTX-a 노선 대곡 역세권 개발

화정역의 승하차 인원으로 볼 때 가양역, 홍제역, 문래역 등과 비슷할 정도로 상당히 많은 사람들이 이용하고 있다. 교육 인프라 측면에서 일산보다 덜해 주택가격이 낮은 편이지만 싱글녀가 살기에 좋은 주거환경을 가지고 있다. 3호선 전철이나 광역버스를 이용하는 시청 쪽 종사자들이 많이 거주하고 있다.

화정은 용인시 수지구와 비슷한 시기에 만들어진 택지 지구로 반듯반듯하게 지어져 있다. 화정의 아파트 이름은 옥빛, 은빛, 별빛, 달빛마을 등이다. 고양시는 여자들의 도시라고 할 만큼 편의시설과 쇼핑시설이 잘 갖추어져 있다. 화정동 또한 일산 신도시만큼은 아니더라도 핵심상권이 잘 발달해 있다.

우측의 향동 신도시 쪽으로 스타필드, 이케아 등의 쇼핑시설이 생기면서 상권이 더 크게 확장되었고 접근성이 좋다. 주로 어린아이를 키우는 가정과 신혼부부 등 비교적 젊은 연령대 거주자가 많다. 조정지역으로 묶인 후 주변의 삼송, 원흥, 지축 그리고 파주와 김포의 공급이 지속적으로 생기면서 가격이 회복을 못하고 있는 상태였으나, 2019년 11월 조정지역에서 해제되었다.

2. 조용하고 쾌적한 환경, '덕양구 행신동'

- 교통 : 경의중앙선(DMC역 11분, 공덕역 21분, 시청역 33분, 여의도역 35분)
- 생활 인프라 : 경의중앙선 행신역 상권

행신동은 아파트가 밀집된 택지지구로 화정동 아래 위치하며 매우 조용한 편이다. 행신동의 장점은 상암 DMC와 공덕 접근성 그리고 여의도 접근성이 30분대 이내로 매우 좋은 데 비해 시세가 저렴하게 형성되어 있다는 점이다. 따라서 신혼부부나 싱글도 많이 거주하고 있다. 공원 등도 적절히 배치되어 있고 1기 신도시와 비슷한 분위기를 풍기며 쾌적한 환경을 갖추고 있다.

상권은 행신역을 중심으로 펼쳐져 있다. 크지는 않지만 스타벅스가 들어가 있고 간단한 식사를 하기에도 무리 없는 수준이다. 무엇보다 홍대입구역까지 14분으로 매우 빠르게 접근이 가능하므로 홍대 상권을 사랑하는 싱글녀라면 안성맞춤이다. 상암동 DMC 일자리가 지속적으로 늘어나고 있어 DMC와 가까운 행신동에 수요는 많을 것이다. 싱글녀 등이 거주하기 좋은 소형 아파트의 비율이 높은 편이며 주로 경의중앙선 초역세권 위주로 보면 좋다. 행신동은 반드시 일산의 동일 평형대와 가격을 비교해서 저렴한 가격인지를 살피는 것이 좋다.

3. 알찬 인프라를 가진, '일산 동구'

- 교통 : 경의중앙선(DMC역 21분, 공덕역 31분, 시청역 46분, 여의도역 46분)
- 생활 인프라 : 일산 호수공원, 로데오거리, 킨텍스, 현대백화점, 원마운트
- 호재 : GTX-a 노선

일산은 서구와 동구로 나뉜다. 서구는 후곡마을 학군과 상권이 더 좋다는 장점을 가지고 있지만, 동구 또한 경의중앙선을 통해 공덕이나 용산, 여의도 업무지구 접근성이 좋다는 장점을 가지고 있다. 또한 백마마을은 20평대 소형 아파트들이 비교적 많이 있고 가격대가 저렴하다. 위쪽으로는 경의중앙선, 아래쪽으로는 3호선을 이용할 수 있고, 계획된 1기 신도시기 때문에 거주환경이 상당히 쾌적하며, 서구와 같은 생활권이기 때문에 편의시설 등을 함께 공유한다.

국회, 방송국, 증권사 밀집지역 여의도(서남)

여의도는 대표적인 금융 오피스 지역이다. 증권사가 가장 많고, 국회를 비롯해 정치 및 언론기관, KBS 등의 방송사가 있다. 나열된 직종만 보더라도 고소득 일자리임은 의심할 여지가 없을 것이다.

주변 직주근접지로는 마포구, 영등포, 양천구, 동작구 등이 있다. 여의도 업무지구로는 5호선과 9호선이 지나고 있다. 아래로는 IT업체가 주를 이루는 가산, 구로 디지털단지가 위치해 있는데, 2호선 가산디지털단지역은 출근시간대 하차 비중이 80퍼센트 이상인 업무지구로 유동인구가 많다. 2호선과 함께 1호선, 7호선이 지나고 있다.

동남부에 떠오르는 업무지구인 판교 테크노밸리가 있다면 남서쪽에는 마곡 업무지구가 있다. LG사이언스파크, 코오롱, S-OIL, 귀뚜라미 보일러, 롯데, 넥센 등 대기업이 입주해 있는데 앞으로 2022년까

서남권 주요 업무지구

지 110개가 넘는 기업들이 지속적으로 입주할 예정이니, 마곡 접근
성이 좋은 주변의 가성비 좋은 지역도 눈여겨보면 좋을 듯하다. 5호
선, 9호선, 공항철도역이 지나고 있다.

　서북부 지역과 마찬가지로 서남부 여러 도시들도 김포 신도시의
지속된 입주물량으로 새 아파트에 많은 수요를 넘겨줌으로써 거주환
경에 비해 가격이 저렴한 지역들이 있다. 여의도 업무지구를 관통하
는 5호선, 9호선 라인으로는 거주환경과 가격대가 싱글녀에게 적합
한 지역이 없어 환승이 필요하다.

1. 공원이 많고 기본 수요가 탄탄한 '부천'

- 교통 : 1호선 중동(가산디지털단지역 22분, 구로디지털단지역 32분, 강남역 55분), 7호선 상동(여의도역 42분, 가산디지털단지역 32분, 구로디지털단지역 36분)
- 생활 인프라 : 7호선 역세권 상권, 현대백화점, 롯데백화점, 홈플러스, 이마트, 뉴코아 백화점, 부천 중앙공원

부천은 1기 신도시로, 7호선을 중심으로 우측으로는 중동, 좌측으로는 상동이 위치해 있으며, 상동으로 1호선이 지나가고 있다. 부천은 상권이 매우 크게 7호선 라인에 자리하고 있는데, 현대백화점 중동점과 롯데백화점 중동점, 이마트와 홈플러스 그리고 롯데시네마 등 생활 편의시설이 잘 갖춰져 있다.

부천을 비롯한 1기 신도시들은 택지인 데다 계획적으로 지어져서 공원들이 도처에 잘 배치되어 있어 쾌적하다. 15~20평대 소형 아파트 단지들이 많아 신혼부부와 1인 가구의 거주 비율이 상당히 높다.

기본적인 수요가 탄탄하기 때문에 가격하방이 강한 편이다. 7호선으로 구로디지털단지, 가산디지털단지 접근성이 상당히 좋고, 2호선으로 환승하면 강남까지의 접근도 양호한 편이다. 여의도로 빨리 가려면 1호선에 근접한 상동역 근방의 단지가 좋고, 강남에 빨리 가려면 7호선 중동역 소형이 좋다. 같은 가격이라면 7호선 라인의 소형 단지들을 추천한다.

7호선으로 인천 방면으로 더 들어가면 부평의 삼산체육관역과 굴포천역 사이에 위치한 부개주공 1, 3, 5단지 소형 평형들도 3억 미만으로 매입이 가능하다. 부평은 인천에 속하지만 부천과 함께 서울, 수도권 일자리 접근성이 뛰어나고 부천과 인프라를 함께 공유하는 지역으로 거주환경이 좋은 편이다.

2. 위치가 좋은 준서울급의 '광명시 하안동'

- 교통 : 가산, 구로 디지털단지의 직주근접 지역(여의도, 시청까지 1시간 내외)
- 생활 인프라 : 이마트, 세이브존, 홈플러스익스프레스, 철산 로데오거리, 광명역 근처(이케아, 코스트코, 롯데프리미엄아울렛 등 대형 쇼핑센터), 안양천
- 호재 : 광명 시흥 테크노밸리 조성, 신안산선(2024년 개통 예정), 월곶-판교선, 강서-광명 고속도로 확정, 광명 뉴타운

하안동은 구로, 가산 디지털단지의 직주근접 지역이다. 서울에 속하는 구로구, 금천구의 거주환경이 좋지 못하다 보니 광명에 집을 많이 구한다. 현재 여의도로의 대중교통 노선이 편한 것은 아니지만, 여의도 주변 직주근접 지역들은 워낙 시세가 높게 형성되어 광명에서 출퇴근하는 수요가 예전부터 상당히 많은 편이다. 앞으로 신안산선

독산역이 생기면 여의도까지 20분대로 출근할 수 있어서 미래가치가 큰 지역으로 볼 수 있다.

광명은 과천과 함께 지역번호 02를 쓸 정도로 경기도임에도 준서울급 위치를 자랑한다. 위로부터 광명동 재개발(광명뉴타운), 철산동은 재건축이 진행 중이며, 아래로는 택지개발이 예정되어 있다.

하안동을 중심으로 위아래 지역이 개발되면 아파트 시세는 물론 거주환경이 매우 좋아질 수밖에 없고 장기적으로 하안동에 영향을 줄 수밖에 없다. 하안사거리를 중심으로 생활 편의시설이 모여 있으며 이마트, 세이브존, 홈플러스익스프레스, 철산 로데오거리 등도 멀지 않다. 광명역 근처에는 이케아, 코스트코, 롯데프리미엄아울렛 등 대형 쇼핑센터가 자리해 있다. 차량 15분 거리의 가산디지털단지역 주변에도 다수의 아울렛, 쇼핑시설이 있고 생활하면서 크게 불편한 점이 없어 거주 만족도가 상당히 높은 편이다.

그리고 싱글녀들이 접근할 만한 가격대의 소형 단지가 꽤 많이 포진되어 있다. 다만, 역세권이 아니다 보니 1호선을 타기 위해 마을버스를 타고 들어와야 하고 소형 평형 수에 비해 부족한 주차장 부족 문제가 있다. 아파트 연식이 1989~90년으로 1기 신도시보다 더 노후화되어 있다는 점도 아쉬운 부분이다. 다만 위쪽 광명 뉴타운과 철산동이 변신하여 새 아파트가 생기고 또 하안동 구축 아파트들의 재건축 연한이 다가오게 될 경우 호재로 작용할 수 있다. 위치 자체가 좋은 지역이기 때문이다.

내 집 마련을 위한 GOLD 플랜

1) Goal : 목표 쓰기

나는 올해 안에 4천만 원을 모아 다음 해 3월 안에 3억대의 실거주 집을 구한다!

2) Organization : 준비하기

① 현재 나의 자산은 얼마?

돈이 없다면 최소 5천만 원에서 1억까지 종잣돈 모으기

② 끌어모을 수 있는 돈과 대출 가능한 금액을 파악해 얼마짜리의 집을 구할 수 있는지 알아보기(전세 또는 월세 보증금 + 저축액 + 추가 자금 마련(불필요한 보험 해지+불필요한 소비재 팔기))

· ·

대출을 잘 이용해보자!

– 내 집 마련을 돕는 3총사 디딤돌&보금자리론&적격대출

구분	디딤돌	보금자리론	적격대출
소득기준 (연간)	일반 6천만 원 이하 (사회초년생, 신혼, 두 자녀 7천만 원 이하)	일반 7천만 원 이하 (맞벌이 신혼 8천 5백만 원,다 자녀 1억 원 이하)	제한 없음

대출 자격	무주택자	무주택자, 1주택자 (일시적 2주택 허용)	제한 없음
주택 가격	5억 원(전용 85제곱 이하) 싱글 3억 원(전용 60제곱 이하)	6억 원	9억 원
대출 한도	2억 원, 싱글 1억 5천만 원 (신혼 2억 2천만 원, 2자녀 2억 4천만 원)	3억 원 (3자녀 가구 4억 원)	5억 원
대출 기간	10, 15, 20, 30년	10, 15, 20, 30년	10, 15, 20, 30년
금리	2.00~3.15% (최저 1.7%)	2.4~2.65% (최저 2.0%)	2.3~2.77% (취급 기관별 상이)
상환 구조	1년 거치, 5년 변동금리	1년 거치 가능	거치 기간 없음
대출 규제	최대 LTV 70%, DTI 60%	최대 LTV 70%, DTI 60% (1주택 60%, 무주택 70%)	시중은행 주택담보대출과 동일 투기, 투기과열 지구, 청약 조정대상 지역 규제 적용
담당 기관	주택도시보증공사(HUG)	한국주택금융공사(HF)	한국주택금융공사(HF)

* LTV : 은행이 집을 담보로 대출해줄 때 대출해주는 비율
* DTI : 대출자가 연간 갚아야 하는 원리금 상환액을 연봉의 몇 퍼센트까지 인정하는가의 비율

실거주대출 3총사

내 집 마련을 할 때 놓치지 말아야 할 혜택이 있다. 바로 서민을 위한 정부 대출 지원이다. 생애 첫 주택을 구입할 때, 일반 시중은행에서 취급하는 주택담보대출 이외에 주거안정정책 목적으로 저금리로 지원

되는 정책대출 3총사를 먼저 알아보도록 하자.

크게 디딤돌대출, 보금자리론, 적격대출로 구분이 되는데 지원 대상에 따라 디딤돌은 무주택서민, 보금자리론은 중산층 이하, 적격대출은 일반 국민을 대상으로 지원하고 있다. 적격대출 〉보금자리론 〉디딤돌대출 순으로 대출 자격 기준이 까다롭고 대출 가능 금액도 감소한다.

일반대출에 비해 기준이 까다로운 만큼 낮은 금리로 장기 사용 시 이자를 크게 줄일 수 있고 최대 30년 고정금리를 이용할 수 있기에 금리 변동의 위험성도 피할 수 있다. 나에게 어떤 상품이 적합한지 알아보고 똑똑하게 활용하면 된다.

그중에서도 대출 규제에서 자유로운 대출 상품인 디딤돌과 보금자리론을 먼저 보자. 적격대출이나 일반대출은 '9·13대책' 이후로 지역별로 대출한도가 달라져서 지역별 한도도 고려해야 하지만 디딤돌과 보금자리론은 애초에 서민의 실거주를 지원하는 국책자금이라 조건만 갖추면 투기, 투기과열, 조정지역이라도 LTV 70퍼센트까지 대출이 가능하다.

낮은 금리가 매력적인 디딤돌

연봉이 낮은 편이고 처음으로 집을 구하는 싱글이라면 디딤돌대출을 잘 활용해보자.

디딤돌대출은 무주택자를 위한 정책인 만큼 전용 60제곱미터 이하, 싱글일 경우 주택 가격 3억에 대출한도 1억 5천만 원으로 많지는 않지만 낮은 금리가 매력적이다. 생애 최초로 구입할 경우 특히, 금리가 매우 매력적이다. 조건만 맞는다면 다른 상품보다 굉장히 유리하다.

소득수준(부부라면 합산)	10년	15년	20년	30년
~2천만 원 이하	연 1.70%	연 1.80%	연 1.90%	연 2.00%
2천만 원 초과~4천만 원 이하	연 2.10%	연 2.20%	연 2.30%	연 2.40%
4천만 원 초과~7천만 원 이하	연 2.45%	연 2.55%	연 2.65%	연 2.75%

소득수준에 따른 기간별 대출금리

고정금리가 매력적인 보금자리론

디딤돌 대출 조건에 부합되지 않는다면 다음으로 금리가 유리한 보금 자리론을 알아보자.

보금자리론은 대출 실행일부터 만기까지 고정금리가 적용되어 금리의 변동 위험성을 피할 수 있다. 또한 디딤돌대출만으로 부족한 자금을 보충할 때도 사용 가능하다.

종류로는 U-보금자리론, 아낌 e보금자리론, t-보금자리론 등이 있는데 한국주택금융공사 홈페이지를 통해 신청하느냐, 은행에 직접 방문해서 신청하느냐, 혹은 대출거래 약정 및 근저당권 설정등기를 전자적으로 처리하느냐 등에 따라 나뉜다.

소득제한이 없는 적격대출

적격대출은 정책대출 상품임에도 소득 제한이 없다. 9억 원 이하의 주택이라면 최대 5억까지 상대적으로 낮은 금리로 대출이 가능하지만, 대출 규제지역에 적용되는 LTV, DTI가 시중은행 주택담보대출과 동일하게 적용된다는 단점이 있다.

대출한도 알아보기

대출한도는 다음과 같은 방법으로 알아볼 수 있다.

-디딤돌대출 : 한국주택금융공사 > 주택담보대출 > 디딤돌대출 > 예상대출조회

-보금자리론 : 한국주택금융공사 > 주택담보대출 > 보금자리론 > 예상대출조회

....

3) Learn : 지역 공부하기

① 나의 자금력으로 갈 수 있는 후보 지역 정하기

회사에 가기도 수월하고, 주요 업무지구 접근성이 좋은 지역을 선별한다. 예를 들어 지도와 전철노선도를 보고 내가 만약 시청권에서 일한다면 시청으로 단시간에 들어갈 수 있는 소형 아파트들이 있는 행신, 화정, 일산의 소형 아파트들 입지를 살펴본다. 그중에서 나의

자금력에 맞고 교통편이 좋고 거주환경이 쾌적하고 편리한 곳을 선택하는 작업을 진행한다.

② 지역을 선정한 후 단지후보 선정하기

- 손으로 사전임장 : 입지와 시세를 확인한다. 교통, 거주환경(편의시설, 상권 유무, 자연환경) 플러스알파로 학군까지 좋다면 오케이.

- 입으로 전화임장 : 해당 지역 중개소에 전화해서 궁금한 점을 물어보고, 가장 선호되는 단지가 어디인지, 비선호 단지는 어디인지 단지별로 레벨화한다.

- 발로 현장임장 : 실제로 해당지역에 나가 눈으로 직접 확인한다. 동네와 단지별 거주환경을 세심하게 살펴본다.

③ 선호 단지 중에서 내 자금력에 맞는 곳을 고른다

처음부터 너무 자금력에 국한시켜 선호 단지를 삭제하기보다 선호 단지를 싸게 살 수 있는 기회를 보는 것이 좋다.

④ 부동산 투어 : 후보 지역 후보 단지 실제로 집 보러 다니기

중개소 사장님들과 자연스럽게 대화하는 방법을 익히고 중개소가 편해지도록 자주 드나든다.

⑤ 평일과 주말의 스터디 플랜짜기

- 매일 할 일 : 부동산 뉴스 보기, 지역 맘카페 가입해서 분위기 살펴보기, 주변인들에게 지역정보 물어보기, 앱 깔기(네이버부동산, 부동산지인, 호갱노노를 통해 단지에 대한 평가 + 시세 확인하기)

- 주말에 할 일 : 내가 들어갈 수 있는 아파트 단지 임장하기, 주말에 볼 집을 금요일에 미리 예약하기, 주말마다 부동산 중개소에 들러 선정한 단지의 물건 보기, 중개소 사장님과 대화하면서 커뮤니케이션 스킬 연마하기

4) Do : 실거주 마련하기

① 선정한 단지 실제 살아 있는 매물 시세 파악하기

② 부동산 투어 : 부동산 매주 다니면서 원하는 조건 부동산에 말해놓기, 물건 나올 때마다 가서 보기

③ 집 사기

④ 인테리어 견적내기

⑤ 입주하고 즐겁게 살면서 앞으로 미래의 집 눈바디하기('인바디'에서 차용한 말로 집의 시세를 체크한다는 뜻)

처음 시작하는 아파트 인테리어

새 아파트에 들어가면 더할 나위 없겠지만 오래된 아파트라도 인테리어를 한다면 새 아파트 못지않게 얻는 것들이 있다. 형편에 따라 도배나 장판만 바꾸고 들어가는 것도 좋지만, 인테리어를 하면 두 가지 측면에서 매우 좋다고 볼 수 있다.

두 마리 토끼를 한 번에, 멋진 집 꾸미기

첫 번째, 인테리어가 잘된 집은 집 자체의 가치가 올라간다. 아파트도 하나의 상품이다. 오래 신은 샤넬 구두를 여기저기 뜯긴 채 그냥 두는 것보다 명품 수선집에서 바닥도 갈고 가죽이 벗겨진 곳을 싹 갈아 수선하면 정말 새것처럼 변신한다. 고치기 전에는 누구도 신기 싫은 신발이 명품 중고점에 되팔 수 있을 정도로 가치가 올라가게 된다.

아파트도 마찬가지다. 전체 수리로 인테리어를 하고 들어가면 집을 되팔 때 더 높은 가격에 팔 수 있을뿐더러 더 빨리 팔린다. 보통 매도하는 가격에 인테리어 비용도 함께 계산에 넣으므로 돈이 들어간 만큼 더 높은 가격에 매도가 될 뿐 아니라, 깨끗하다는 인상을 주어 매도가 수월해지는 것이다. 그러므로 내가 원하는 타이밍에 매도를 하고 싶다면 인테리어는 되도록 하고 들어갈 것을 권한다.

인테리어를 하면 좋은 또 한 가지 중요한 이유는 우리 부모님 세대와 다르게 이제 집은 단순한 거주용이 아니라 취향과 가치를 담는 공간이라는 것이다. 전세나 월세를 살 때는 뜻대로 할 수 없었던 공간을 인테리어를 통해 완전히 변신시킬 수 있다.

누구에게도 침범받지 않는 나만의 공간을 '케렌시아(Querencia)'라고 부른다. 특히 혼자 사는 싱글에게 외부 자극과 스트레스에서 벗어날 수 있는 '나의 집'은 누구에게도 방해받지 않는 케렌시아, 최고의 휴식처로 점점 중요성이 높아지고 있는데, 깨끗하게 인테리어가 잘된 집은 그 역할을 제대로 해줄 수 있는 것이다.

특히나 요즘은 전세에서 살더라도 내 집처럼 꾸미고 살 만큼 누구나 나의 공간을 멋지게 꾸미고 사는 것을 좋아한다. 인테리어를 잘해놓고 들어가면 스스로가 누리는 행복감이 매우 크다는 얘기다. SNS의 발달로 인테리어가 좋은 집이어야 사진 한 장이라도 더 찍어서 올릴 수 있지 않은가.

최대한 가성비는 높이고, 결과는 우아하게

인테리어는 내가 직접 CEO가 되어서 지휘하는 방법인 턴키(turn-key)방식, 그리고 인테리어 사장님이 각 공정별로 지휘하도록 통으로 맡기는 두 가지 방식이 있다. 턴키방식은 저렴하긴 하지만 도배, 장판, 화장실, 주방 싱크대 등 모든 인테리어 업체와 소통을 하면서 자신이 직접 조율하고, 하자가 발생할 경우에도 직접 전화해서 재수리 요청을 해야 하는데, 이것은 생각보다 쉽지 않다. 각 공정별 공사의 책임이 명확하지 않아 문제가 생길 경우, 업체별로 서로 책임을 떠넘 길뿐더러, 그것으로 일정이 미뤄지면 뒤에 잡아놓은 다른 공정 스케줄도 꼬이는 상황이 발생한다.

경험 없는 초보자는 되도록 인테리어 사장님이 전체를 관리하는 업체에 맡기는 것이 정신건강을 위해 좋은 선택이다. 하자나 문제가 생기면 사장님 한 분에게만 연락해도 해결이 가능하기 때문이다.

인테리어에 들어가는 비용은 각 업체마다 차이가 있지만 대략 평당 40만 원 정도로 책정하면 된다. 인테리어를 시작하면 먼저 견적을 받아야 하는데, 최소한 5~10곳 이상 견적을 받아보는 것이 좋다. 그중에서 일도 잘하면서 적정한 가격대를 제시한 업체를 선택하면 된다. 업체는 매입한 중개소 사장님에게 소개를 받거나, 단지 상가 내 업체 그리고 지역 카페에 가입해서 추천을 받는다. 견적서는 한꺼번에 받아 한 번에 비교한다.

저렴하게 하는 것도 좋지만 너무 싸게 하는 곳은 날림공사를 할 우려가 있다. 또 너무 비싼 곳은 말 그대로 비싸니 제외하는 것이 좋다. 업체의 실력을 보려면 그간 작업했던 인테리어 사진을 보여달라고 하거나(블로그를 운영하는 경우 많음), 실제로 시공한 샘플 인테리어를 보여달라고 하면 되는데, 실력 있는 분들은 직접 데려가서 보여주는 것에 거리낌이 없다. 일부러 데려가서 보여주기도 한다.

대화를 하면서 책임감이 있고 소통이 잘 되는 사장님인지 살펴보아야 하는데, 실제로 작업 시에 이미 협의된 사항과 다른 자재를 쓰거나 말을 바꾸는 경우도 있기 때문이다. 그때를 대비해서 협의된 사항은 반드시 기록으로 남기는 것이 좋다.

인테리어를 하는 순서는 다음과 같다.

견적받기 〉 자재 고르기 〉 새시 〉 철거 〉 목공(몰딩, 걸레받이) : 베란다 〉 페인트 〉 도배 〉 장판 〉 조명 〉 가구(싱크대, 신발장, 수납장) 〉 욕실

걸리는 기간은 철거부터 마무리까지 약 10일~2주 정도 넉넉하게 잡아야 중간에 잘못될 경우 수정할 시간이 생긴다. 그리고 인테리어 업체가 선정되고 본격적인 인테리어에 들어가기 전에 먼저 해야 할 것이 있으니, 바로 공사 동의서를 받는 일이다.

공사를 하면 큰 소음과 분진, 페인트 냄새 등 입주민에게 불편을 줄 수 있으므로 반드시 공사 전에 '공사 안내문'을 붙이고 주민들에게 동의를 구해야 한다. 턴키로 맡길 경우 인테리어 업체에서 비용에 추가해서 해주는 경우도 있지만, 그렇지 않을 시에는 직접 찾아가서 동의를 구해야 한다. 가벼운 선물이라도 들고 가면 더 좋다. 낮에는 대부분 직장에 가고 없으므로 주로 저녁 시간대에 받는 것이 좋다.

> ## 직접 공사 동의서 받는 순서
> 관리사무소 방문 → 동의서 유무 확인 → 엘리베이터 사용료
> 지급 → 공사 안내 협조문 작성하여 엘리베이터에 붙이기

전체적인 무드는 그레이가 무난하다

한 집에서 오래 살려면 독특하고 개성적인 취향으로 꾸며도 좋다. 하지만 언젠가는 집을 팔고 이동하려면 남들 보기에 무난한 수준으로 인테리어를 하는 것이 좋다.

만약 핑크색으로 온 집 안을 꾸몄다고 해보자, 내 눈에는 멋스럽고 예뻐 보일지 몰라도 집을 사러 온 사람은 일반적이지 않은 집의 첫인상에서 눈살이 찌푸려지기 마련이다.

내가 지금껏 방문한 집 중에는 점집인가 싶게 알록달록하게 꾸며놓은 집도 있고, 온갖 패턴을 다 모아놓은 듯 화려한 벽지와 바닥 타일을 해놓은 집도 있었다. 그런데 집주인은 모두 한결같이 인테리어에 정말 많은 돈을 들였다고 말한다. 이런 집은 인테리어에 돈을 들였기 때문에 집값이 싸지 않다는 게 함정이다.

인테리어 콘셉트를 잡을 때 신경 써야 할 것은 트렌디하더라도 일반적으로 선호되는 스타일로 해야 하며, 집이 작을수록 밝고 환한 컬러를 써야 한다는 점이다.

- 도배, 장판

만약 최소한의 인테리어를 한다면 기본은 도배와 장판이다. 벽지는 밝은 그레이 계열이 넓어 보이면서 무난하다. 너무 하얀 벽지는 오히려 병원 같은 느낌이 들고 때도 잘 탄다. 실크벽지보다는 장폭(가로폭이 넓은) 합지를 써도 전혀 무리가 없다. 소폭 합지는 말 그대로 가로 폭이 적어 한 면을 채우더라도 절개선이 많이 나오므로 집이 좁아 보이는 단점이 있다.

장판 또한 환한 베이지나 연그레이 계열로 많이 하는 추세다. 예전처럼 나무색에 가까운 장판은 덜 선호한다. 게다가 나뭇결무늬까지 강하게 들어가면 집이 좁아 보이므로 밝은 색으로 하고 무늬가 옅은 것으로 선택한다. 헤링본 모양의 장판 역시 집이 좁아 보일 수 있다.

벽지는 장폭 합지 평당 30만 원, 장판은 평당 20만 원(장판 두께는 1.8T로 하면 된다) 정도면 무난하다. 개인적으로 인테리어를 할 예정이면 을지로 방산시장에 가면 되는데, 도배와 장판부터 인테리어에 관한 모든 것을 판매한다. 벽지 및 장판 전문점에서 견적을 최소 다섯 번 이상 받은 후 저렴한 곳에서 진행하면 된다. 시공 후 벽지와 장판이 뜨거나 잘못된 부분은 1년간 AS되므로 요청하면 된다.

화장실과 주방은 인테리어를 하는 것이 좋다

화장실과 주방은 인테리어를 하는 것이 좋다. 여성이라면 가장 많이 사용하는 곳이기도 하고 매도 시에 사람들이 가장 많이 보는 곳이기도 하다. 소형 평형대라면 욕조는 과감하게 걷어내고 샤워부스를 설치하는 것이 훨씬 넓어 보이고 실용적이다.

화장실도 작은 만큼 벽타일 색은 베이지나 그레이 계열로 밝게 연출하고, 바닥 타일은 벽면보다 살짝 한두 톤 어둡게 해서 안정적으로 보이도록 한다. 주방 또한 밝은 계열로 상하부장을 고르고 싱크대 상판은 흰색보다는 그레이 계열로 선택해야 음식물 흔적이 남지 않는다. 작은 평형은 주방에 식탁을 두지 말고 거실에 큰 테이블을 두고 다용도로 활용한다면 훨씬 더 유용하게 쓸 수 있을 것이다.

- 전등 & 조명

전등은 반드시 LED로 달아줘야 환하고 집이 더 넓어 보인다. 전등 역시 나중에 집을 팔 때 중요한 요소가 된다. 환해 보이는 집이라야 해가 잘 들어오는 것처럼 보이고 더 좋아 보인다. 특히 동향과 서향 집이라면 전등은 꼭 LED로 하는 것이 좋다. 소형 평형대라도 거실 천장에 매립형(천장에 목공 공사를 해서 전구를 안으로 넣는 것)으로 LED를 여러 개 박으면 집이 훨씬 환해 답답함을 개선해준다.

식탁 조명은 개인적으로 사서 인테리어 시 달아달라고 하면 되는데, '비츠'에서 다양한 조명을 저렴하게 판매한다. 조명은 가성비가 뛰어난 인테리어 품목이다. 조명만 센스 있게 설치해도 공간이 차별화되면서 세련된 분위기를 연출할 수 있다.

- 새시

새시는 비용이 많이 들어가는 편이지만 이것 역시 미리 해놓으면 오래된 아파트의 열손실을 막아주고 인테리어 효과가 배가된다. 또 매도 시에 장점이 되어 더 높은 가격에 내놓을 수 있으므로 가능하다면 하고 들어가는 것을 추천한다. 또한 새시 교체 비용은 양도소득세 수리비로 인정받을 수 있어서 세금도 절감할 수 있다.

새시도 브랜드에 따라 급이 있는데, A급으로는 LG지인, KCC, 한화, B급으로는 영림, 예림, PNS더존 등이 있다. 새시는 앞서 말한 브랜드와 유리 두께에 따라서 가격에 큰 차이가 있으므로 여러 군데에서 견적을 받은 후 설치하도록 한다. 만약 턴키로 한 곳에서 인테리어를 진행한다 해도 새시는 별도 업체에서 진행할 수 있다.

교체 없이 오래된 새시를 사용할 경우 새시를 둘러싼 코킹이 손상되기 쉬운데, 비가 올 경우 손상된 균열 사이로 물이 타고 들어와 발코니에 물이 흘러들어올 수 있다. 이럴 땐 코킹만 따로 전문업체를 불러서 작업하면 된다. 비용은 평당 1만 원 정도다.

양도세 필요 경비로 혜택받는 수리비용 항목

- 새시
- 배관난방 설치
- 베란다, 방 확장
- 보일러 교체 등

6장
부동산 센스
높이기

부동산 협상에서 중요한 점은, 상대의 상황을 먼저 파악하고,
내가 무엇을 줄 수 있는지 고민한 뒤, 두세 가지 대안을 가지고 진행하는 것이다.
부동산 거래도 사람 간의 소통인지라, 내가 대화를 해야 하는 상대와는
미리 신뢰와 호감을 쌓고 진행하는 것이 결과를 좋게 만드는 길이다.
물론 처음부터 잘할 수는 없지만, 충분히 고민하고 노력한다면
누구나 협상의 고수까지는 아니더라도 투자자로서 적정한 수준에 이를 수 있다.

이젠 자신 있게
중개소 방문하자

잘못한 것도 없는데 왜 긴장될까

"중개소에 가면 무슨 말 하세요?"

투자를 시작하며 고수에게 물었던 첫 질문이다. '어느 지역이 좋아요?'도 아니고 저런 질문이라니. 그만큼 중개소라는 공간이 나에게는 불편하며 익숙하지 않은 곳이었다. 잘못한 것이 없는데도 투자를 시작할 때 중개소에 들어가는 것이 그렇게나 스트레스였다. 차마 문을 열지 못하고 멀리서 유리창 너머로 중개소 사장님 인상부터 살피기 일쑤였다.

'사장님 인상이 영….'

'이쪽 부동산 중개소 사장님이 친절해 보이는데….'

왠지 인상이 좋은 사장님이라면 혹여나 실수를 해도 너그럽게 이

해해줄 것 같았다. 하지만 문을 열려고 하면 손에 땀이 나서 아파트 단지만 둘러보고 집에 갈까 안절부절못한 적도 있다. 낯을 안 가리는 성격이었음에도 말이다. 하지만 지금은 마트 가듯이 문을 벌컥벌컥 열고 들어간다.

부동산 중개소를 방문하기 어려워하는 사람들이 많다. 집을 꼭 산다기보다는 공부 겸 들러 무슨 말을 할지도 모르겠고, 사장님이 눈치채진 않을까 싶고, 돈이 없다고 혹은 초보라고 무시하진 않을까 하는 스스로가 만든 두려움이 먼저 앞서기 때문일 것이다. 막상 마음먹고 투자를 시작했는데, 어이없게도 부동산 중개소 방문이라는 벽부터 마주하는 것이다.

친절한 부동산 중개소를 선택하라

내가 돈 많은 강남 사모님이 아니면 어떻고 초보 투자자면 어떤가. 또 당장 집을 사야만 중개소에 갈 수 있는 것은 아니다. 어리숙하다고 나를 무시하거나 불친절한 중개소라면 다음에 들르겠다고 인사하고 나오면 그만이다.

부동산 중개소 선택권은 나에게 있지 그곳에 있는 것이 아니다. 오히려 '거래할 수 있는 손님 하나 놓치셨군요'라는 마음을 가지면 훨씬 편해질 것이다. 아파트 한 단지에도 여러 개의 중개소가 있기 때문에 아쉬워할 필요가 없다. 여러 곳에 들러 친절한 사장님과 이야기하면 된다. 실제로 사장님을 만나 보면 친절한 분들이 훨씬 많다. 혹여나 싱글녀라고 만만하게 보는 사장님이 있다면 이런 방법을 써보자.

"부모님이 모아둔 자산이 좀 있는데, 저보고 굴려보라고 하시네요."

갑자기 적극적으로 대해주는 사장님들을 여럿 볼 수 있을 것이다.

많이 가보는 것이 실리, 절대량은 진리

중개소가 편해지려면 첫째, 많이 가봐야 한다. 토요일뿐만 아니라 평일에 미리 예약하고 퇴근 후 얼마든지 갈 수 있다. 요즘 맞벌이 부부들은 일이 늦게 끝나는 경우가 많기 때문에 지역에 따라 오히려 늦게 가야 하는 경우도 생긴다. 자주 가는 것이 불편함을 없애는 가장 빠른 길이다.

질문이 준비되어 있지 않아도 일단 문을 열고 들어가 보라. 할 말이 없어 머뭇거리면 사장님이 먼저 질문을 할 것이다. 그러면 "집 사러 왔습니다. 주위에서 여기 아파트 좋다고 해서 왔는데 설명 좀 해주시겠어요?"라고 말문을 트면 된다.

궁금한 점은 중간중간 질문하면 된다. 내가 말을 많이 할 필요가 없다. 말수가 적은 사장님이라면 내가 실수요자로서 집을 산다고 생각하고 궁금한 것을 물어보자. 그래도 걱정이 된다면 중개소에 오기 전에 질문 리스트를 미리 준비해도 좋다. 핸드폰을 보는 척하면서 질문 리스트를 보고 자연스럽게 대화할 수 있으니 말이다. 이런 과정을 여러 번 겪다 보면 부동산 중개소에서 하는 대화에는 패턴이 있다는 것을 알게 될 것이다.

자연스럽게 익숙해진다. 부담된다고 걱정만 하고 문을 열지 않는다면, 얻을 수 있는 것 또한 없다.

동료와 함께 가보자

혼자서 가기 어렵다면 동료와 함께 가면 된다. 둘이라 덜 어색할 것이다.

나도 처음에는 투자 동료들과 함께 중개소에 갔다. 먼저 투자를 시작한 선배에게 부탁해서 같이 가달라고 조르기도 했다. 부동산 강의에서 동료를 만나 함께 갈 수도 있다. 그중에는 나보다 대화를 자연스럽게 이끌어가는 사람이 한 명쯤은 꼭 있는데, 대화하는 것을 보면서 익혀뒀다가 따라하면 된다.

부동산 중개소가 편해지기 위해 내가 했던 방법 중 하나는 초반부터 집값이 비싼 지역의 중개소를 들어간 것이다. 부자들이 많이 사는 지역이라 문을 열고 들어가면 머리부터 발끝까지 '어디 돈 좀 있나 보자' 하며 훑는 눈길부터 부담스러웠다. 그것도 불편한데 '사모님'이라고 부르면서 너무나 정중하게 대해서 체할 것만 같았다.

그런데 그렇게 어렵던 부자 동네 중개소를 여러 번 돌고 나니, 웬만한 지역에서는 마음이 정말로 편해졌다. 부동산 중개소는 자주 가는 곳이 아니다 보니 익숙하지 않을 뿐 나를 잡아먹는 곳은 아니다.

그러니 회사 면접 보는 기분으로 문 앞에서 주저하지 말자. 누구에게나 처음은 있고, 처음부터 잘할 수는 없다. 마음의 부담을 내려놓는 것이 중요하고 실수하면 실수한 대로, 모자라면 모자란 대로 부딪치는 용기가 중요하다. 얼마 지나지 않아 '그게 뭐라고 그렇게 힘들어했나' 하고 헛웃음이 나오는 날이 있을 테니까.

부동산 중개소 '맛집'
찾는 방법

투자자를 힘들게 하는 부동산 중개소 스트레스

투자를 시작한 지 얼마 지나지 않았을 때였다. 중개소의 중요성을 모르던 나는 완전한 초보 투자자였기에, 별다른 생각 없이 한 중개소 와만 일을 진행하게 되었다. 50대 초반 정도 되는 남자 사장님이었는데 안 맞는 사장님 덕에 스트레스가 시작되었다. "여기 이상한 흔적이 있는데 누수 같아요. 이것 확인해주세요"라고 하니 아침에는 된다고 했다가, 오후에는 어려울 것 같다고 발을 빼고, 누수가 아니라고 막 잡아떼더니 나중에 누수가 밝혀지자 "이건 이미 고친 거라 문제가 안 되지요"라고 필요에 따라서 말을 바꾸었다.

카멜레온 같은 사장님이었다. 자신보다 나이가 어려 보이고 여자 였던 내가 만만했는지 툭 하면 의견을 무시했다. 특히 매도자와 매우 친해서 매도자 입장에서 나를 설득하기 바빴다. 계약하는 날에도 연락 한 번 주지 않더니 중개소 도착 10분 전쯤에야 어디냐고 전화가 왔다. 혹시라도 내가 날짜나 시간을 잘못 알고 있었으면 어땠을지 생각하면 아찔하다. 이런 경우가 몇 번씩 쌓이다 보니 신뢰가 사라졌다.

임대를 맞추고 난 후 잔금일이었다. 사장님이 나를 부르더니 "내가 부동산 경력이 15년이 넘었는데, 복만두 씨처럼 깐깐한 사람은 처음이오. 나 자네 삼촌뻘이야"라고 말하며 눈에 눈물이 그렁그렁 맺혔다. 그러면서 마지막까지 말을 뒤집었다. 전세 중개수수료를 반으로 깎아주기로 약속했음에도 100퍼센트를 다 달라고 하는 것이었다.

'마지막까지 이 사장님은….'

중개수수료가 문제가 아니라, 말을 수시로 바꾸는 사장님의 태도에 기가 찼다. 지금이야 경험이 쌓이다 보니 웬만한 일은 컨트롤이 가능해져 문제되는 경우가 거의 없지만, 당시에는 일을 못하고 말을 수시로 바꾸는 사장님 때문에 맘고생을 꽤나 했었다.

부동산 중개소 맛집 어떻게 찾을까

중개소를 잘 선택해야 하는 가장 큰 목적은 좋은 물건을 싸게 사기 위함이다. 당연한 말 같지만 경험이 많지 않은 초보 투자자에게는 좋은 중개소를 선택하는 일이 더욱 절실하다. 경험이 많지 않다면 상황에 대한 대처가 노련하지 않다. 집을 사서 임대를 맞추는 과정에 무슨 일이 터질까 싶지만 초보 투자자에게는 매매 가격을 협상하는 것도, 계약서에 특약 하나 넣는 것조차도 쉽지 않은 문제다.

부동산이 1+1=2와 같은 수학공식처럼 정답이 나와 있는 것이라면 좋겠지만, 사람과 상황에 따라 변수가 많고 유동적이다 보니 작은 것 하나에도 적잖은 스트레스를 받게 된다. 중개소를 잘 만나면, 사장님 선에서 미리 챙겨주거나 원하는 바를 말했을 때 중간에서 조율을 잘 해주므로 유연하게 넘어갈 수 있다. 부족한 실력을 사장님이 채워주는 것이다. 그러니 몸이 좀 힘들더라도 많은 중개소를 들락거리면서 함께 일할, 잘하는 중개소를 찾는 것이 좋다.

내가 중개소를 찾는 조건은 이렇다.

'여자 사장님, 실장님이 계시는 곳, 위치는 주로 코너 자리.'

아파트 중개는 여자 사장님

남녀를 굳이 가르는 게 우습지만, 아파트는 여자 사장님들이 훨씬 일을 잘한다. 아파트의 특성상 살림하고 아이를 키우는 엄마의 마음인지라 동네 사정을 훤히 꿰뚫고 있다. 남자 사장님은 지역의 개발 호재 등을 줄줄 읊고 계시니 이런 점은 잘 활용하도록 하자.

또한 최소한 한 명이라도 실장님을 끼고 있는 곳이 좋다. 사장님이 일을 잘하니 바쁠 테고 혼자서 집을 보여주랴 업무 보랴 힘드니 실장님을 들일 수밖에 없다. 현장을 답사할 때 들르더라도, 이왕이면 실장님이 있는 곳으로 들어간다. 중개소의 위치도 중요하다. 많은 월세를 낼 수 있는 자리, 즉 여러 군데서 보아도 눈에 띄는 코너 자리는 월세가 비싸다. 하지만 능력이 많은 곳은 '중개 한 번 더 해서 월세를 내면 되지 뭐' 이런 마인드가 있다.

그리고 중개소는 역시 협상하는 실력이 중요하다. 내가 원하는 매물의 가격대를 말하고 매도자와 협상이 가능한지 여쭈면, 잘하는 사장님들은 그 자리에서 전화를 걸어 협상을 시도한다. 이때 나는 사장님들의 협상력을 보는 편인데, 일을 잘하는 사장님들은 자신감을 가지고 적절한 연기력을 섞어 매도자를 상당히 잘 설득한다. 한번은 저평가된 어느 지역 중개소에 들렀는데, 많은 매수자가 다녀갔음에도 "사모님, 부동산에 사람이 하나도 없어. 보러 오는 사람이 없네" 하고 목소리 하나, 표정 하나 안 바뀌면서 능청스럽게 말문을 열고 협상을 시도하는 것이다.

매도자도 여러 군데 전화를 할 테니 분위기를 모를 리 없지만 자신의 물건이 안 나가니 휘둘린다. 사장님의 연기는 계속되었다. "사람 있을 때 하세요. 천만 원 깎아달라는 거 내가 겨우 설득해서 500으로 맞춰놨으니까, 그 가격에 맞춰서 파세요" 하더니 이내 아쉬울 것 없다는 듯 미련 없이 전화를 끊었다.

나에게 "조금만 기다려봐"라고 하더니 역시나 잠시 후 전화가 왔고 매도자가 가격을 맞춰준다고 하는 거다. 나중에 알고 봤더니 이 지역 내에서 오랫동안 일을 잘하시는 사장님이 맞았다. 이렇듯 노련한 협상 실력은 금세 드러난다. 그래서 나는 주로 옆에서 지켜보면서 판단하기도 한다.

반면, 일 못하는 중개소는 애초에 말도 잘 못 꺼낸다. 자신이 없기 때문이다. 물론 내가 너무 초보처럼 보이면 사지 않을 사람이라고 생각해서 대충하고 돌려보내는 여우(?)같은 사장님도 있다.

준비된 상태, 작지만 많은 것을 말해준다

나는 중개소에 가면 "사장님도 투자하세요?"라고 물어본다. '중개업소 사장님이 웬 투자?'라고 생각할 수 있겠지만, 투자를 하는 분들이 생각보다 꽤 많다. 그런 분들은 지역을 브리핑할 때도 거주자 관점보다는 투자 관점에서 이야기하기 때문에 티가 나는 경우가 많다.

이럴 때 나는 꼭 투자하시냐는 질문을 던진다. 투자를 하는 분들은 우호적인 태도로 대해주고 필요한 게 어떤 것인지 잘 알기 때문에, 내가 원하는 것을 사장님에게 설득해야 하는 경우가 많이 줄어든다. 이를테면 내가 원하는 전세가를 말할 때도 "한번 말해보지 뭐" 하고 긍정적인 피드백을 준다.

반면, 투자자를 싫어하는 사장님들은 이런 말을 할 때 얼굴 표정부터 어두워진다. 투자자를 투기꾼으로 취급해버리기도 하고, 깎아달라거나 협상해달라고 하며 귀찮게 하니 상당히 피곤해지므로 기피한다. 이러한 사장님을 설득해야 하기 때문에 일이 늘어나게 된다.

처음 중개소에 물건을 보러 가면, 미리 꼼꼼하게 준비를 해두고 기다리는 분들이 계시는 반면, 그제야 허둥지둥 전화해서 보러 가도 되냐고 묻는 사장님들도 있다. 몇 번은 후자와 같은 중개소를 만나, 힘들게 시간 내서 갔다가 한 개밖에 물건을 보지 못한 적도 있었다.

이런 경우는 참 난감하다. 중개소에 들르는 목적이 매물을 보는 것도 있지만, 지역의 생생한 정보를 얻기 위해서이기도 한데 준비가 안되어 있다니. 몇 가지를 얘기했지만 기억해야 할 것은 단편적인 한 면만 보고 전체를 판단하면 안 된다는 것이다. 사람을 짧은 시간 내에 파악하는 것은 결코 쉬운 일이 아니기 때문이다. 다만, 내가 많은 중개소를 다니면서 감을 익힌다면 훨씬 더 좋은 중개소를 찾아낼 수 있을 것이다.

또한 사람은 상대적이다. 내가 어떤 태도로 사장님을 대하느냐에 따라 상대의 피드백은 다를 수 있다. 예의도 없이, 물건을 사지도 않을 것처럼 행동한다면 사장님들도 나에게 절대 좋은 사람으로 다가오지 않을 것이다. 좋은 중개소를 만날 확률이 줄어드는 것이다. 중개소는 사람과의 만남이라는 것을 꼭 기억해야 한다.

부동산 중개소를 내 편으로!

중개소에 들어가면 나는 사장님에게 호감을 얻기 위해서 노력하는 편이다. 싸고 좋은 물건을 받기 위해서다. 대부분의 중개소는 기본적으로 거래하는 투자자들이 있다. 나보다 훨씬 오래전부터 거래해온 투자자들과 중개소는 좋은 관계를 유지하고 있다. 때문에 가격이 좋은 물건은 보통 오랜 관계를 유지해온 투자자들에게 돌아가게 되어 있다.

그렇다면 처음 보는 나에게 기회가 올까? 기회를 잡기 위해 사전 작업이 필요한 것이다. 부동산은 결국 사람이 하는 일이기에 내가 어떻게 해놓느냐에 따라 연락이 올 수도 안 올 수도 있다. 보통 투자할 단지가 정해지면, 나는 주변의 모든 중개소를 다 들어간다. 전화로만 물건을 파악하고 얼마 이하 가격이 나오면 연락달라는 말을 할 수도 있지만, 얼굴도 모르는 전화기 너머의 상대에게 좋은 물건이 넘어올 리는 만무하기 때문에 중개소에 하나씩 들어가서 사장님과 대화하며 얼굴도장을 찍는 작업을 먼저 진행한다. 이것만으로도 전화만 하는 수많은 투자자들보다 좋은 물건을 받을 가능성이 높아진다.

구체적인 작업 요령은 이렇다. 우선 중개소 문을 열 때부터 할 수 있는 한 활짝 웃는 얼굴로 들어간다. 웃는 얼굴을 싫어하는 사람도 없을뿐더러, 웃는 얼굴을 보면 대부분 함께 웃는다. 웃고 시작하기 때문에 퉁명스럽게 나오는 사람은 거의 없다. 그런 다음 인사를 하고 앉으면서 칭찬할 거리가 있는지 빠른 속도로 휘익 둘러본다.

이게 당연한 것 같지만 그렇지 않은 사람들도 많다. 한번은 중개소에서 사장님과 대화를 하고 있는데 어떤 투자자가 들어왔다. 얼굴도 무표정인 데다 앉자마자 다리를 꼬고 사장님을 마치 자신의 부하직

원인 양 대하는데, 나이도 많지 않은 사람이 어른뻘인 사장님에게 하는 행동을 보노라니 옆에서 보고 있는 나까지 인상이 찌푸려졌다.

볼일을 보고 나가자마자 사장님이 기분이 언짢아서 혀를 끌끌 차는데, 내가 중개소 사장님이라면 절대 그런 사람에게는 아무리 좋은 물건이 나왔더라도 주지 않았을 것이다.

질문을 잘하는 것만으로도 많이 얻는다

칭찬을 해드리고 나면 보통 분위기가 좋아진다. 그러면 그때서야 천천히 지역에 대한 질문, 단지에 대한 질문 그리고 물건에 대한 질문을 하기 시작한다. 이때는 사장님이 말을 많이 하도록 분위기를 잘 만드는 것이 중요하다.

이제 시작한 투자자들이 가장 많이 하는 실수 중 하나는 자신이 듣고 싶은 질문만 기계적으로 하는 것이다. 이는 마치 소개팅하러 나왔는데 상대의 마음도 잡지 못한 상태에서 '사는 집이 어디예요?', '무슨 아파트에 사세요?', '엄마 아빠 직업이 뭐예요?'를 묻는 것과 같다.

간혹 친절한 사장님이라면 친절하게 대답을 다 해주긴 할 테지만, '와서 사지는 않고 정보만 얻어가는구나' 싶은 마음이 들게 한다면 좋은 정보, 매물은 받기 어려울 것이다. 처음 중개소가 익숙하지 않을 때는 침묵의 시간이 힘들었다. 그것을 못 참고 말도 안 되는 소리를 주절주절하고 내 얘기를 더 많이 하느라 진을 빼기도 했다.

하지만 이것은 좋은 방법이 아니다. 정작 중요한 정보는 얻지 못하고 불필요하게 중개소에 앉아 있는 시간이 길어져 시간을 많이 버리게 된다. 많은 경험이 쌓이면서부터는 중개소에서 나는 절대로 말을 많이 하지 않는다. 질문만 적시에 잘하고, 주로 사장님이 하는 말을 집중해서 잘 듣는다.

"아하 그렇군요", "와, 사장님 정말 많이 아시네요!", "사장님 너무 친절해서 좋아요" 등 리액션을 잘하는 것만으로도 충분히 내가 원하는 정보를 다 얻을 수 있다. 필요 이상으로 말할 필요도 없다. 사장님이 방향을 잘못 잡고 딴 길로 빠진다 해도 질문으로 잘 유도해서 원하는 답을 얻어낸다. 질문을 할 때에는 비교해서 대답을 유도한다. 예를 들면 이렇다.

"사장님, A단지와 B단지 둘 다 제가 보기엔 좋아 보이는데 시세차이가 꽤 나네요?"

"사장님, 왜 ○○동보다 ○○동 시세가 더 높죠? 이유를 잘 모르겠네요?"

이런 식으로 비교해서 물어보면 더 많은 정보를 얻어낼 수 있다. 또 A단지 근처 중개소는 A단지 칭찬만 하기 때문에 B단지에서 이런 비교 질문을 던지면 A단지에 대한 단점도 들을 수 있다. 이런 식으로 여러 곳을 다니면서 풍성하게 정보를 얻는다. 또 하나의 질문 방법은 사장님을 존중하는 태도로 묻는 것이다.

"사장님, 저는 A단지가 역하고도 가깝고 주변 상권도 괜찮아서 더 나은 것 같은데 사장님 생각은 어떠세요?"

이렇게 묻는 것이다. 물론 내 마음속에는 이미 단지 선택이 확정되어 있다 하더라도 그냥 한번 여쭤본다. 사장님 생각을 들으면서 미처 내가 알지 못했던 정보를 얻을 수도 있고, 사장님 입장에서는 존중받는다는 느낌을 받기에 더 많은 도움을 주시려고 노력하는 것을 많이 경험했다.

1만 원을 1천만 원으로 돌아오게 하는 법

대화를 잘 하고 나서 중개소를 나온 뒤, 물건을 많이 가지고 있고 일을 잘하는 사장님이다 싶으면 바로 주변 편의점으로 달려가 음료수나 과일을 사서 드리고 나온다. 집으로 간 줄 알고 있다가 갑자기 선물을 드리면 깜짝 놀라면서 기뻐하시는데, 나름대로는 반전 효과를 노리는 것이다.

1만 원 안쪽으로 선물을 준비하고 그로 인해 좋은 물건을 사게 되면 백 단위, 천 단위로 수익을 내기 때문에, 나는 떡볶이와 빵을 사 먹더라도 필요하다 싶으면 내 밥값 정도의 선물을 드린다. 아무래도 받으면 더 기억에 남고 신경이 써지는 게 사람인지라, 선물의 효과는 들이는 비용 대비 좋은 효과를 가져올 수 있다.

한번은 매입을 한 후 임대를 내놓았는데, 나가지 않아 애를 먹은 적이 있다. 작정하고 그 지역 중개소를 한 군데씩 다 돌아다니면서 인사 겸 부탁을 드렸다. 대화를 하다 보니 확실히 여긴 임대를 잘 뺄 수 있겠다 싶은 확신이 드는 중개소가 있어 롤케이크와 귤을 선물로 드렸는데, 아니나 다를까 그 중개소에서 임대를 해결해주었다. 나중에 물어보니 "받은 게 있어서 그냥 지나칠 수가 없었어"라고 웃으면서 얘기하시는 것이다.

작은 선물에 돈 아까워하지 말자. 양손은 무겁게, 마음은 가볍게!

거짓말하는 중개소 사장님은
나쁜 사람?

부동산 중개소의 말, 과연 믿을 수 있는 걸까?

집을 사기 위해 한 중개소에 들렀다. 사장님 왈, "지금 매물이 쭉쭉 빠지고 있고, 어제도 오늘도 몇 건이나 거래가 됐어요", "오늘 계약하지 않으면 물건은 하나도 없을 겁니다"라며 가뜩이나 요동치는 마음을 흔들어댄다. 안 그래도 조바심이 나는데, 여기에 하나를 더 얹어 얘기를 이어간다.

"이쪽 단지 앞으로 GTX 역사가 생길 거야. 곧 뚫리면 집값은 보나마나 폭등할 거야", "강남까지 20분 안으로 들어가는데, 지금 이 가격이 말이 되냐고." 드디어 흥분 투로 말을 하기 시작한다. "게다가 여기는 곧 재개발이 될 거야. 새 아파트도 생기고 GTX 역도 생기는데 이런 대박 호재가 어디 있냐고. 좋은 정보를 알려줘도 받아먹을 줄 모른다고. 안목이 없는 거 아니야?" 급기야 자존심까지 건드려가며 살짝 들쑤시기까지 한다.

"이 동네에서 20년 동안 중개소했어요. 내 딸 같아서 하는 말이니 결정은 알아서 하셔요. 꼭 안 사도 상관없어요. 저녁에도 두 팀이나 보러 오기로 해서 어차피 오늘 내로 나갈 물건이니까." 사장님은 쐐기를 박고 연신 걸려오는 투자자들의 매물 문의 전화를 받는다. 싼지 비싼지 잘은 모르겠지만, 사장님이 싸다고 하니 싼 것 같고 교통호재와 개발호재가 맞물리면 가격이 폭등하는 것은 당연지사. 진지한 고민이 시작된다.

그러다 문득 저녁에 온다는 투자자들이 물건을 계약해버리면 어쩌나 싶은 생각에 더욱 조바심이 나고, 20년이나 여기서 부동산을 했다는 사장님이 설마 없는 거짓말을 할까 싶은 생각에 '질러? 말아?' 조급한 자신과의 싸움을 시작한다. 괜히 미적거리다가 물건을 놓친 적이 한두 번이 아닌지라 이번에는 반드시 잡으리라, 강렬한 다짐마저 생긴다.

사놓으면 언젠가는 오를 것이고, 정 안 되면 나라도 들어와서 살면 되지 않겠나 싶은 생각에 '에라 모르겠다', 계좌번호를 따고 가계약금을 넣어버린다. 그런데 계약금 일부를 넣고 나니 정신이 이성적으로 돌아오기 시작한다. 호재에 대해 다시 확인차 검색을 해본다.

곧 뚫릴 것이라던 GTX는 지지부진. 아직 예비타당성에 대한 검토도 안 이루어진 것으로 보였고, 설마 검토를 한다고 한들 좋은 일자리로 가는 사업성이 높은 노선이 아닌지라 매우 비관적인 의견들이 여기저기 쏟아지고 있다. 이미 착공한 곳도 몇 년씩 연기되는 마당에 사업성이 안 나오는 민자 노선의 미래는 뿌연 안개 속 같았다.

'완공되기 전에 내가 살아 있기나 할까?'

갑자기 '곧 삽을 뜰 거야'라는 중개소 사장님의 말이 떠오르며, 왠지 당한 것만 같은 생각에 눈꺼풀이 부르르 떨리기 시작한다. 재개발이 진행되긴 할지 가늠도 되지 않는다. 화려한 호재의 실체를 파악하고 나니 분노가 일어나기 시작한다. 나처럼 순진한 투자자를 등쳐서 계약하게 했다는 부동산 사장님 생각에 밤잠을 설칠 정도로 화가 나는 것이다. 초보 투자자에게 사장님은 사기성 거짓말을 치는 비양심적인 '나쁜 사장님'이 되어 있었다.

위 사례를 보면 당사자들은 참 착한 사람 같고, 중개소 사장님은 순진한 사람을 이용하는 나쁜 사람처럼 보인다. 그렇다면 그들이 정말로 못된 사장님들일까?(작정하고 사기 치는 악성 부동산 사장님은 여기서 제외) 실제로 부동산에 대해서 잘 모르는 지인 한 분이 얼마 전에 질문을 했다. "중개소 사장님 말 믿어도 되나요?"라고.

"가려서 들으셔야죠. 돈 앞에서 사람은 100퍼센트 순수해지기 어렵다고 생각합니다."

우리가 부동산 거래를 할 수 있는 이유?

"우리가 저녁 식사를 할 수 있는 것은 정육점 주인, 양조장 주인, 빵집 주인의 자비 때문이 아니라, 그들이 자신의 이익을 챙기려는 생각 덕분이다."

자본주의를 설명할 때 자주 인용되는 애덤 스미스의 『국부론』에 나오는 말이다. 이 문장 하나가 경제 활동을 하는 많은 이들의 마음을 표현한 것이라 생각한다. 경제가 돌아가는 것은 우리의 선량한 마음 때문이 아니라, 결국 각자 자신이 이익을 추구하면서 비롯되었다. 우리가 생계를 유지하고, 원하는 것을 갖기 위해서는 '돈'이 필요하고, 돈을 벌기 위해 날마다 고군분투하며 직장에 출근하듯 말이다.

부동산 중개업이라는 것도 우리가 가진 '업'과 같다. 거래를 원하는 사람들에게 좋은 집을 얻게 해주려 '재능기부'를 하며 자비심을 베풀기 이전에, 어떻게든 계약을 성사시킴으로써 '이익'을 발생시키는 것이 부동산의 첫 번째 목적이라는 것을 잊지 말아야 한다. 초보일수록 부동산 중개소가 단 하나의 거짓도 없이 정직하길 원하고, 당연히 그래야만 한다고 생각한다.

또한 상황에 맞는 올바른 정보와 정확하고 냉철한 분석을 통해 찰떡처럼 나에게 꼭 맞는 좋은 집을 구할 수 있도록 도와주는 것이 당연한 의무라고 생각한다. 큰돈이 걸린 거래이니만큼 약간의 거짓말이나 잘못된 정보에도 고객은 큰 손해를 볼 수 있기 때문이다.

하지만 이것은 너무나도 이용자의 관점에서만 바라는 요구사항일

뿐이지, 그렇게 되기 어렵다. 왜냐하면 매도자와 매수자 사이, 집주인과 세입자 사이에는 각자의 입장이 있고 이해관계가 다르기 때문이며, 이 가운데서 중개를 위해 양쪽의 필요를 조율해서 계약을 성사시키는 것이 부동산 중개업의 일이기 때문이다.

매도자는 최대한 빠르게, 비싸게 팔기를 원하고, 매수자는 좋은 집을 싸게 사기 원한다. 임대인은 최대한 비용을 덜 들이고 레버리지를 높일 수 있도록 높은 전세가로 맞추길 원하고, 세입자는 인테리어가 잘된 예쁜 집에 저렴한 전세가로 들어오길 원한다. 이렇듯 이해관계가 다르기 때문에 어느 한쪽만 100퍼센트 만족시켜서는 거래가 성립되지 않으며, 양쪽을 만족시킬 수 있도록 가운데서 조율할 수밖에 없는 것이다. 그리고 그 과정에서 어느 정도의 과장된 표현, 혹은 법에 저촉되지 않는 범위 내에서의 거짓말이 나올 수도 있는 것이다. 약간의 소스를 곁들여 '계약하기 좋은 상태'로 만들어가는 것이다.

중개소 사장님이 모든 것을 솔직하게 말해주길 원하겠지만, 상대방 입장을 생각해보자. 더군다나 매매에서는 내가 매도인과 매수인 둘 다 될 수 있다. 과연 어느 한쪽에 맞춘 100퍼센트 솔직함으로 계약이 가능할까? 물론 '굳이 단점 말하지 않기' 전략이나, 단점을 얘기하면서도 살 수밖에 없는 최고의 설득 스킬로 계약을 성사시키는 분들도 있지만, 어느 한쪽은 찜찜한 느낌을 지울 수 없을지도 모른다. 어쨌거나 우리는 부동산 사장님에게 '정직함과 신뢰'를 가지고 내 편에서 해줄 것을 요구하기 이전에, 자본주의사회에서 중개소가 일하는

'본질'적인 이유에 대해 먼저 생각해보아야 할 것이다.

어쨌거나 손해 보는 건 싫으니까. 휘둘리지 않으려면?

부동산 중개소에 휘둘리는 데는 몇 가지 이유가 있다.

첫 번째, 중개소에 대한 경험이 없어, 무지하기 때문이다.

두 번째, 충분히 사전검토를 할 수 있음에도 게을러서, 혹은 우선순위를 뒤로하고 알아서 누군가 해주길 바라기 때문이다.

세 번째, 이미 집과 사랑에 빠져서 믿고 싶은 정보만 취하기 때문이다.

뭔가 잘못됐다고 판단되면 중개소 사장님을 탓하지만, 실은 본인의 결정권을 스스로 상실함으로써 '남 탓'을 하는 경우도 많다고 생각한다. 놓친 버스 원망해봐야 나만 손해다. 버스 오기 전에 미리 준비해야 한다. 자, 그렇다면 어떻게 해야 할까?

1) 여러 중개소에 들러 종합적인 의견을 듣고 판단한다

우리가 중개소에서 얻을 수 있는 유용한 정보는 '현장의 분위기', '지역정보' 등이다. 구글 검색이나 네이버 검색에도 한계는 있고, 이런 정보들은 방문을 함으로써 더 정확하게 얻을 수 있다. 다만, 한 군데에서 주는 정보를 온전히 믿으면 안 된다. 이해관계에 따른 정보의 재해석으로 같은 정보라도 다르게 전달될 수 있고, 사장님의 선호에 따라 가치를 다르게 판단할 수 있으며, 자칫 과한 의욕으로 거짓말 아닌 거짓말로 없는 정보도 만들어질 수 있기 때문이다. 따라서 크로스 체크는 기본이다.

여러 중개소에 들르면 큰일 나는 줄 아는 사람들이 꽤 많다. 가방을 사려면 여러 백화점 들르는 건 당연한데, 집을 사기 위해 여러 부동산 중개소에 들르는 것에는 왜 죄책감을 가져야 하는 걸까? 사장님이 싫어할 것 같다거나, 죄 짓는 것 같아서라는 마음부터 버리는 게 좋다. 냉정하게 판단해야 한다. 우리는 10~20만 원짜리 물건을 사는 것이 아니다. 순간의 낯붉힘이 버겁다고, 힘들게 모아온 자산을 쉽게 걸지 않았으면 한다.

2) 정보는 미리 파악하고 한다

시세나 호재 정보 등은 미리 사전에 반드시 숙지하고 중개소에서 확인하는 수준으로 한다. 일반인들은 중개소에서 주는 정보만을 진리로 알고, 미리 시세도 확인하지 않고 곧장 부동산으로 향하는 경우가 있다. 초보 투자자 또한 마찬가지다. 준비가 안 된 상태로 현장에 임한다는 것은 '자신이 판단하고 확인할 수 있는 것 또한 없다'는 말이다. 호재는 언제 들어도 달콤한 말, 잘 모르면 금세 넘어가게 된다.

그러니 미리 검색으로 정확히 '어느 단계'인지 알아보고, 중개소에는 '확인' 개념으로 물어보자. 대답을 들으면 거짓말을 잘하는 사장님인지 파악도 될 것이다.

3) 결정은 오늘 말고 내일로 미룬다

'지금 바로 결정하지 않으면 바로 팔린다'는 급매 유혹에 넘어가지 말자. 바로 결정하지 않아서 매물을 놓쳤다면, 인연이 아니었다고 생각하자.

초보자일수록 성급한 판단으로 좋은 집을 얻는 경우보다, 그렇지 않을 확률이 몇 배나 더 높다. 진짜 좋은 매물이라면 나에게 넘어오기 전에 중개소와 관계가 좋은 투자자에게 넘어갔거나, 아니면 오랫동안 해당 단지를 주시하던 누군가에게 넘어갔을 확률이 높다는 것을 기억하자.

싸게 사는 두 가지 방법
'털고', '협상'하자

신상을 캐는 마음으로 '중개소 털기'

투자를 하고 싶은 단지가 있다면 처음 한 중개소에 예약을 해서 최대한 해당 단지의 물건을 싼 것부터 비싼 것까지 다 본다. 사장님이 골라주는 싼 물건만 보는 것이 아니라, 말도 안 되게 호가를 높여 부른 물건을 제외한 나머지 물건을 다 본다. 다 보는 이유는 물건별 가격을 정확하게 파악하기 위해서다.

이제는 데이터가 아니라 실제 나온 물건을 가지고 세부적으로 확인해야만 적정한 가격을 판별할 수 있다.

이렇게 적정 가격을 파악한 뒤에는 주변의 모든 중개소를 들어가 본다. 모든 중개소를 돌아보는 목적은 컨디션은 좋지만 급매로 나온 물건을 찾아내는 것, 즉 '장부 물건'이라고 불리는 인터넷에 안 띄워진 물건을 찾는 것이다. 장부 물건이란 매도자가 상태 대비 저렴한 가격으로 내놔서 쉽게 팔릴 수 있는 물건이기 때문에 중개소에서 쉽게 공유하지 않는다. 인터넷에 올라오지 않는, 중개소끼리도 공유되지 않는 물건을 찾는 것은 그야말로 '산삼'을 캐내는 것과 같다. 좋은 물건인 데다 1천~2천만 원 싸게 살 수 있으니 말이다.

장부 물건은 협상 여부를 떠나서 이미 물건 대비 좋은 가격으로 나온 것임을 증명하는 것이다. 중개소는 '장부 물건'을 군이 공동중개까지 하지 않는다. 공동중개를 하면 들어오는 중개비를 나눠야 하지만 자신이 쥐고 있다가 팔면 100퍼센트 중개비를 받을 수 있으니 군이 올리지 않는 것이다.

나는 보통 중개소를 털려고 작정하면 휴가를 낸다. 그리고 중개소가 문을 여는 9시부터 밤까지 수십 개의 중개소에 다 들어가서 사장님과 대화 후에 좋은 물건이 있는지를 확인한다.

이때는 절박한 마음이고 꼭 살 사람이라는 것이 느껴져야 한다. 실제로 절박하다. 보통 물건을 가지고 있는 경우, 나를 위아래로 살피면서 줄지 말지를 고민하는 사장님을 본 적도 있다. 처음 보는 사람에게는 좋은 물건을 쉽사리 잘 내주지 않는데, 괜히 장부 물건을 얘기했다가 사지 않은 데다가, 그걸 또 다른 중개소에 가서 얘기를 해버리면 난감한 상황이 되어버릴 수 있기 때문이다. 그만큼 간절한 마음이 묻어나거나, 꼭 살 사람이라는 확신이 들도록 해야 한다.

다만 한 가지 주의할 점은 온 동네 중개소를 다 들쑤셔서 해당 물건의 호가를 올려놓아서는 안 된다는 것이다. 여기저기에 매수 문의를 하고 다니면 매도자는 물건을 찾는 사람이 많다고 착각한다. 그러면 가격을 올리거나 매물을 거둬들이게 된다. 이렇게 되면 좋은 물건을 싸게 사기가 점점 어려워진다. 따라서 나는 미리 본 물건들은 종이나 휴대폰에 잘 정리해두고, 다른 중개소에서 같은 물건을 보여주려 하면 "아, 이미 본 물건입니다"라고 정확히 얘기하고 본 물건이 겹치지 않도록 한다. 매도자에게 연락이 안 가게 하는 것이다.

다른 중개소에 다닌 것을 알면 방문한 중개소에서 싫어할까 봐 얼버무리고 말을 잘 못하는 경우도 있는데, 일을 잘하는 중개소는 이런 것에 매우 쿨하다. 사장님이 혹시나 심기 불편한 기색을 드러내더라도 웃으면서 자연스럽게 넘기는 센스가 필요하다. 매매하기 좋은 집의 조건은 다음과 같다.

1) 인테리어가 잘 되어 있고, 임대 놓기 수월한 경우

구축이라면 인테리어를 해야 세입자를 들이기 쉽다. 그런데 새 아파트라서 따로 손볼 곳이 없거나, 수리가 잘 되어 있어서 내가 인테리어를 하지 않아도 된다면 비용까지 아낄 수 있다. 게다가 임대까지 맞춰져 있다면 완전히 금상첨화다. 임대가 용이한 경우는, 매도자가 전세로 들어오는 경우, 전세가 부족해서 전세입자가 대기하고 있는 경우다.

2) 집이 공실인 경우

집에 살고 있는 사람이 없이 비워져 있다면 바로 인테리어가 가능하다. 임대보증금을 내줘야 한다거나, 매도자에게 미리 잔금을 지불하지 않아도 되니 대출을 받지 않아도 된다. 인테리어가 잘된 집이 공실이라면 중개소에서도 아무 때나 집을 보여줄 수 있어 선호하는 물건이 되고, 세입자 입장에서도 짐이 없는 깨끗한 집이다 보니 선택할 확률이 높아진다.

3) 매도자가 잔금을 해줄 수 있는 경우

집 하나가 전 재산인 경우에는 보통 매도자가 잔금을 해주기 어렵다. 2)번처럼 처음부터 공실 상태가 아니지만, 협상을 해서 매도자에게 잔금을 해줄 수 있는지 요청해볼 수 있다. 그러면 가끔 여력이 되는 매도자는 해주는 경우가 있다. 이는 매우 고마운 일이다. 공실이 되면 2)번과 같은 효과를 볼 수 있어서다.

4) 월세인 경우

만약 전세가 아니라 월세 물건인 경우도 유리하다. 예를 들어 월세보증금 2천만 원, 월세 50만 원에 세입자가 살고 있다면, 월세보증금 2천만 원을 중도금으로 주는 조건으로 하고 매도자에게 세입자를 명도해줄 수 있는지 확인해본다. 매도자는 동의할 확률이 높다. 중도금으로 준 2천만 원으로 세입자 보증금을 내주면 되기 때문이다. 그러면 바로 공실이 되고, 인테리어를 잘해두면 임대 놓기가 쉬워진다.

심리전에서 승리하기, '부동산 협상'

부동산에서 협상은 매우 중요하다. 아파트의 평균적인 시세는 정해져 있지만 정찰제가 아니다. 집마다 가격이 모두 다르다. 가격은 동, 층, 향, 라인, 집 안 상태에 따라 달라지고 부동산 시장 분위기에 따라 달라진다. 마치 살아 있는 생명체처럼 말이다.

부동산이 매력적인 점 중 하나는 협상 가능성이다. 매매 시점, 매도자와 매수자의 상황에 따라, 협상을 어떻게 하느냐에 따라 얼마든지 가격이 달라질 수 있는 것이다. 휴대폰이나 가방을 사기 위해 애써봐야 몇 만 원을 깎을 수 있지만, 부동산은 협상을 잘 이끌 수만 있다면 최소 몇 백에서 천 단위를 아우를 수 있다. 일반 월급쟁이들이 천만 원을 모으려면 몇 달을 아끼고 모아야 하는지 생각해보라. 협상을 잘 이용한다면 일반 물건도 급매로 만들어, 사자마자 5백만~1천만 원의 돈을 벌 수 있다. 그러니 협상이 중요하다.

평소에 쇼핑할 때 "이것 좀 깎아주세요"라고 말 한마디 못했던 나는 쌓였던 기본기가 없어서인지 협상의 시작이 그렇게나 힘들었다. 거절당하는 것이 무서웠다. 원인은 '나는 이 집을 꼭 사야 해'라는 스스로가 만든 조급함이었다. 조급함은 내 패를 까서 보여주는 것과 같다고 생각하면 된다. 따라서 협상에 돌입하기에 앞서 생각해봐야 할 것은 급한 마음으로 인해 심리적으로 이미 지고 들어가는 것은 아닌지 마음의 상태를 점검해보는 일이다. 말투와 표정, 보내는 문자 한 줄에서 조급함이 드러나면 이미 상대에게 주도권을 넘겨준 것이나 다름없고, 그것은 협상을 잘하기 어려워진다는 것을 의미한다.

협상은 심리전이다. 내가 급하면 상대는 반대로 여유로워진다. 끌려갈 수밖에 없다. 연애와 똑같다. 더 좋아서 급해 보이는 사람이 '을'이 되는 것이다. 보통 이런 경우는 표정에서 이미 넘어간 것이 보이기 때문에 "사장님, 여기 500만 좀 깎아주시면 살게요"라고 조건을 걸어보아도 "그거 이미 깎아놓은 거라니까"라며 물러섬이 없는 답만 돌아온다. 안 깎아줘도 이미 살 사람이라는 게 보이기 때문이다. 이런 일은 초보들에게는 여지없이 발생한다.

'이 집을 못 사면 다른 집 사지 뭐' 이런 여유 있는 마음을 가지고 시작하는 것이 부담을 줄이면서 협상을 잘 해나갈 수 있는 방법이다.

투자할 집은 많다. 게다가 선택한 집이 초보 투자자의 안목으로는 좋아 보이겠지만 최고의 물건이 아닐 확률이 높다. 반드시 사야 한다고 집착할 필요가 없다는 얘기다. 나는 늘 '이거 안 되면 어쩔 수 없이 딴 거 해야지요, 뭐'라며 아쉬울 것 없는 태도를 취하며 시작한다.

"이렇게 좋은 집이라면 왜 파는 거죠?"

협상에 들어가기 위해서는 먼저 상대의 상황을 파악하고 있어야 한다. 첫 번째로 매도자가 무슨 사유로 집을 파는지 알아내야 한다. 당장에 팔아야 하는 급한 집을 찾는 것이 중요하다. 그래야만 협상이 먹히니까. 집을 내놓은 매도자 측 부동산 사장님에게 알아내든, 집을 보러 갔을 때 매도자에게 물어보든, 어떻게든 알아내야 한다.

협상에 불리해질 것을 알기 때문인지 요즘에는 매도 이유를 밝히지 않는 매도자들도 종종 있다. 그것은 그만큼 여유 있다는 뜻이니, 그럴 땐 더 급한 집을 찾아보는 것이 좋다. 보통 협상이 가능한 집은 아래와 같은 이유로 매도하는 경우다. 대부분 팔아야 하는 날짜가 고정되어 있거나, 집값을 굳이 비싸게 받지 않아도 빨리 팔아버리고 싶은 경우다.

- 1가구 2주택 문제로 세금을 많이 내야 해서 파는 경우
- 사업을 하다가 자금이 부족해서 급하게 팔아야 하는 경우
- 분양받은 아파트 이사로 날짜가 이미 정해져 있는 경우
- 거주자 사망으로 자식들이 파는 경우
- 세입자 임대 만기에 맞춰서 매도를 원하는 경우
- 이혼으로 하루라도 빨리 매도를 원하는 경우
- 해외나 지방 거주로 시세 파악을 제대로 못하고 있는 경우

두 번째, 상대방이 원하는 조건을 파악한다. 『협상의 10계명』(내가 추천하는 책이다)이란 책에 이런 내용이 나와 있다. A라는 사람이 목이

말라 마트에 갔다.

"사장님, 여기 콜라 하나 주세요."

그런데 마침 콜라가 다 떨어진 것이다.

B사장님 대응법 : "아이고 콜라가 다 떨어졌네. 다음에 다시 와. 내가 채워 넣을게."

C사장님 대응법 : "아이고 콜라가 다 떨어졌네. 그럼 사이다는 어때? 콜라보다 몸에도 좋고."

B사장님의 방법대로라면 협상이 이루어질 여지가 없다. 콜라라는 단편적인 것만 보고 내가 줄 수 있는 게 없다고 판단해버리고 끝내는 경우다. 반면, C사장님은 한 번 더 생각을 했다. 콜라를 찾는 이유가 무엇일지 생각해본 것이다. 목이 말라 시원한 음료를 찾는 사람에게는 꼭 콜라가 답이 아닐 수도 있다. 다른 대안을 제시한다면 그게 먹힐 수도 있다는 얘기다.

매도자마다 원하는 조건은 다르다.

- 급하게 돈이 필요해서 잔금을 빨리 해주길 바라는 경우
- 돈이 급한 건 아니지만, 안 좋은 감정으로(이혼, 사망 등) 집을 팔아버려야 하는 경우
- 명의만 빨리 이전하길 원하는 경우 등

부동산 사장님과 대화를 하면서 매도자가 가장 원하는 조건이 무

엇인지 알아내는 것이 중요하다. 하지만 꼭 그 조건이 아니더라도 다른 것으로 충족해줄 수 있을지 고민해볼 필요가 있다. 겉으로 보기에 콜라를 원하는 것처럼 보일지 모르지만, 여러 방면으로 확인해보면 사이다 같은 것을 원하는 경우도 많았다. 그래서 더 많은 얘기를 해보아야 한다.

한번은 매도자 쪽에서 잔금을 빨리 해주는 조건이라기에, 대출을 할 수 있는 만큼 많이 받아서 해줘야 하나 싶은 생각에 잠시 고민이 되었는데, 다른 방법이 없을지 찾아보니 상대방이 당장 급한 돈은 매매금 전체가 아니라 단 5천만 원이었다. 그래서 중도금으로 5천만 원을 처리해주는 조건으로 매매가를 조정하고 잔금일까지 여유롭게 진행할 수 있었다.

협상은 서로가 만족하는 수준에서 마칠 것

협상에서 가장 중요한 것은 서로가 윈윈하는 만족할 만한 협상이어야 한다는 것이다. 즉, 상대가 원하는 것을 내가 주고, 나도 상대방에게 받아오는 식이어야지, 내가 원하는 조건으로만 1원도 손해 보지 않으려 깎아달라고 하는 것은 1차원적인 행동이다. 나의 이익만 취하려는 느낌을 상대방에게 주면 감정만 상하게 된다. 사람은 감정이 상하면, 손해 볼 것을 알면서도 중단해버리고야 만다. 따라서 내가 너무 주는 것 없이 무리한 요구를 하고 있는 것은 아닌지 생각해봐야 한다.

설득하는 것에도 순서가 있다. 부동산 투자에서는 내가 원하는 대로 끌어가기 위해서 상대를 잘 설득할 수 있는 협상 스킬이 꼭 필요하다.

아리스토텔레스는 인간 정신의 세 가지 측면을 언급한 바 있다. 바로 로고스(논리), 파토스(감성), 에토스(신뢰)다. 여기서 중요한 순서는 에토스 〉 파토스 〉 로고스라고 한다. 즉, 상대에게 신뢰를 심어준 다음 감정으로 자극시키고, 가장 마지막에 원하는 바를 조곤조곤 얘기하는 것이다.

요구를 하기 이전에 소통하는 대상과 신뢰와 호감을 쌓는 작업이 가장 먼저 이루어져야 한다. 그런 다음 상대방의 감정을 잡아둘 수 있는 나의 이야기로 사정을 얘기한 다음, 가장 마지막에 원하는 바를 얘기한다. 단순한 것 같지만 나는 처음에 이것을 몰라서 늘 내 사정만 얘기하느라 바빴다. 신뢰도, 호감도 쌓지 못한 상태에서 원하는 것을 말해봐야 잘 통하지 않는다.

한번은 내가 직접 매도자와 협상을 한 적이 있다. 매도자는 집을 팔고 부모님 댁으로 들어가는 것이라고 했다. 집을 미리 보았었고 매도자의 나이나 상황을 보아하니, 아무래도 이혼 후 부모님 댁으로 들어가는 듯 보였다.

잔금 날짜도 자유로울 것 같았고 인테리어를 할 수 있게끔 공실로 만드는 것도 가능해 보였다. 하지만 잔금도 안 한 상태에서 모든 짐을 빼준다는 것은 일반인이 상식적으로는 잘 안 해주려고 하는 일이라 협상을 해야만 했다. 중개소에 얘기해보았지만 알아서 하라는 답변이 돌아왔다. 사장님 평소 실력을 봤을 때 내가 하는 게 낫겠다 싶어서 매도자와 직접 협상을 시도했다.(매도자 물건을 유일하게 가지고 있던 부동산이라 실력이 없어도 진행했다.)

신뢰와 호감이 좋은 협상을 만든다

"안녕하세요? 반갑습니다. 이렇게 또 만나 뵙게 되네요. 저랑 비슷한 또래로 봤는데 상당히 동안이시네요."

"아이고, 곧 50이 다 되어갑니다."

"이런, 한참 어른이셨네요. 죄송한 질문입니다만, 혹시 무슨 일 하는지 여쭤도 되나요?"

"○○일을 하고 있습니다. 그래서 분당도 자주 가고 판교도 자주 갑니다."

내가 거주하는 곳을 매도자도 아는지라 분당 지역에 대해서 몇 마디를 더 나누었다. 많은 시간을 서로의 친분을 다지는 시간으로 활용하다 보니 매도자의 표정도 처음과는 다르게 상당히 밝아져 있었고, 나에 대한 불편함이 사라진 것이 확연하게 드러났다. 타이밍을 본 나는 슬며시 이야기를 건넸다.

"저, 제가 집을 사고 싶은데, 부모님 댁으로 들어가신다고 들었습니다. 잔금일을 세입자 입주 날짜로 할 수 있을까요?"

"아, 그거야 뭐 그러시지요."

생각보다 너무 호의적인 태도를 보고 2차 진입을 할 수 있겠다 싶었다.

"인테리어를 하면 더 빨리 임대가 나가는데, 혹시 무리한 부탁인 줄 압니다만, 그전에 이사가 가능하실는지요?"

물론 확답을 받아냈고, 잔금 전에 공실로 만들고 임차인까지 구해서 대출 없이 잔금을 치를 수 있었다. 원하는 것을 급하게 요구하기 전에, 짧은 시간이었지만 상대와 내가 통할 수 있는 대화 주제를 끌어내고 신뢰와 호감을 주었기에 가능했던 일이다.

어렵다면 문자로 시작하자

업무상 협상을 많이 해본 사람들이 아니라면 투자 초보들에게 협상은 어려운 과제다. 특히 얼굴을 맞대고 해야 하는 경우는 가장 어렵다. 즉흥적으로 대답을 이어가야 하기 때문이다. 전화도 마찬가지다. 논리적으로 말하는 능력이 부족했던 나는, 통화 전에는 머릿속에서 시나리오가 잘 돌아가는데 통화를 하기만 하면 머릿속이 하얘진 나머지 원하는 바를 제대로 말하지 못했을 뿐만 아니라 전혀 생각에도 없는 말을 하기도 했었다.

그래서 문자로 내 의사를 전달하기 시작했다. 문자는 바로바로 답을 해야 하는 것이 아니라서 충분히 고민할 시간이 주어졌다.

중개소에서 먼저 안을 제시해오면, 연락을 곧 주겠다고 한 뒤 어떻게 액션을 취해야 할지 고민하고 정리했다. 문자로 옮겨 적은 뒤, 카카오톡 '나에게 보내기'로 먼저 보내서, 내가 문자를 받은 사람처럼 읽어본다. 이기적으로 보이거나 배려 없이 보이는 글들은 다시 수정했다. 마치 글쓰기 하듯이 상대 입장에서 보았을 때 가장 좋은 문장을 만들었다. 그렇게 정리가 된 후 문자를 보냈다.

이와 같은 과정이 여러 번 반복되자, 말해야 하는 순서와 패턴이 머릿속에 그려지기 시작했고 그 후로는 통화를 해도 내가 원하는 말을 전달하게 되었다. 물론 아직도 어려운 협상 건은 문자로 정리해서 보낸다. 그래서 말을 꺼내기 어려워하는 사람이라면, 중구난방 정리가 안 되는 사람이라면 문자로 의견을 전달하는 방법을 추천한다.

협상의 가장 중요한 점은, 상대의 상황을 먼저 파악하고 내가 무엇을 줄 수 있는지 고민한 뒤 두세 가지 대안을 가지고 진행하는 것이다. 사람 간의 커뮤니케이션이기 때문에 내가 대화를 해야 하는 상대와는 미리 신뢰와 호감을 쌓고 진행하는 것이 성공 확률을 높일 수 있는 방법이라는 것을 기억하자.

처음부터 잘할 수는 없다. 하지만 충분히 고민하고, 어렵다면 문자를 통해 전달하는 방법을 익히게 된다면 협상의 고수까지는 아니더라도 투자자로서 적정한 수준에는 이를 수 있다.

투자를 지속하는 힘
나에게 집중하는 삶

　투자자로서의 삶을 유지하는 것은 쉽지 않지만, 투자를 하다 보면 분명 스스로가 성장한다는 느낌을 갖게 된다. 그리고 그 느낌은 정확하다. 세상을 보는 안목도, 삶을 대하는 태도도 이전과는 확연히 달라진다. 내 삶과 그 삶이 담기는 세상이 보다 크고 넓게 보이는 것이다.

　투자를 시작하기 전까지 나는 내 소유의 아파트를 하나라도 가질 거라 생각하지 못했고, 더군다나 다주택자가 되리란 것은 단 1초도 상상해본 적이 없었다. 적어도 내가 알고 있는 나라는 사람에게는 그런 일이 일어날 수 없다고 생각했다.

　마찬가지로 싱글로 살아가게 될 줄은 예전엔 몰랐다. 딱히 결혼에 로망도 없었지만, 그렇다고 독신을 선포하고 사는 것도 아니었다. 누군가 지금 현재 싱글의 삶에 만족하느냐 묻는다면 나는 이렇게 말하겠다. "오히려 싱글로 살며 남에게 의존하지 않고 독립적으로 살 수 있게 되었고, 경제력을 스스로 갖출 수 있는 계기를 마련했노라"고.

　이뿐이랴, 나는 싱글이 내 성향에도 잘 맞는다는 것도 알게 되었다. 원했건 원치 않았건 싱글은 현재 나의 삶이다. 이제 나 자신이 싱글로서 어떻게 투자를 지속할 수 있었는지 노하우라고 할 만한 것을 말하려고 한다.

나의 시선이 외부에 있는 사람은 오롯이 나에게 집중하기 힘들다. 모든 기준과 평가를 내가 아닌 외부를 통해 받고자 하니까. 바로 내가 그런 사람이었다. 싱글로 투자를 해오면서 어느덧 나는 많은 동료들과 비교를 하고 있었다. 모아놓은 자산이 많은 상태에서 투자를 시작한 동료, 부부가 대기업을 다니면서 내 갑절의 돈을 버는 동료, 대출을 더블로 일으킬 수 있으니 참 부럽기만 했던 동료. 나는 그들과 같이 발맞추기 위해 황새가 뱁새 쫓듯 발을 벌렸지만 현실적으로 그것은 욕심이지 열정이 아니었다.

그러다 어느 순간 인정했다. 나는 싱글이 아니었던가. 그리고 나를 돌아보게 되었다. 투자를 시작하고 해나갈 수 있는 게 얼마나 감사한 일인가, 반대하는 배우자가 없다는 게 얼마나 감사한 일인가, 주어진 시간을 온전히 나를 위해 사용할 수 있다는 게 얼마나 감사한 일인가.

집안 살림하고 남편 챙기고 아이 챙기느라 체력적으로, 심적으로 힘들게 해나가는 엄마 투자자들을 보면 대단하고 멋지긴 해도, 나라면 과연 저렇게 해나갈 수 있을까 생각하면 고개를 젓게 된다. 그래서 나의 상황을 인정하고 내가 가진 장점을 보기 시작하니, 그때부터 월급 하나에 의존하지 않고 살아가고 있는 투자자의 삶이 행복해졌다.

'나에게 집중하는 삶'이어야

사람들마다 투자를 통해서 이루려는 꿈은 각기 다르다. 누군가는 오롯이 가족이 행복하게 살 만한 위치 좋은 아파트 한 채일 수 있고, 누군가는 노후를 안전하게 보내기 위한 10억일 수 있으며, 누군가는 야심차게 100억대 자산가가 되는 것이다. 비교할 필요가 없는 것은 각자의 상황이 다른 만큼 목표도 다르니까 나는 그저 나에게 집중하고 내 페이스에 맞게 행복하게 투자를 해나가면 된다. 이것을 깨닫는 데까지 꽤 오랜 시간이 걸렸다.

싱글로서 투자를 해나가다 보면 좋은 일만 있는 것이 아니다. 그렇기에 내면의 힘이 아주 중요해진다. 나는 전형적인 외강내유 타입으로, 외모와 어울리지 않게 마음은 상처도 잘 받고 여렸다. 부족한 돈으로 시작하다 보니 잔금을 쳐야 할 상황이 다가오면 잼 졸이듯 마음을 졸이기도 했고, 아주 가끔 여자이고 혼자라고 무시하면서 대하는 세입자나 부동산 중개소를 마주할 땐 참 아픈 곳에 소금 뿌려진듯 아리기도 했다.

아침 일찍 나가서 밤늦게까지 임장하고 막차를 타고 불 꺼진 집에 나 혼자 들어와 피곤함에 다른 생각할 겨를이 없기도 했지만, 어려운 문제에 대해 누군가와 맘 편히 얘기할 수 없다는 헛헛함, 또 가끔씩 혼자 있는 시간이 무섭기도 하고 두렵기도 했다. 내가 과연 다 감당하고 해나갈 수 있는가에 대한 두려움이었다.

하지만 한 해 한 해, 매 순간 견뎠다. 엄마가 사랑스러운 아기를 맞이하기 위해 열 달간 뱃속에 아기를 담고 있듯이, 소중한 것을 얻기 위해 '치러야 할 대가'라고 생각했다.

그렇다. 투자를 해나가려면 자신을 이겨나갈 단단한 마음이 필요하다. 하지만 장담컨대 그것들을 다 견디고 나오게 되면 이전과는 전혀 다른 내가 된다. 계란을 남이 깨주면 프라이가 되지만, 내가 깨고 나오면 하나의 병아리가 된다고 하지 않나. 이때서야 비로소 부동산 초보 투자자, 투자 병아리가 되는 것이다.

투자를 통해 만나는 모든 문제들을 한낱 힘든 문제로 생각하지 말라. 어느새 뒤돌아보면 그것들이 모두 나를 투자자로 성장시켜준 비타민과도 같았음을 느끼게 될 테니까.

저평가된 꾸준함을 찾자

혼자라 함은 자유를 의미하기도 하지만 관리되지 않은 자유는 나태함을 불러온다. 이 말인즉, 혼자 하게 되면 가장 큰 문제는 잘 하다가 중단할 확률이 높다는 얘기다. 특히 나처럼 꾸준함과 거리가 먼 싱글들이라면, 정말로 오랜 기간 투자를 이어나가는 것이 어렵다. 투자 공부에서 중요한 것은 데이터를 해석하는 똑똑한 머리나, 부동산 중개사를 사로잡는 화려한 언변이 아니다. 무엇보다 중요한 것은 바로 '꾸준함'이다. 이것은 사람이 가진 성품 중에 가장 저평가되어 있지만 투자자에게는 최선이며, 최고의 덕목이다.

꾸준함을 이어가기 위한 가장 좋은 방법은 첫째, 자신만의 '루틴'을 만들어 매일매일 실천해나가고, 둘째, 나와 같은 목표를 가진 동료들과 함께하는 환경 속으로 들어가는 것이다.

책을 보거나 유튜브로 공부를 시작했다면, 거기서 계속 머물 것이 아니라 오프라인 세상 속으로 나오길 바란다. 글로 연애만 할 것이 아니라, 진짜 연애를 해봐야 하는 것이다. 반대로 꾸준함을 이어가지 못하는 안 좋은 환경은 피해야 한다. 단지 우정이라는 명목으로 만나고 있는 술, 쇼핑 친구와의 만남은 슬그머니 뒤로 해두는 것이 좋다.

투자를 하기로 했다면, 습관이 잡히기 전까지는 몰입하는 과정이 필요하다. 시작하고 1년 정도는 흠뻑 빠져서 공부한 뒤, 실제로 투자를 진행해보면 좋다. 부동산 투자에는 꾸준함이 가장 중요하고, 그것을 유지하기 위해 환경을 갖춰야 한다는 것을 잊지 말자.

롤모델을 찾아 장점을 따라 해볼 것

내가 잘하고 싶은 것이 있다면, 그 방면에서 내 앞길을 먼저 걸어간 선배들을 롤모델로 삼아 장점을 배워보자. 롤모델은 내가 가고자 하는 길을 먼저 간 사람이기도 하고, 먼저 도착한 사람이기도 하며, 미리 경험한 사람이기도 하다. 그렇기에 그의 마인드, 투자 생활, 투자 방법 등을 옆에서 보고 공부하면서 배워나갈 수 있다면, 실수할 확률도 줄어들뿐더러 실력을 더 빨리 키워나갈 수 있다.

다만 여기서 주의해야 할 것은 모든 부분을 롤모델과 똑같이 할 수는 없다는 것이다. 그 사람이 가진 장점만을 따라야지, 모든 부분을 똑같이 하려다간 스트레스만 받을 수 있다. 사람은 누구나 다르고, 타고난 기질도 다르기 때문이다. 만약 내향적인 성향을 가진 사람이 외향적인 사람을 벤치마킹하려고 한다면 시도는 좋지만 잘못하다간 스스로 자책하게 될 가능성도 크다.

그래서 나와 비슷한 사람 중에서 잘된 사람을 롤모델로 하는 것이 가장 좋다. 무엇보다 중요한 것은 내가 가진 장점이 롤모델을 따름으로 인해서 마이너스가 되면 절대로 안 된다는 것이다. 투자에 대한 마인드, 기술적인 부분만 잘 따라 해도 충분히 많은 도움이 될 수 있을 것이다. 롤모델은 어디까지나 내가 완전한 독립을 하기 위한 징검다리라는 사실을 기억하자. 목표는 결국 스스로 설 수 있는 멋진 독립 싱글 여성이 되는 것이다.

모든 선은 하나의 점에서 시작한다. 우리 인생도 마찬가지다. 특별할 것 없는 하나하나가 모여 결국 삶을 이룬다. 선을 얼마나 길게 이어가는지는 꾸준히 점을 찍을 수 있느냐 없느냐의 문제다. 그렇다면 투자자에게 하나의 점이란 무엇일까? 나에게 점이란 바로 나에게 주어진 하루를 정성들여 사는 것이다.

남들보다 조금 더 이른 기상으로 하루를 시작하고, 퇴근 후 부동산 공부를 한두 시간이라도 즐겁게 해나가면서 투자의 실력을 쌓으며 핑크빛 미래를 다시 꿈꾸는 일이다. 이것이 나에게는 긴 선을 연결하는 아주 작은 점이다.

싱글 투자자로 오래 살아남는 방법은 외롭다고 할 시간에 하나의 점을 잘 찍는 것이다. 오늘 하루도 정성을 다한 하나하나의 점들이 나를 성장시키고 내 삶을 부유하게 만들 것이다.

KI신서 8927

나는 차라리 부동산과 연애한다

1판 1쇄 발행 2020년 2월 10일
1판 3쇄 발행 2021년 6월 7일

지은이 복만두
펴낸이 김영곤
펴낸곳 (주)북이십일 21세기북스

출판사업부문 이사 정지은
뉴미디어사업팀장 이지혜 뉴미디어사업팀 이지연 강문형
디자인 투에스디자인
마케팅팀 배상현 김신우 한경화 이나영
제작팀 김수현 최명열 제작팀 이영민 권경민

출판등록 2000년 5월 6일 제406-2003-061호
주소 (10881) 경기도 파주시 회동길 201(문발동)
대표전화 031-955-2100 팩스 031-955-2151 이메일 book21@book21.co.kr

ⓒ 복만두, 2020
ISBN 978-89-509-8609-4 03320

(주)북이십일 경계를 허무는 콘텐츠 리더

21세기북스 채널에서 도서 정보와 다양한 영상자료, 이벤트를 만나세요!

페이스북 facebook.com/jiinpill21 **포스트** post.naver.com/21c_editors
인스타그램 instagram.com/jiinpill21 **홈페이지** www.book21.com
유튜브 youtube.com/book21pub

당신의 인생을 빛내줄 명강의! 〈유니브스타〉
유니브스타는 〈서가명강〉과 〈인생명강〉이 함께합니다.
유튜브, 네이버, 팟캐스트에서 '유니브스타'를 검색해보세요!

＊책값은 뒤표지에 있습니다.
＊이 책 내용의 일부 또는 전부를 재사용하려면 반드시 (주)북이십일의 동의를 얻어야 합니다.
＊잘못 만들어진 책은 구입하신 서점에서 교환해드립니다.